绿色宜居村镇建设动态发展机制的探索与实践

李玲燕 李 钰 张 旺 著

"十三五"国家重点研发计划课题
"绿色宜居村镇工程管理与监督模式研究"
（课题编号 2018YFD1100202）资助

科学出版社

北 京

内 容 简 介

绿色宜居村镇是深入推进"乡村振兴战略"的重要举措,立足于人与自然的和谐发展,着眼于建设经济、社会、环境全面持续发展的现代村镇。然而,在其建设过程中,发展模式同质化、可持续发展机制不健全等问题突出。为破解上述问题,本书在"十三五"国家重点研发计划课题的支持下,在大量调查研究和科学论证的基础上,凝练典型村镇发展模式,剖析发展模式的动态发展机制,为明确绿色宜居村镇的发展路径和建设策略提供科学支撑。

本书言简意赅、内涵丰富,既有理论角度的总结提炼,又有实践角度的指导性;可作为政府部门健全绿色宜居村镇发展机制的参考依据,也可供研究村镇建设的学者研读,还可作为关注中国乡村振兴事业的专业人员和广大读者的参考读物。

图书在版编目(CIP)数据

绿色宜居村镇建设动态发展机制的探索与实践 / 李玲燕,李钰,张旺著. —北京:科学出版社,2023.12
ISBN 978-7-03-073971-1

Ⅰ. ①绿… Ⅱ. ①李… ②李… ③张… Ⅲ. ①城乡建设-研究-中国 Ⅳ. ①F299.21

中国版本图书馆 CIP 数据核字(2022)第 226659 号

责任编辑:郝 悦 / 责任校对:姜丽策
责任印制:张 伟 / 封面设计:有道设计

科学出版社 出版
北京东黄城根北街 16 号
邮政编码:100717
http://www.sciencep.com

涿州市般润文化传播有限公司 印刷
科学出版社发行 各地新华书店经销

*

2023 年 12 月第 一 版　开本:720×1000　1/16
2023 年 12 月第一次印刷　印张:11 1/4
字数:227 000

定价:126.00 元
(如有印装质量问题,我社负责调换)

前　　言

乡村振兴是新时代农村发展的新方向、新目标，是全面建成社会主义现代化强国的重要内容，是实现共同富裕的必然选择、内在要求和有效路径。在新的方针政策指导下，绿色宜居村镇，正在成为我国村镇建设的努力方向和目标，其立足于人与自然的和谐发展，致力于推动资源集约利用、产业创新融合、生态环境友好、社会文明和谐、信息高效通达，着眼于建设经济、社会、环境全面持续发展的现代村镇。然而，在绿色宜居村镇建设过程中，可持续发展机制不健全、发展模式同质化、发展路径不明晰等问题突出，且由于村镇地域广阔、资源禀赋、发展要素及政策措施等因素差异性较大，亟待基于自身情境探索差别化村镇建设发展模式与路径，健全村镇建设可持续发展机制，以激发村镇发展的内生动力、赋予村镇可持续发展能力，实现绿色宜居村镇产业、人才、文化、生态、组织的全面振兴。

在"十三五"国家重点研发计划课题"绿色宜居村镇工程管理与监督模式研究"（课题编号：2018YFD1100202）的支持下，研究团队走访了陕西、江苏、青海、山东、山西、河南、浙江、甘肃、重庆、河北、贵州等11个省市下辖的98个村镇，在此基础上深入研究本领域中的前沿理论与重要案例，收集、整理典型村镇建设工程的多时相影像卫星遥感影像资料，利用地理信息系统（geographic information systems，GIS）技术以及遥感技术（remote sensing，RS），绘制典型村镇建设动态演化图谱；基于不同地域环境、不同文化背景、不同经济基础村镇的动态发展，综合考虑资源、要素、政策等多维因素对村镇发展模式的作用机理，凝练村镇典型发展模式；提取影响不同村镇发展模式可持续发展的关键因素，剖析不同类型村镇发展模式的各个关键影响因素的作用机理；设计典型村镇建设动态发展机制，构建村镇建设动态发展机制的系统动力学仿真模型，并根据仿真结果对动态发展机制进行修正与完善，进而为明确绿色宜居村镇的发展路径和建设策略提供科学支撑，也为实现乡村振兴提质增效提供决策依据。

本书的主要内容包含以下方面。

（1）识别典型村镇建设动态基本特征，厘清典型村镇建设动态演化趋势，划分村镇动态演化类型。收集不同地域典型村镇近20年建设工程的多时相影像卫星遥感影像资料，识别各类建筑、公共空间环境的建设规模、分布、组合形态等基本特征，绘制出典型村镇建设动态演化图谱从而厘清典型村镇建设动态演化趋势。

通过对典型村镇历史空间形态演化的分析，将村镇动态演化类型分为线状发展型、面状发展型、内部充实发展型、跳跃发展型、收缩发展型、突变发展型和混合发展型7种类型。

（2）揭示"政策-组织-要素"三联动作用下村镇典型发展模式的形成机理，凝练村镇典型发展模式，为分类推进乡村振兴提供指导。系统梳理基于不同分类依据划分的典型村镇发展模式，在其基础上突破单一维度的研究范式，将政策、组织、要素纳入一个统一的分析框架，构建"政策-组织-要素"相协调下村镇发展理论模型，揭示"政策-组织-要素"三联动作用下村镇发展模式的形成机理，进而凝练出特色产业主导型、多元发展均衡型、人文生态资源型、城乡一体融合型等四种村镇典型发展模式，为不同村镇科学规划发展方向、合理选择发展模式提供参考。

（3）分类探析了不同模式村镇建设动态发展的关键影响因素。构建了不同模式村镇建设动态发展影响因素指标体系，以陕西武功镇、浙江宁海县西店镇等典型村镇相关发展数据为样本，运用改进决策试验与评估实验室（decision-making trial and evaluation laboratory，DEMATEL）分析模型，综合分析各个影响因素的中心度、原因度、影响度以及被影响度，提炼出不同发展模式村镇建设动态发展的关键影响因素：特色产业主导型村镇的关键影响因素有主要农作物机械化水平、农业固定资产投资、设施农业占地面积、公路里程等；制约多元发展均衡型村镇发展的关键影响因素有工业企业数、常住人口城镇化率、基础设施投入、互联网入户率等；人文生态资源型村镇的关键影响因素有农村居民人均可支配收入、乡村从业人员数、人文生态资源、省级文化产业示范基地等；城乡一体融合型村镇的关键影响因素有距中心城市距离、地区生产总值、公路总里程等。

（4）揭示各个关键影响因素对村镇建设动态发展的作用机理，为构建村镇建设动态发展模型奠定基础。识别各类村镇可持续发展影响因素之间的相互关系，构建影响因素层级结构模型，依据各个影响因素的驱动力和依赖性大小，明确各个影响因素在系统中的重要程度；结合关键因素、影响因素层级结构以及驱动力和依赖性大小，揭示各个关键影响因素的作用机理，特色产业主导型村镇的农业发展专项资金因素通过影响农机具购置补贴、主要农作物机械化水平等因素进而影响产值、公共财政收入等；多元发展均衡型村镇的基础设施投入通过影响村庄道路硬化、境内公路总里程等提高产值进而影响公共预算收入、农村家庭人均可支配收入；人文生态资源型村镇通过加大文化旅游体育与传媒支出影响省级文化产业示范基地等因素的建设最终影响农村家庭人均可支配收入；城乡一体融合型村镇通过调节基础设施投入最终影响公共预算收入与农村家庭人均可支配收入。

（5）利用系统动力学理论构建村镇建设动态发展模型，探索不同类型村镇未来发展最优方案，为不同类型村镇建设可持续发展提质增效。基于政策、组织、要素各子系统中要素之间的相互作用及反馈耦合关系，利用系统动力学理论构建村镇建设动态发展模型，科学预测不同发展方案下村镇动态发展趋势，依据不同发展方案调控结果以及因变量的变化趋势寻求不同类型村镇未来发展最优方案，探析不同类型村镇建设可持续发展路径：未来特色产业主导型村镇需持续推进产品品牌化、电商规模化、产业链数字化发展；对于多元发展均衡型村镇，未来建议坚持产业发展多元化、经济生态一体化、品牌名片特色化发展；对于人文生态资源型村镇，在以后的发展中建议更注重旅游休闲化、乡村生态化、区域联动化和品牌化发展；对于城乡一体融合型村镇，未来建议推进城乡公共服务均等化、农业农村现代化、深入乡村特色城镇化发展。

本书由西安建筑科技大学李玲燕、西安建筑科技大学李钰、湖南工业大学张旺共同撰写，由李玲燕负责统稿。课题组刘晓君教授对本书研究工作的开展给予了大力的支持，多次参与研讨并提出了诸多宝贵建议。硕士研究生裴佳佳、石一晴、夏浩鸣参与了本书第2、3章的案例撰写，叶杨、邸佳聪、曹扬帆、米维夕、董卜睿参与了本书第4、5章的案例撰写，并为本书的出版做了大量的工作与努力。

"十三五"国家重点研发计划"绿色宜居村镇技术创新"重点专项2018年度项目"村镇建设发展模式与技术路径研究"（2018YFD1100200）负责人、教授级高级工程师焦燕，以及"绿色宜居村镇工程管理与监督模式研究"（2018YFD1100202）课题负责人刘晓君教授和子课题负责人李启明教授、唐未兵教授、田峰研究员为本书研究工作的开展提供了诸多帮助与宝贵建议，在此表示衷心的感谢。

陕西省洛南县、武功县、鄠邑区、富平县、杨凌区、扶风县、白水县等，浙江省宁海县，山东省定陶区、平阴县、临淄区等，江苏省铜山区、锡山区、六合区等各县政府以及下辖的各村镇为本书项目调研与数据采集工作提供了诸多的帮助与支持，在此表示衷心的感谢。

本书研究成果广泛听取了同行专家和村镇干部、村民的建议与意见，然而由于本书课题组成员学识有限，不妥之处还请读者提出宝贵意见。

李玲燕　李　钰　张　旺
2023年4月

目 录

第1章 村镇建设动态发展趋势研究 1
    1.1 我国村镇数量变化趋势 1
    1.2 我国村镇建设发展的典型空间形态 2

第2章 绿色宜居村镇建设典型模式及发展机制研究 12
    2.1 绿色宜居村镇内涵界定 12
    2.2 "政策-组织-要素"相协调下绿色宜居村镇典型发展模式解析 13
    2.3 "政策-组织-要素"相协调下绿色宜居村镇建设动态发展机制探析 ... 42

第3章 绿色宜居村镇建设动态发展的多维因素识别研究 47
    3.1 特色产业主导型村镇建设发展的影响因素 47
    3.2 多元发展均衡型村镇建设发展的影响因素 56
    3.3 人文生态资源型村镇建设发展的影响因素 62
    3.4 城乡一体融合型村镇建设发展的影响因素 66

第4章 绿色宜居村镇建设动态发展多维因素的影响路径研究 71
    4.1 特色产业主导型村镇建设发展多维因素的影响路径 71
    4.2 多元发展均衡型村镇建设发展多维因素的影响路径 79
    4.3 人文生态资源型村镇建设发展多维因素的影响路径 85
    4.4 城乡一体融合型村镇建设发展多维因素的影响路径 93

第5章 绿色宜居村镇建设动态发展的系统动力学仿真研究 101
    5.1 村镇建设动态发展的系统动力学仿真模型构建 101
    5.2 特色产业主导型村镇建设发展的系统动力学仿真 105
    5.3 多元发展均衡型村镇建设发展的系统动力学仿真 120
    5.4 人文生态资源型村镇建设发展的系统动力学仿真 131
    5.5 城乡一体融合型村镇建设发展的系统动力学仿真 143

第6章 不同类型绿色宜居村镇建设发展路径探析 157
    6.1 特色产业主导型村镇建设发展路径探析 157
    6.2 多元发展均衡型村镇建设发展路径探析 159
    6.3 人文生态资源型村镇建设发展路径探析 162
    6.4 城乡一体融合型村镇建设发展路径探析 163

参考文献 167

第1章　村镇建设动态发展趋势研究

1.1　我国村镇数量变化趋势

我国建制镇的建设发展以 1984 年为界限，大体可分为两个发展阶段。

1953 年到 1983 年是建制镇数量减少和停滞发展的时期。1953 年有镇 5402 个，1982 年有镇 2660 个，共减少了 2742 个。被撤销的建制镇的规模一般比保留下来的建制镇要小一些，保留下来的建制镇的规模通过人口的自然增长和机械增长又有所扩大[1]。

这一时期的建制镇通常以切块设镇、镇乡分设的方式设置，一般情况下镇不管村，镇周围的村庄大多划归乡管辖，建制镇的郊区较小，镇非农业人口占总人口的比例大多数年份都在 75%以上。1982 年镇非农业人口占总人口的比例较低，但也有 73.7%[2]。

1984 年，《国务院批转民政部关于调整建镇标准的报告的通知》(国发〔1984〕165 号) 颁布，我国开始推行镇管村体制，建制镇的数量开始迅速增长。建制镇辖区扩充到包括原来的整个乡的范围，镇的郊区扩大，镇非农业人口占全镇总人口的比重大幅度下降，1990 年只有 24%，规模较大的建制镇数量和非农人口所占比重有所下降。至 1997 年，县辖镇达到 11 122 个，市辖镇达到 7194 个，两者共计 18 316 个。1999 年达到 19 184 个，加上 25 557 个乡政府驻地小城镇，两者共计 44 741 个[1]。

21 世纪以来，随着城镇化的发展转型、新型城镇化的实施，以及城乡一体化的发展，县级以下的行政区划中乡镇数量逐渐减少。2002 年，建制镇数量达到 20 601 个，乡数量 18 639 个，总计 39 240 个。至 2020 年，建制镇数量达到 21 157 个，呈现缓慢增长趋于稳定的状态。由于撤乡并镇增强小城镇建设的驱动，乡的数量相比 2002 年，减少 10 946 个，达到 7693 个[3]。

由此可见，建制镇的发展逐渐从 20 世纪以数量增长为主的粗放型发展方式向近年来以规模扩大和质量提高为主要特征的集约型发展方式转化。随着我国城镇化的发展和小城镇的建设，规模较大的建制镇的数量和人口所占比重适当上升，规模较小的建制镇数量和人口所占比重相应下降，建制镇的规模等级结构得以优化升级。

我国地域辽阔，村镇规模庞大，不同地区的村镇具有强烈的地域特色。近年来，随着城镇化的不断推进、现代化的加速发展，村镇环境卫生较差、能耗不断增大、基础设施和公共服务不完善等问题越发突出，距离村民需求的人居环境和乡村绿色可持续发展还有很大差距。为了深入了解我国村镇建设动态发展趋势，本书研究团队对我国多发展阶段、多产业类型、多省份的村镇对象进行调研工作，走访了陕西、江苏、青海、山东、山西、河南、浙江、甘肃、重庆、河北、贵州等 11 个省市下辖的 98 个村镇，筛选典型案例并对其进行深入分析与数据档案建构，归纳出建设形态演化基本类型，完成村镇空间形态演化图谱。全国村镇数量 2002~2020 年变化图如图 1-1 所示。

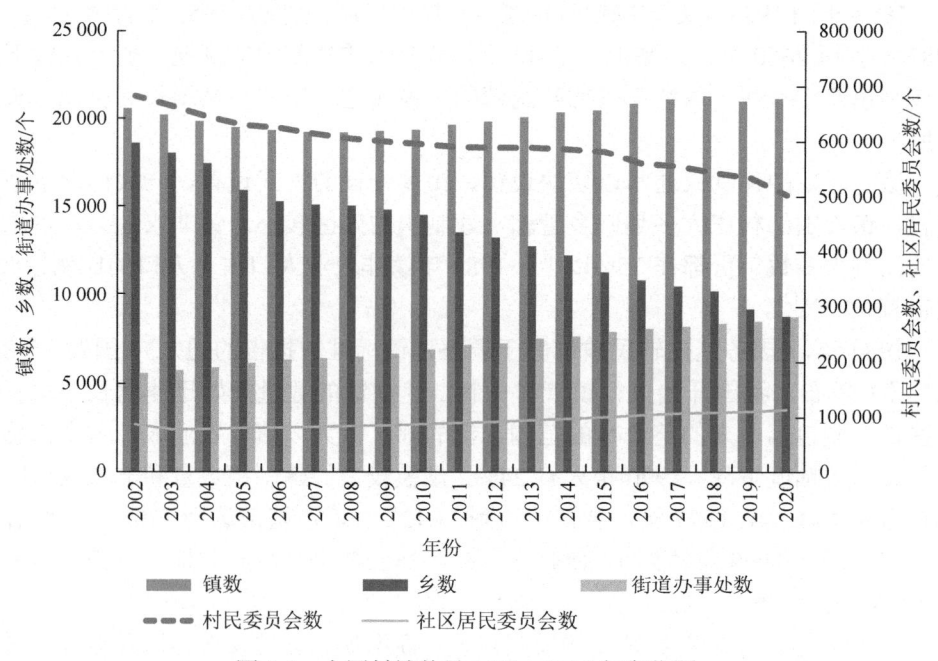

图 1-1　全国村镇数量 2002~2020 年变化图

1.2　我国村镇建设发展的典型空间形态

村镇空间形态是城镇各种物质要素构成及其功能组织在空间上的具体体现，是村镇的自然环境与生态保护、发展因素与动力机制、功能组织与空间结构、规划师和管理者与村镇居民等互相作用的结果。但是由于各个村镇的自然资源、经济发展、社会文化和政治政策因素的不同，村镇的发展模式类型也差异巨大。故采用多元连续剖面研究方法，提炼中国典型村镇建设形态发展的基本特征、重要规律和空间形态，通过对村镇历史空间形态演变的分析，现将村镇发展类型分为线状发展型、面状发展型、内部充实发展型、跳跃发展型、收缩发展型、突变发展型和混合发展型7种类型。

1. 线状发展型

线状发展型是指村镇的形成或者在近现代发展所塑造的空间形态的主导因素为某一条或几条特征清晰的交通线或者水系，该线称为线状发展的轴线。在镇的发展历程中呈现出"沿轴线扩张、沿轴线布局"的特征（图1-2、图1-3）。

1）菏泽市定陶区张湾镇

(a) 2008年

(b) 2013年

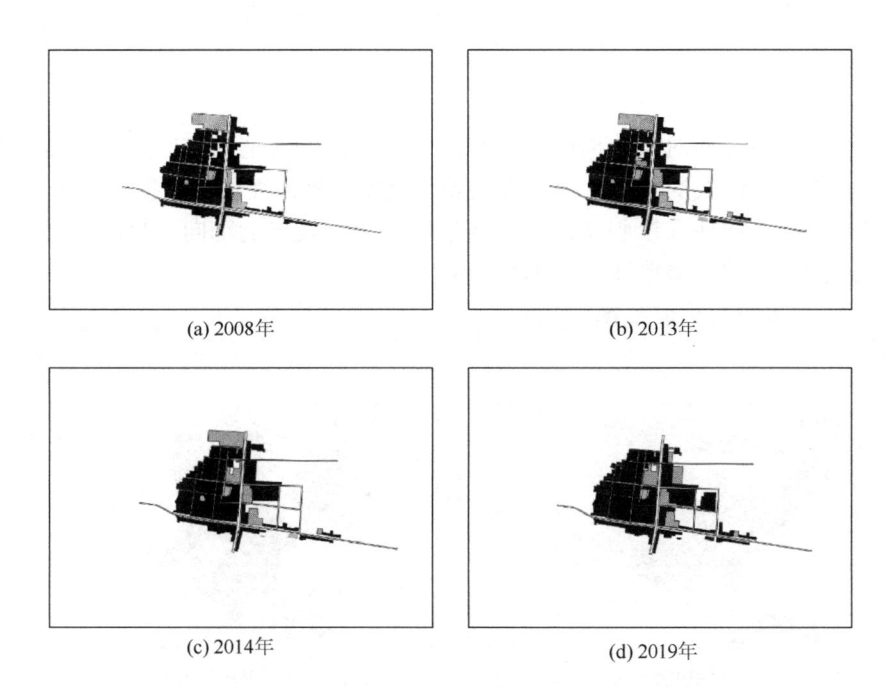

(c) 2014年

(d) 2019年

图1-2 不同历史时期菏泽市定陶区张湾镇空间形态图纸

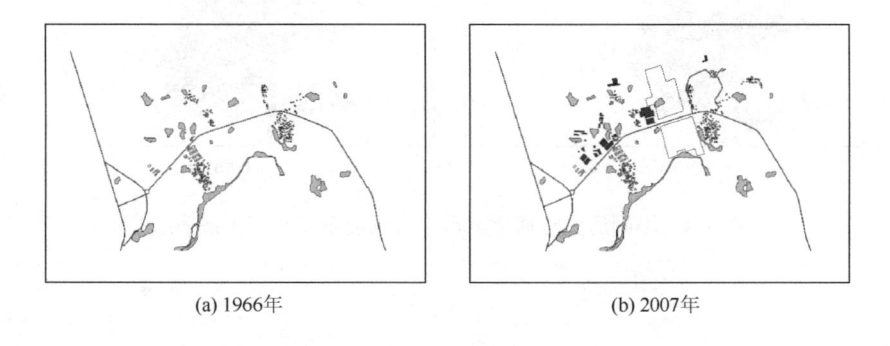

2）南京市溧水区洪蓝街道傅家边村

(a) 1966年

(b) 2007年

(c) 2014年　　　　　　　　　　　　(d) 2018年

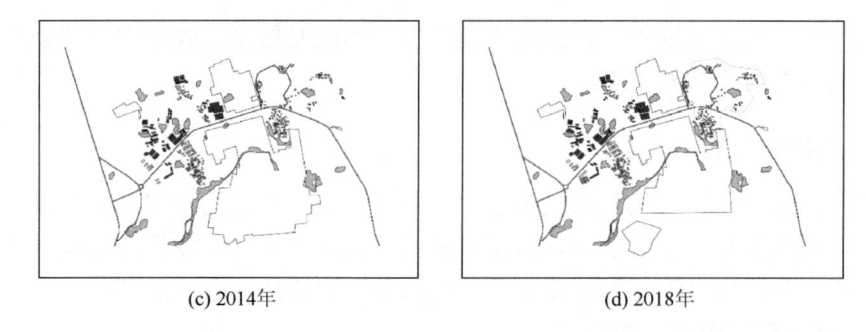

图 1-3　不同历史时期南京市溧水区洪蓝街道傅家边村空间形态图纸

2. 面状发展型

面状发展型是指村镇的形成或者在近现代发展所塑造的空间形态由核心、轴线的不同方向和模式的发展动向共同决定。建成区规模往往逐渐扩大，核心扩张，若存在多核心，往往在核心与核心之间呈现出填充发展的动向。呈现出"内部填充、外部扩张"的发展特征（图 1-4、图 1-5）。

1）宁波市宁海县前童镇

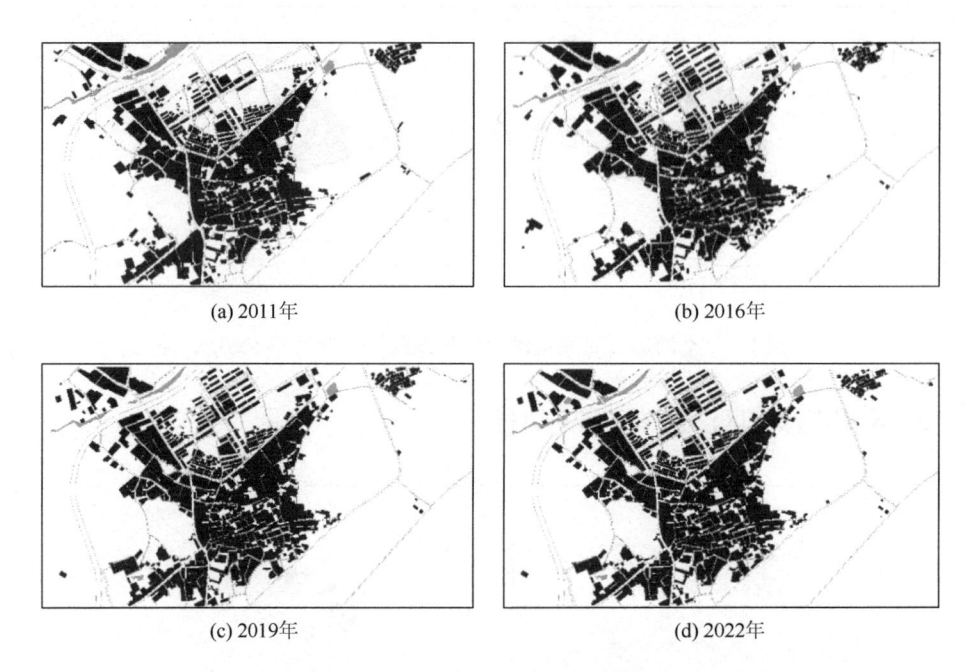

(a) 2011年　　　　　　　　　　　　(b) 2016年

(c) 2019年　　　　　　　　　　　　(d) 2022年

图 1-4　不同历史时期宁波市宁海县前童镇空间形态图纸

2）西安市鄠邑区草堂营村

(a) 2005年

(b) 2014年

(c) 2018年

(d) 2021年

图 1-5　不同历史时期西安市鄠邑区草堂营村空间形态图纸

3. 内部充实发展型

内部充实发展型是指部分旧建成区改造升级，但是其他建成区没有明显变化的村镇发展模式。该模式一般表现为上述某一种发展模式的一个特定周期（图 1-6、图 1-7）。

1）枣庄市滕州市西岗镇

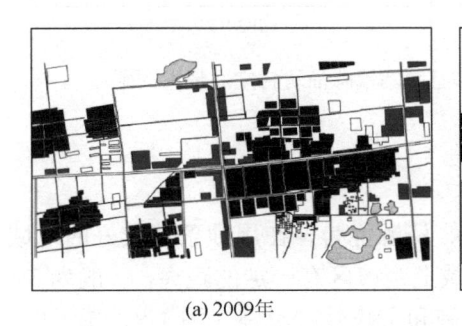

(a) 2009年

(b) 2013年

(c) 2016年　　　　　　　　　　(d) 2018年

图 1-6　不同历史时期枣庄市滕州市西岗镇空间形态图纸

2）徐州市沛县张寨镇陈油坊村

(a) 2012年　　　　　　　　　　(b) 2014年

(c) 2016年　　　　　　　　　　(d) 2017年

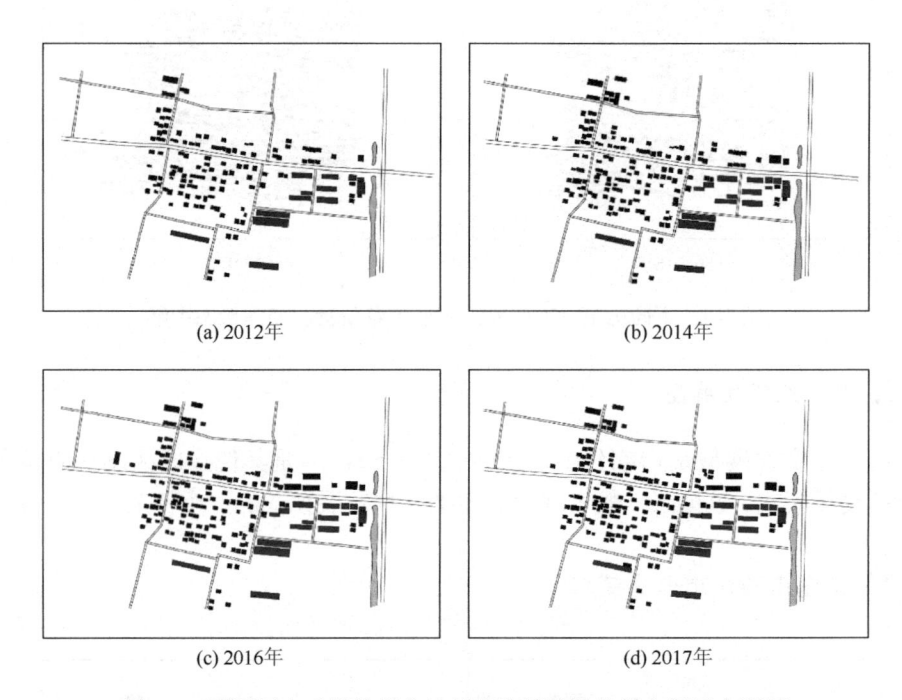

图 1-7　不同历史时期徐州市沛县张寨镇陈油坊村空间形态图纸

4. 跳跃发展型

跳跃发展型一般是利用区位、交通、资源优势，在用地条件较好的地域另辟新地作为工业园区进行开发建设。在地域上距镇区有一定的距离，一般为3～5公里，还可方便地利用镇区的公共服务设施和市政基础设施（图1-8、图1-9）。

1）南京市六合区竹镇

(a) 2007年

(b) 2015年

(c) 2017年

(d) 2019年

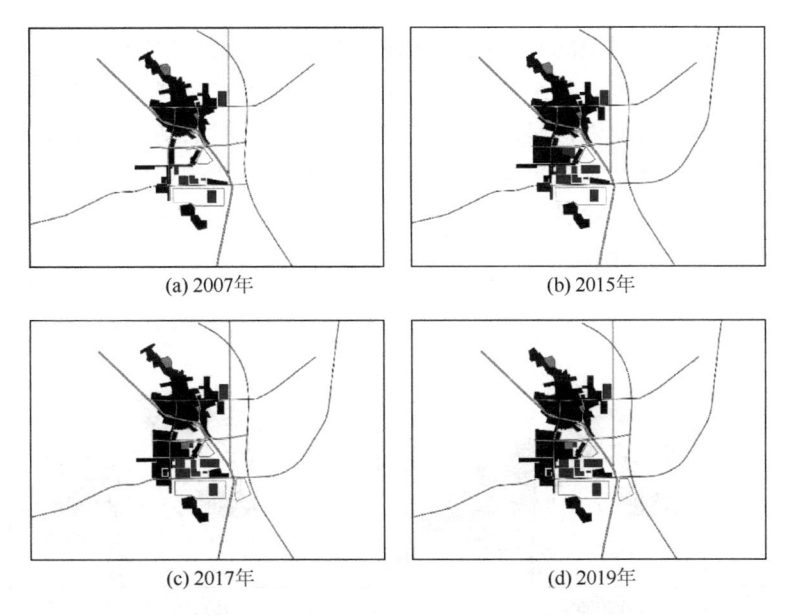

图 1-8　不同历史时期南京市六合区竹镇空间形态图纸

2）镇江市丹阳经济开发区曲阿街道建山村

(a) 1966年

(b) 2009年

(c) 2015年

(d) 2018年

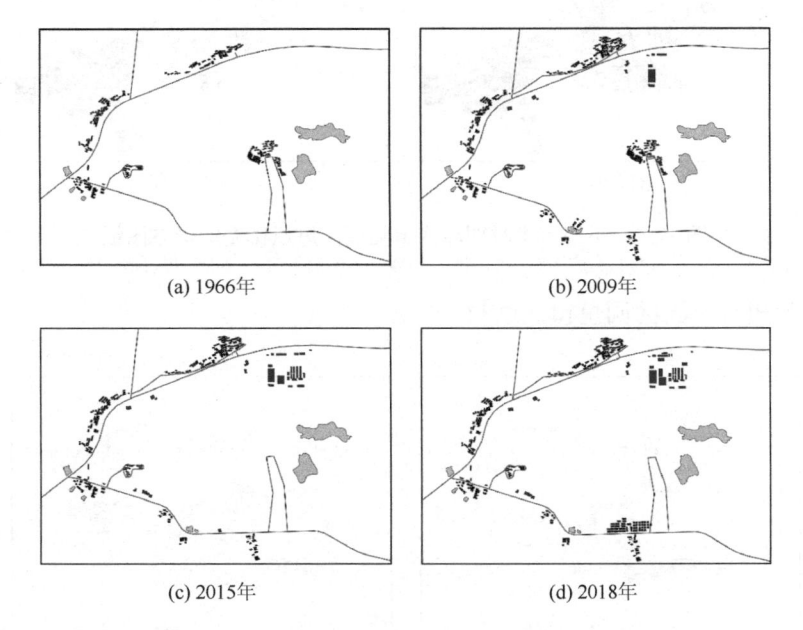

图 1-9　不同历史时期镇江市丹阳经济开发区曲阿街道建山村空间形态图纸

5. 收缩发展型

收缩发展型是指村镇的形成或者近现代发展所塑造的空间形态呈现出收缩状态，包括但不限于向核心收缩、向轴线收缩等收缩模式。建成区规模往往减小，向特定核心或者轴线收缩，呈现出内向发展和收缩发展的动向，往往伴随着村镇建筑形态的转变，比如农村自建房逐渐拆除，并建设新的现代多层或高层住宅小区。总体呈现出"内向发展、质量提升、密度增大"的特征（图1-10、图1-11）。

1）淄博市临淄区凤凰镇

(a) 2006年

(b) 2010年

(c) 2016年

(d) 2019年

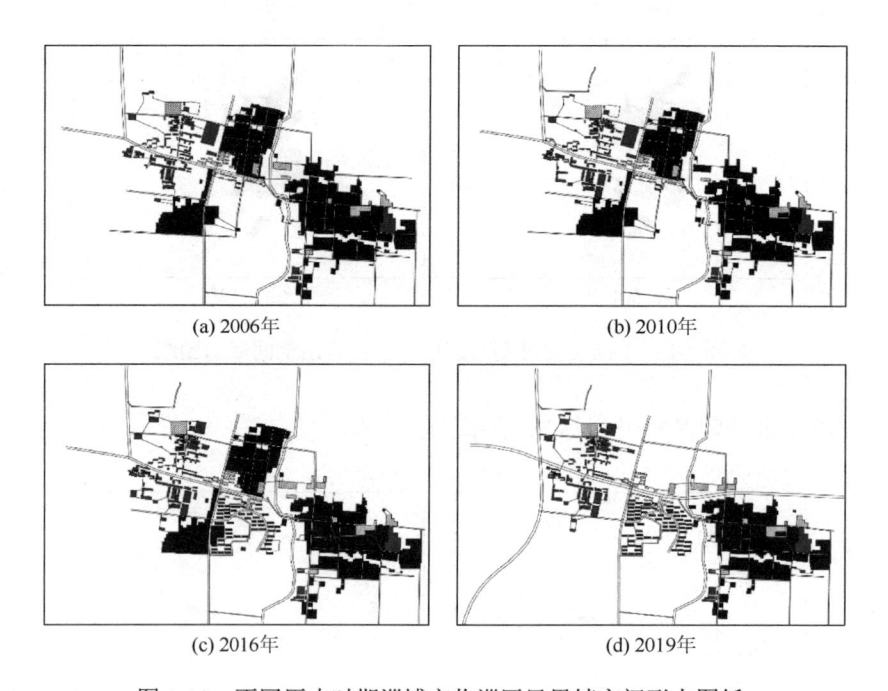

图1-10　不同历史时期淄博市临淄区凤凰镇空间形态图纸

2）苏州市吴江区同里镇北联村

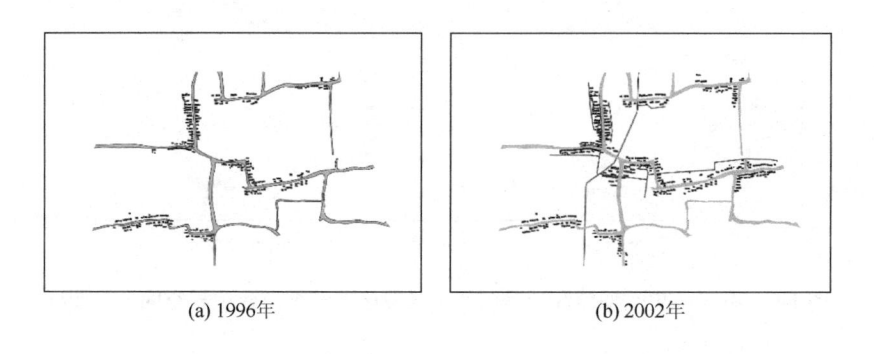

(a) 1996年

(b) 2002年

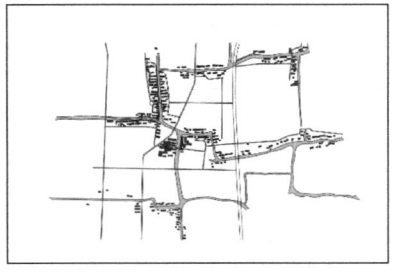

(c) 2010年　　　　　　　　　(d) 2018年

图 1-11　不同历史时期苏州市吴江区同里镇北联村空间形态图纸

6. 突变发展型

突变发展型是指村镇的形成或者近现代发展所塑造的空间形态呈现出明显的突变，这种突变往往在空间上逻辑性和连续性都较弱。其成因往往与当地政府实施的村镇体系统一规划关系密切（图 1-12、图 1-13）。

1）临沂市兰陵县卞庄镇代村

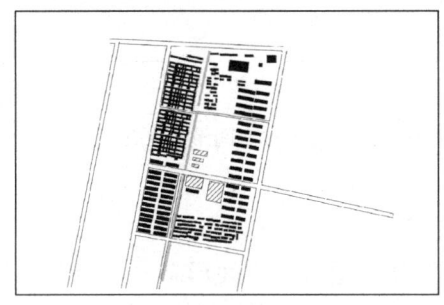

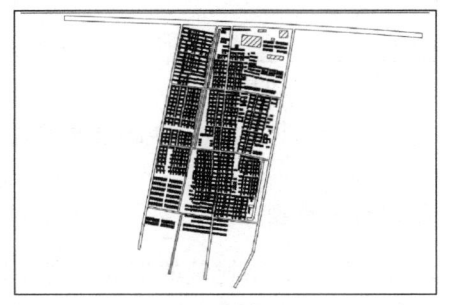

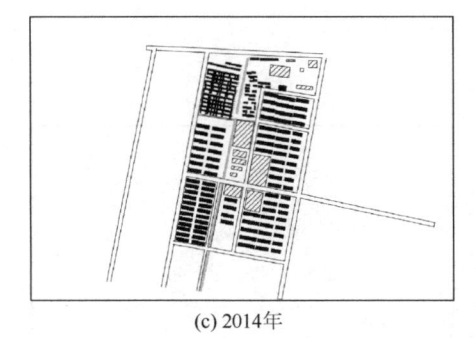

(a) 2002年　　　　　　　　　(b) 2007年

(c) 2014年　　　　　　　　　(d) 2019年

图 1-12　不同历史时期临沂市兰陵县卞庄镇代村空间形态图纸

2）西咸新区空港新城大石头村

(a) 2006年

(b) 2010年

(c) 2016年

(d) 2019年

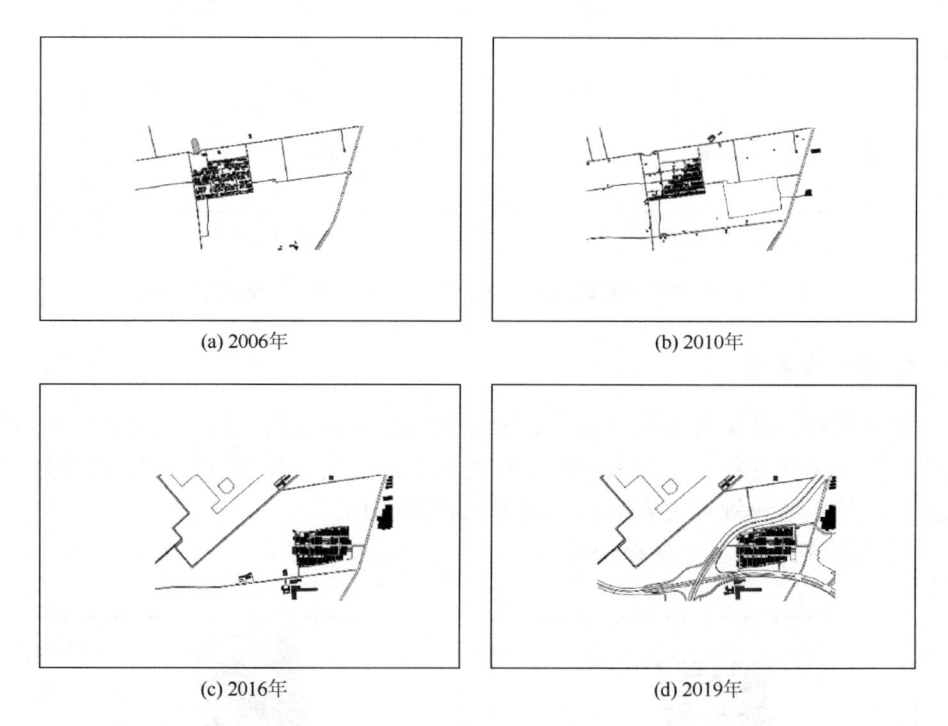

图1-13　不同历史时期西咸新区空港新城大石头村空间形态图纸

7. 混合发展型

混合发展型是指村镇的形成或者现代发展所塑造的空间形态并不能归类为上述某一种发展模式，而是在整个村镇空间形态中由若干种发展模式组成（图1-14、图1-15）。

1）商洛市洛南县保安镇

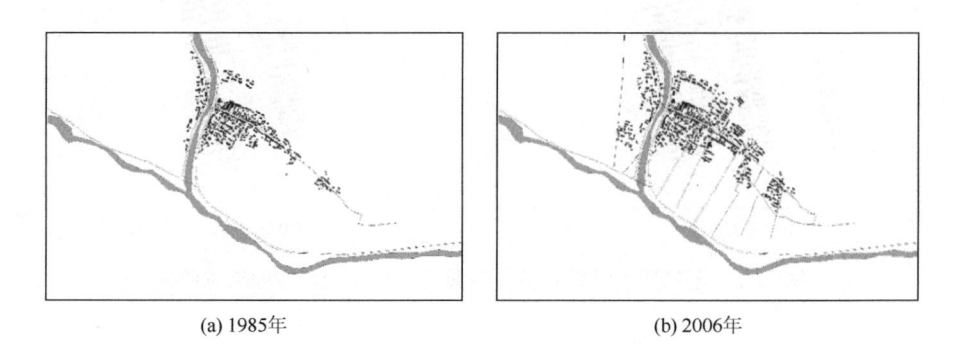

(a) 1985年

(b) 2006年

(c) 2012年　　　　　　　　　　　　　　(d) 2017年

图 1-14　不同历史时期商洛市洛南县保安镇空间形态图纸

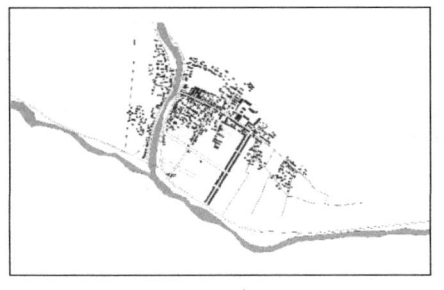

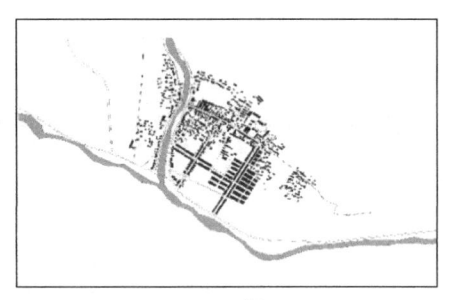

2）咸阳市武功县武功镇

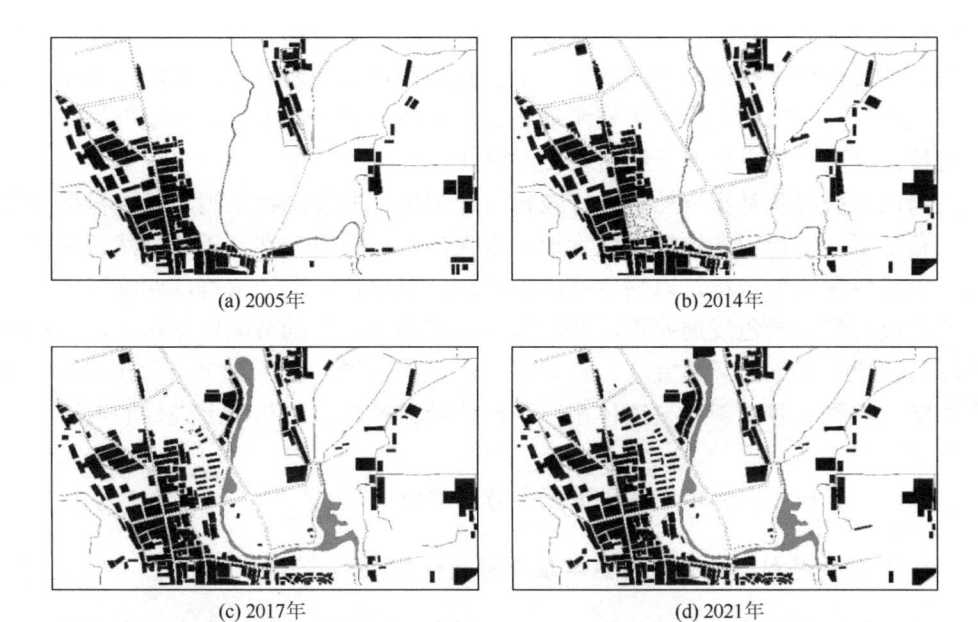

(a) 2005年　　　　　　　　　　　　　　(b) 2014年

(c) 2017年　　　　　　　　　　　　　　(d) 2021年

图 1-15　不同历史时期咸阳市武功县武功镇空间形态图纸

第 2 章　绿色宜居村镇建设典型模式及发展机制研究

2.1　绿色宜居村镇内涵界定

绿色的含义很多，在贯彻习近平生态文明思想，全面落实新发展理念，坚持生态优先、绿色发展，坚定走生产发展、生活富裕、生态良好的文明发展道路的背景下，本书中的"绿色"是"绿色经济"和"绿色发展"的含义。其中，绿色经济指能够遵循"开发需求、降低成本、加大动力、协调一致、宏观有控"五项准则，并且得以可持续发展的经济。绿色发展是在传统发展基础上的一种模式创新，是建立在生态环境容量和资源承载力约束条件的基础上，将环境保护作为实现可持续发展重要支柱的一种新型发展模式。

绿色宜居村镇是指自然村、行政村、建制镇、非建制镇在国家"乡村振兴战略"背景下，以村镇的自然属性为根，以人为本，尊重自然、顺应自然、保护自然，以绿色发展为目标，以绿色经济为动能，以绿色标准为依据，始终坚持绿色产业发展与产业绿色发展并重，通过融合发展路径，借助节能环保技术，依托绿色项目，建设起来的环境宜居、资源友好、经济发展、乡风文明、设施完备、社会稳定、治理高效的新型村镇体系，是在传统村镇体系的基础上进行的内涵延伸与外延扩展。

绿色宜居村镇内涵可以从以下三个方面理解。

1. 绿色宜居村镇应体现自然特征和时代特征

乡村振兴战略从产业、环境、文化、社会、经济等方面对生态文明背景下的村镇建设描绘了宏伟的蓝图，提出了"产业兴旺、生态宜居、乡风文明、治理有效、生活富裕"的总体要求，这是未来中国村镇的时代特征。因此，绿色宜居村镇的定义应该兼备村镇的自然特征和时代特征。从字面上看绿色宜居村镇可以拆分成村镇和绿色宜居两部分，是在村镇自然特征基础上融入绿色宜居理念，在村镇规划建设中坚持可持续发展原则，做到健康、安全、舒适、节水、节地、节能、节材和环境保护，从环境、资源、经济、社会、信息、风险管控等多个目标进行改进，不以牺牲生态环境为代价，提升村镇发展水平，满足新时期生态文明、就地就近城镇化等多元需求的新型村镇建设。

2. 绿色宜居村镇应该体现绿色宜居与经济发展统筹协调

绿色发展理念强调，既要金山银山，又要绿水青山；既要坚守生态环境底线，又要充分利用生态环境，让生态环境优势充分转化为经济发展优势。绿色宜居村镇也不是单纯保护环境，而是要在村镇经济发展基础上建设绿色宜居村镇，实现经济发展与环境保护相互促进、相得益彰。这就要求牢固树立和贯彻落实绿水青山就是金山银山理念，科学认识绿色宜居村镇建设与经济发展之间的辩证关系，将经济发展与生态文明建设有机融合起来，实现绿色宜居村镇建设与经济高质量发展相辅相成。

3. 绿色宜居村镇应该形成"资源-环境-经济-社会（设施、文化）-信息-风险管控"多元要素融合的复合型生态经济

融合发展是现代产业的重要特征，是满足消费者多元化需求的必然趋势，也是实现绿色宜居村镇建设与经济高质量发展相得益彰的基本路径。融合发展要求从村镇全域、全要素、全产业链、全价循环、全生命周期的角度出发，突破区域空间边界、要素功能边界、传统产业边界和分工主体边界。村镇全域联合绿色发展，可以实现产村镇融合。将村镇生产要素、生态要素、科技要素、生活要素、文化要素等全要素融合发展，可以实现聚和倍增效应。将村镇全产业链协同，可以实现上下游贯通发展。将村镇产业全价循环，可实现产业全面绿色提升。将村镇建设项目全生命周期管理，可以实现绿色宜居项目"规划-建设-管理"结合，"投资-建设-运营"统一。

2.2 "政策-组织-要素"相协调下绿色宜居村镇典型发展模式解析

2.2.1 政策维度典型模式梳理

政策在农业农村发展的进程中发挥着不可替代的引导作用。国家颁布的农业相关政策有助于调节市场的盲目性与自发性，对于约束农产品的最低限价、保障农产品生产者收入、整合农村资源要素、引导农村发展方向、扶持农村产业发展方面产生着积极的影响。

面对城乡发展不均衡的实际情况，国家推出城乡一体化、新型城镇化、美丽乡村建设、城乡统筹发展等一系列举措。新时代面对农村发展问题，党的十九大创造性地提出乡村振兴战略，并为深入贯彻落实乡村振兴战略及缩小城乡差距不断加强顶层设计。国务院、农业农村部等国家机构出台了一系列乡村振兴的规划与实施方案，其中包含了对村镇发展模式进行划分的内容，用以指导农村发展，具体文件名称及内容如表 2-1 所示。

表 2-1　政策文件中的村镇发展模式

文件名称	发布单位	发布时间	分类
《乡村振兴战略规划（2018—2022年）》	中共中央、国务院	2018年9月	集聚提升类村庄、城郊融合类村庄、特色保护类村庄、搬迁撤并类村庄
《乡村振兴科技支撑行动实施方案》（农办科〔2018〕22号）	农业农村部	2018年9月	农业农村产业升级发展的科技引领示范村（镇）、农业绿色发展的科技引领示范村（镇）、农村产业兴旺的科技引领示范村（镇）、农业农村质量效益竞争力提升的科技引领示范村（镇）
《全国乡村产业发展规划（2020—2025年）》（农产发〔2020〕4号）	农业农村部	2020年7月	城市周边乡村休闲旅游区、自然风景区周边乡村休闲旅游区、民俗民族风情乡村休闲旅游区、传统农区乡村休闲旅游景点

1.《乡村振兴战略规划（2018—2022年）》中的四类村庄

2018年中共中央、国务院印发的《乡村振兴战略规划（2018—2022年）》是顺应我国的发展阶段，精准把握城乡关系下描绘的乡村振兴战略蓝图。文件中提出了集聚提升类、城郊融合类、特色保护类、搬迁撤并类四大村庄类型，并对每一类村庄的发展路径进行了规划和部署。

1）集聚提升类村庄

在四种村庄发展模式中，首先是集聚提升类村庄，它是乡村振兴战略的重点实施对象，占据全国村庄的绝大多数，是最普遍的村庄类型，并容纳了大部分的农村人口。主要指现有规模较大的中心村和其他仍将存续的一般村庄[4]，本身较好的资源禀赋，相对完备的公共基础设施和交通运输条件，并且具备一定的产业基础。

集聚提升类村庄可分为两种：一是农业主导类，主要分布在中部及西部地区，经济发展相比东部地区较为缓慢，科技力量薄弱，主要发展以种植、畜牧为主的第一产业，二、三产业的发展水平比较落后；二是以江苏、浙江、上海、广州为代表的东部沿海地区，东部地带自然环境优越，交通便捷，科技力量雄厚，经济快速发展。对于第一种，应当以主导产业为支撑，进一步形成产业集聚，发挥规模效应，并且以三产融合为原则，在原有产业的基础上，依托独特的自然资源或人文风情，鼓励发展相关的二、三产业。对于第二种，应当继续发挥原有优势，结合创新驱动，注重生态文明保护，实现可持续发展。

2）城郊融合类村庄

城郊融合类村庄是指城市近郊区以及县城城关镇所在地的村庄，靠近城市的区位特征使城郊融合类村庄成为连接城市与农村的枢纽。城郊融合类村庄由于受到城市经济的辐射带动，通常经济发展水平较高，生活配套设施相对完善，能对周边农村产生辐射作用，同时也是城市乡村要素双向流动的中间节点。

该类村庄由于靠近城市、交通方便，具备发展旅游业、成为城市后花园的天生优势。因此该类村庄可以依托靠近大城市的区位优势，发展旅游业，打造城市周边的休闲乡村旅游景点、提供风景观光、农产品采摘、休闲垂钓等业态。为城市居民提供休闲娱乐好去处的同时，也提升了乡村居民的收入水平。

除打造近郊型乡村旅游业之外，城郊融合类村庄凭借周边城市的辐射带动，也具备向城市转型的条件。城郊融合类村庄要实现向城市社区的转型，就要通过乡村基础设施现代化、公共服务一体化，从而改善村民的居住条件；通过强调共建共治共享的理念以及治理服务体系的多元化和治理规则公共化来实现治理机制的现代化转型[5]。值得注意的是，城乡融合发展的过程中，村庄不能被动地依赖城市拉动力取得发展，而是需要主动挖掘自身优势去联通城市[6]，因此要在顺应农村发展规律的前提下，结合农村特点探索一条可行的城乡融合发展道路，从而实现农村城市互惠互利、繁荣共生。

3）特色保护类村庄

特色保护类村庄是指有独特的民俗文化、特色景观的古村落或是少数民族特色村寨，这类村庄受外来文化影响较少，比较完整地保留着当地传统特色景观或文化习俗，是中华民族文化多样性与丰富性的具体表现。对于该类村庄，应当以传承和保护为主，保留当地居民的传统习俗和风情文化，保护特色景观和历史底蕴，完善配套基础设施，改善当地公共环境。通过当地特色产业的带动或以特色民俗文化为核心吸引力发展旅游业，带动当地经济发展，提高村民的收入水平。

应当注意的是，特色保护类村庄并不仅限于历史文化名村和传统古村落，对于有条件的村庄，应当充分挖掘当地特色文化，提升村庄的公共服务设施配置水平，合理利用村庄资源，处理好保护、利用与发展的关系。加强当地居民对于文化的认同感和归属感，保护特色民居、自然景观和非物质遗产等特色要素不受破坏，避免乡村本土特色淡化。以市场需求为导向，形成特色文化产业链，增加前后环节，最终实现经济发展与保护传承并重。

4）搬迁撤并类村庄

搬迁撤并类村庄一般位于自然灾害频发、气候恶劣、生态环境脆弱的地区，纳入搬迁撤并的村庄可分为三类，第一类是不具备发展生产的条件且环境不适宜居住的村庄；第二类是人口流失严重，留守人口老弱化，缺乏发展主体，不具备发展条件的村庄；第三类指因重大项目建设需要搬迁撤离的村庄。

第一类村庄大部分处于偏远山区，通常自然环境恶劣，生活设施落后，信息极其闭塞。该类地区不适宜发展生产，因此对于此类村庄只能采取易地搬迁的方式，才能实现可持续发展。对于第二类村庄，搬迁并不是唯一的出路，土地的生产功能仍可用于发展现代化农业，因此村庄有潜在的发展机遇。首先搬迁后的村庄减少了人类社会的活动影响，有利于生态环境进行自我修复，为打造旅游产品创造了条件[7]；其次农村"三权分置"的政策有利于促进土地流转、盘活土地资源用以发展现代农业，并为二、三产业提供发展空间，实现由"输血"到"造血"的转变。对于第三类村庄，应当做好当地村民的思想工作，并且提供安稳的移民安置点和相关的生活保障，落实搬迁群众的补偿政策，使当地村民自觉自愿离开故土，举家搬迁。

2.《乡村振兴科技支撑行动实施方案》中的四类乡村振兴科技引领示范村（镇）

2018年农业农村部印发的《乡村振兴科技支撑行动实施方案》（农办科〔2018〕22号）是为落实乡村振兴战略规划、实施乡村振兴的科技支撑行动所制定的相关部署。方案中明确提出打造1000个乡村振兴科技引领示范村（镇），分为四种类型的村庄。

1）农业农村产业升级发展的科技引领示范村（镇）

产业升级的关键在于将高新技术应用在农业生产中。建设农业农村产业升级发展的科技引领示范村（镇）致力于以先进科技带动农业产业发展，提升企业和产品的竞争力[8]。因此要求加大科技研发投入，攻克核心技术，发挥科技支撑作用；同时利用金融、政策要素进一步推动高新技术在示范区的应用，培养一批以创新驱动为主体思路、以先进技术为核心竞争力、以产业结构优化提升为手段的乡村创新型企业，通过土地流转形成产业集聚，发挥规模效应，形成农业高新技术产业集群，提升农业现代化水平，不断向农业强国转变。

2）农业绿色发展的科技引领示范村（镇）

农业绿色发展的科技引领示范村（镇）的内涵是围绕"绿色发展"与"农业可持续发展"的目标，探寻农业发展与生态保护和谐共处的发展方式。既要绿水青山，也要金山银山。宁要绿水青山，不要金山银山。说明不能让环境污染作为经济发展的代价。因此我国广大农村地区亟须推行绿色农业生产方式，以求节约保护农村资源环境，修复治理生态脆弱地区的自然环境，统筹推进山水林田湖草系统治理。既要促进经济发展，又要守住生态底线，实现农业产业与生态文明共同进步的良好局面。

3）农村产业兴旺的科技引领示范村（镇）

产业振兴是乡村振兴战略的第一大目标，是带动农村经济发展的重要途径。建设农村产业兴旺的科技引领示范村（镇），要求立足于主导产业，发挥特色产业优势，形成产业集聚。在原有农业产业的基础上，推进二、三产业的发展。以第一产业为基础，发展相关的二、三产业，实现一、二、三产业交叉重组，从而延长产业链，增加农产品附加值。以市场需求为导向实施农业供给侧结构性改革，转换增长动能，实现由价取胜到由质取胜的转变；引入高新技术，发挥先进科技的引领示范作用，促进产业结构升级，由此形成三产融合、百业兴旺的科技引领示范村镇。

4）农业农村质量效益竞争力提升的科技引领示范村（镇）

为推动我国从农业大国转变为农业强国，实现高质量发展，应当将农业质量效益竞争力的提升摆在核心位置，推进农业现代化进程。围绕区域优势农产品，完善设施设备，强化农产品科技支撑。组织技术研发团队，不断推进农业科技创新，破解制约农业发展的核心技术，培育优良品种，提高农业机械化、数字化程度。推动农业三产融合，延长产业链，建设农产品工业园和开发区，形成优势特色产业群，发展新业态，拓宽农民收入渠道[9,10]。同时也要注重进行生态治理，环境修复，推动农业绿色发展，推广绿色生产相关技术，加大污染防治，禁止过度开垦捕捞、资源过度消耗，实现农业可持续发展。

3.《全国乡村产业发展规划（2020—2025年）》四类乡村旅游区

农业农村部关于印发《全国乡村产业发展规划（2020—2025年）》（农产发〔2020〕4号）的通知中，对于产业链条较短、融合层次较浅、要素活力不足等问题制定了引导乡村产业发展方向、加快乡村产业发展速度的规划。规划第五章第一节将乡村休闲旅游重点区依据不同的资源禀赋划分为四种，各类型乡村旅游区的具体内涵梳理如下。

1）城市周边乡村休闲旅游区

城市周边乡村交通较为便捷，从城市到乡村的车程时间较短，方便城市居民周末出游观光。旅游消费的主力军是相邻的城市人口，所以应当发挥靠近城市的区位优势，借力交通优势促进乡村转型发展。以城市居民的需求为导向，依托都市农业生产生态资源，强调旅游产业的规模化和专业化，建立综合性休闲农业园区，提供田园风景观光、家庭农场体验农耕、农产品采摘、休闲垂钓、养生山庄等多元化服务模式，丰富游客的旅游体验，提升游客满意度和幸福感，从而形成稳定的持续客流量，推动乡村旅游产业的发展。

2）自然风景区周边乡村休闲旅游区

自然风景区周边乡村通常依傍秀美山川、江河湖海。以环境生态保护为首要前提，以远离城市喧嚣的特色自然生态景观为核心，发展以农业生态游、农业景观游为主的生态农牧场以及提供餐饮住宿功能的农家乐。并提供森林人家、健康氧吧、生态体验等业态，以生态健康无污染为优势卖点，让人们回归原始，放松身心，享受与繁忙都市不一样的慢节奏生活。

3）民俗民族风情乡村休闲旅游区

独特的民俗民族风情体现了国家的灿烂文明和特色文化，是不可复制的宝贵财富。建立以独特民俗文化为核心的乡村旅游业,需要充分发掘民族特色,依托当地传统民居建筑、特色夜景、田园风光等资源发展村落观光业态;依托载歌载舞的篝火晚会以及设计一批既迎合外来游客的审美、又有本民族元素的民族服装,提供拍照留念的专业摄影服务,满足游客的旅游需求,发展民族风情游的业态;依托非遗文化研学、特色饮食文化、风俗习惯展现别样的风土人情,吸引外地游客,发展民俗体验游。除此之外,通过特色饮食文化来推广当地的特色农产品,带动农产品销量。在传承和保护特色文化的基础上,综合发展多种业态,实现农民增收、乡村振兴的目标。

4)传统农区乡村休闲旅游景点

传统农区乡村休闲旅游是指依托传统农牧区的特色风景,发展农业观光、农产品采摘、特色动植物观赏、农耕体验等业态,使农田变景点,民居变客栈。打造传统农区旅游景点,首先要注重乡村卫生环境的维护,提升村容村貌,完善基础设施,改善农民生活环境,打造生态宜居的美丽乡村。同时在原有农区风景基础上进一步包装,丰富景观元素和旅游业态,打造"农业+创意",留住乡愁。如集中种植油菜花,感受金灿灿的油菜花海,打造"金色油菜花海"的独特田园摄影点;维护生态环境,依托独特的稻田风光勾勒乡村美丽画卷,走农旅一体化的发展道路。定期进行梯田治理、灌溉,科普梯田的形成历史等,通过文化传承、科普教育加深游客印象,促进文旅融合,拉动乡村经济发展。

2.2.2 组织维度典型模式梳理

1. 政府主导型

政府主导型是指政府通过发挥计划、组织、领导、监督等各方面职能,统领村镇建设发展全局的一种模式。在这种模式下,推动村镇发展的主体是政府。政府主导型的特点在于地方政府为村镇建设发展提供规划引领,给予政策、资金扶持,提供发展空间等。政府作为村镇建设发展的主导方,不会剥夺农民的主体地位,政府主导推进村镇建设发展的落脚点在于提升村镇发展水平,最终受益者还是村民。

政府主导型是以村镇的劳动力资源、自然资源和文化资源为基础,围绕生态环境整治、公共服务设施完善、特色产业发展制定村镇建设发展规划。政府是建设发展的主导方,政府可通过项目招标方式委托开发企业进行建设活动,也可通过产业扶持政策引入企业进行建设活动。无论是政府还是开发企业,都为村镇带来了资金、技术、人才、管理等要素。在建设过程中,政府积极引领村民参与,村委会作为中间方,负责协调政府与村民之间的关系,村民在建设过程中起监督作用。建设完成后,特色产业的运营发展由政府统一管理,如图2-1所示。

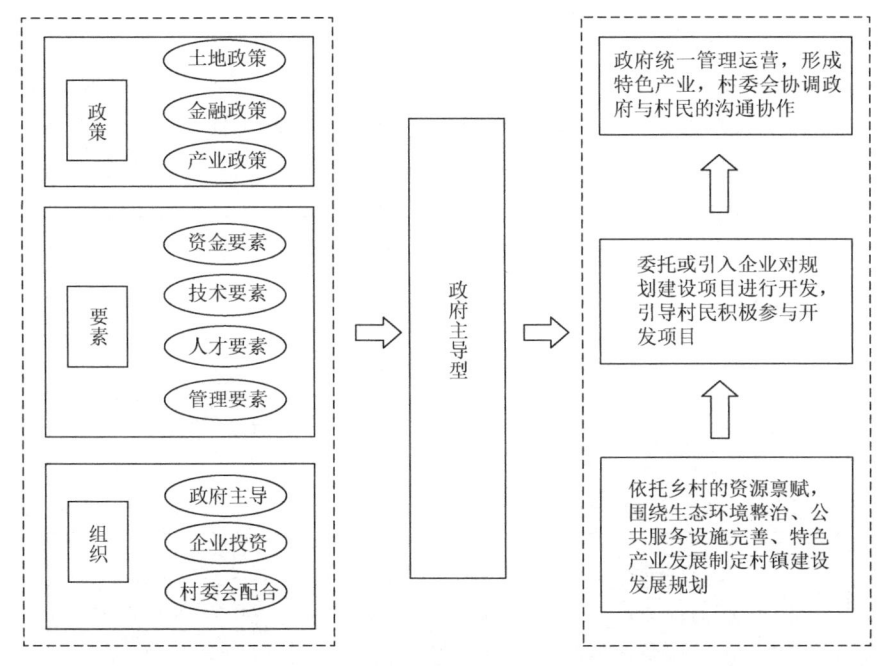

图 2-1 政府主导型模式

典型案例：山西云州区

云州区位于山西省大同市，种植黄花已有 600 多年的历史，素有"中国黄花之乡"的美誉，区委、区政府首先把"一区一业一品牌"作为该区特色产业发展的着力点，集中力量解决了黄花产业加工销售的难题，为黄花产业提供了良好的发展环境。为了解决村民种黄花前三年没有收成的难题，制定种植补贴政策。为了提高黄花产量，投资 2.6 亿元改善水利设施。为了降低种植风险，设立自然灾害险和目标价格险。此外，云州区政府延伸黄花产业链条，推进农旅融合，打造了一批黄花采摘观光景点，这些景点直接带动农民就业增收。在政府的主导下，黄花已经成为云州区经济发展、村民增收致富的支柱产业。

2. 自组织发展型

自组织发展型是由自组织依托所在地区的自然条件、资源禀赋、区位交通和经济基础，根据村镇的发展需求自发行动以实现村镇建设发展。在这种模式下，推动村镇发展的主体是自组织。自组织发展型的特点在于村镇发展规划由自组织确定，开发运营所需要的资金由村民入股或引入外来企业投资。村镇自组织一般是由村委会把村民组织起来而建立的集体经济合作组织。自组织作为村镇建设发展的主导方，是壮大农村集体经济、维护农民权益、带领农民致富的领头人。

自组织发展型是以村镇的土地资源、自然资源和劳动力资源为基础，在发展壮大农村集体经济政策、产业发展政策、金融政策等的支持下，依托村镇自然条件和区位交通等发展条件确定村镇整体发展方向。自组织作为建设发展的主导方，政府相关部门对建设发展行使监督职能。自组织成立村集体经济合作组织，通过入股红利等形式激发村民参与到村镇建设发展中。除了政府财政补贴和激发村民参与外，自组织还会引入外来企业，通过村企合作的方式，使得企业为村镇开发投资，此外企业还为村镇发展带来了技术、管理等要素。通过自组织的领导，最终实现了村镇发展，如图2-2所示。

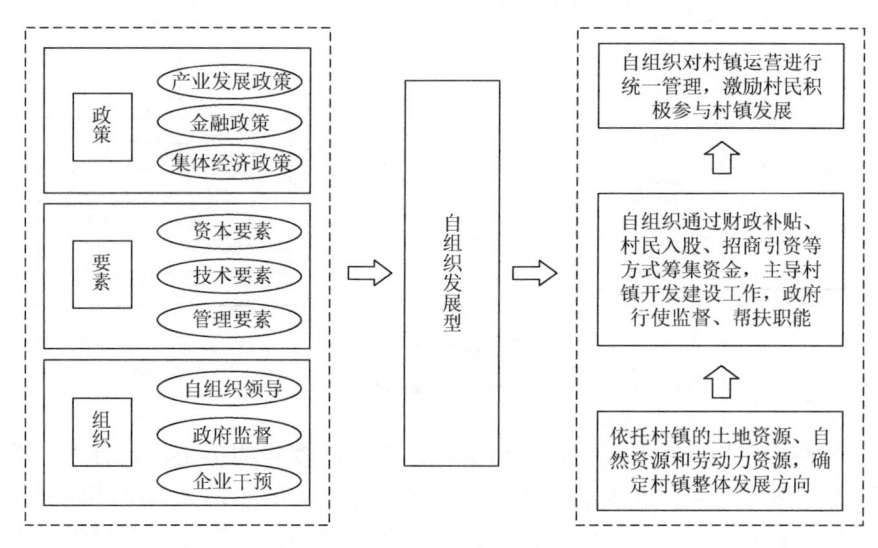

图 2-2 自组织发展型模式

典型案例：陕西郝家桥村

郝家桥村位于陕西省绥德县张家砭镇，地处黄土高原丘陵沟壑区，红色文化丰富。2018年，在党的政策引导下，郝家桥村成立了村集体经济股份合作社，以"党支部+村集体经济组织+合作社+贫困户"的模式，积极发展特色产业，形成了集现代农业、光伏发电、乡村旅游为一体的产业体系，从而实现了多渠道增收。在农业方面，大力发展山地苹果、设施农业、养殖等特色农业产业；依托当地地理条件，发展光伏产业。凭借地处革命老区的优势，大力发展红色旅游，吸引全国各地游客前来参观学习。经过多年努力，村集体和村民收入逐年增长，村内基础设施更加完备，人居环境得到改善，村民获得了更多幸福感和自豪感。

3. 社会力量干预型

社会力量干预型是指社会力量在国家政策感召下或在利益驱使下或出于社会

责任感，以自己的优势和特长助推村镇建设发展。在这种模式下，推动村镇发展的主体是社会力量。除政府、农民、村级组织外，凡是参与到村镇建设发展中的主体，都可以称为社会力量，主要包括社会资本力量、社会知识力量、社会公益组织力量、新乡贤、群团组织、媒体等。

社会力量干预型是社会力量受金融、土地等政策的吸引以及在利益的驱使下，到村镇寻找发展机会。社会资本力量是推动村镇建设发展的重要动力。对于村民积累不足和政府财力有限的村镇，社会资本力量可以弥补村镇发展的资金缺口，同时带来了技术、人才、经营方式等要素。社会知识力量出于社会责任感，也会助力村镇发展。在社会力量干预过程中，政府行使行政审批等权力，同时政府可以颁布产业扶持等政策，从而吸引更多的外来企业。村委会和村民共同对社会力量进行监督，村委会负责协调社会力量与村民的关系，使双方实现共赢，如图2-3所示。

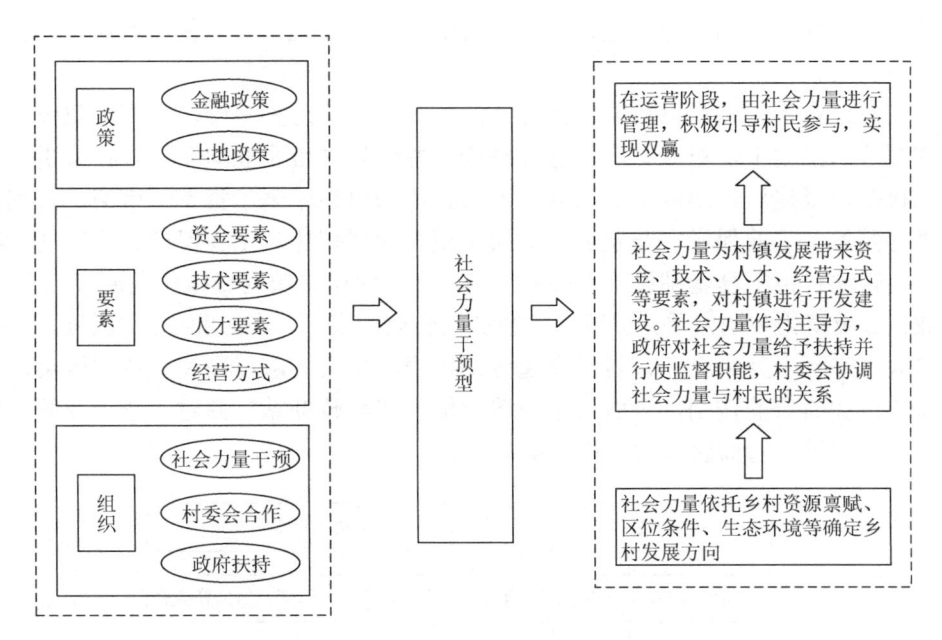

图 2-3 社会力量干预型模式

典型案例：苏州树山村

树山村位于苏州市高新区太阳山景区内，区位交通条件良好，自然田园资源丰富。树山杨梅、茶叶和翠冠梨在当地具有相当高的知名度，企业抓住这一机会，通过土地流转的方式整合土地资源建成基地，对这三大特色农产品进行开发经营。开发企业的干预，加快了树山村农业产业化的步伐。企业同时邀请了科研院所的农业专家作为树山茶果基地的顾问，并对果农进行茶果技术以及病虫防治等培训，不仅提升了果农的生产技术，还提高了茶果的产量。凭借翠冠梨这一特色产品，当地举办了"梨花节",吸引了众多游客前来观赏,带动了当地生态旅游业的发展。在企业的带动下,树山村实现了产业融合发展。

2.2.3 要素维度典型模式梳理

1. 以发展手段划分

1)工业企业带动型

工业企业带动型是指依托一定的区位条件、资源禀赋、政策优势,借助当地产业发展基础,通过整合土地、劳动力等资源,发展乡村工业,使农村经济由农业主导型向工业主导型转变,从而带动村镇综合发展。在这种模式下,将村镇已有的较分散的产业整合,引导城市企业向农村转移,从而形成工业园区。工业发展到一定程度会反哺农业,通过完善乡村配套基础设施,工业化、农业化和城镇化共同发展。

工业企业带动型是以村镇的土地资源和劳动力资源为基础,在土地政策、金融政策等的推动下,对原有产业进行整合,并引导城市企业向乡村转移或引导企业在村镇投资建厂,形成工业园区。外力企业为村镇带来了资本、市场、管理、信息等要素。工业促进农业发展,从而实现农业现代化。工业促进经济发展,经济发展带动村镇配套基础设施和公共服务完善,使得村镇向城镇化发展。工业化、农业化、城镇化共同发展,实现乡村经济社会全面发展。在工业企业发展过程中,资本大多来源于外来企业,村委会起协调作用,负责架起村民和企业的桥梁,政府起扶持和监督的作用,政府可给予政策优惠和财政补贴,并对工业企业的发展规划、运营过程起监督作用(图2-4)。

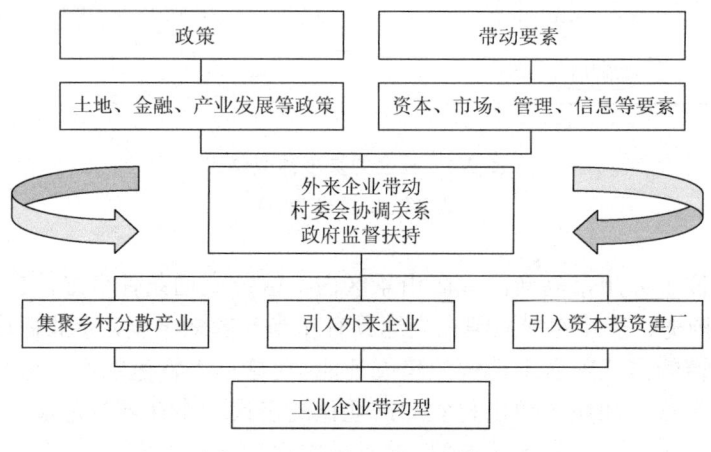

图 2-4 工业企业带动型模式

典型案例:山东桓台县马桥镇

马桥镇位于桓台县西北部，该镇农业生产以传统农作物为主，产业发展以造纸、石油炼化和精细化工产业为主。近年来，马桥镇工业企业快速发展，以造纸、化工、电力为支柱，形成了近百个个体和私营企业，实现了产业非农化，推动了当地经济发展。工业企业为村镇提供了大量就业机会，吸纳了马桥镇及周边村镇农村劳动力，提高了村民收入。为满足城镇建设和工业发展用地需求，马桥镇进行土地整治，使产业向工业区集中，人口向城镇区集中，居住向社区集中。在人口非农化的过程中，并没有荒废耕地，而是成立合作社，通过土地流转将耕地租给种粮大户经营，种粮大户发展现代化农业，不仅提高了粮食种植的收益，还为村民带来土地租金收入。此外，马桥镇大力完善基础设施和公共服务设施，以满足村民的日常生活需求。

2）农业专业化和产业化带动型

农业专业化和产业化带动型是指依托当地资源优势，以农业为主导并借助现代科技、管理人才等外界力量将其打造为本地的特色产业，将农业发展成为乡村的可持续主导产业。在这种模式下，以传统农业为基础，以新技术、新品种为支撑，加大劳动力投入和土地供给，开展农产品规模化种植或畜禽渔专业化养殖，通过深加工、包装等手段，形成特色农产品并销售，推进农业产业化经营。通过发展农业，为村民提供工作机会，提高当地经济水平，带动配套服务设施不断完善，从而实现村镇发展。

农业专业化和产业化带动型是以劳动力资源、农业资源、土地资源为基础，在土地政策、农业政策、金融政策等的推动下，整合村镇土地资源，通过规模化种植和专业化养殖实现农业专业化，对农产品进行加工、包装，延伸农产品的产业链，从而实现农业产业化。在农业发展过程中，一般采用"龙头企业+合作社+农户"的模式。龙头企业带动是农业专业化和产业化发展的重要途径之一，通过产业扶持政策引进龙头企业，龙头企业为村镇带来了资本、技术、管理等要素。成立农民合作社，通过合作社带动建设农产品专业生产基地。合作社通过土地流转方式吸纳村民土地，村民可到合作社务工。龙头企业收购合作社的农作物，形成集生产、加工、销售于一体的农业产业体系。在农业发展过程中，村委会作为领导者，负责引进龙头企业，引导村民加入合作社。龙头企业是带头人，带动农业产业体系形成。政府对农业发展给予政策优惠，做好农产品宣传工作，形成品牌（图2-5）。

寿光市位于山东省东北部，潍坊西北部，自然资源丰富，地理位置优越。寿光在早期掌握了冬暖式大棚蔬菜种植技术，随着该技术的大力推广，其所产蔬菜成为冬季北方市场的抢手货。随着市场的扩张，蔬菜种植面积和品种不断增加，并且已经开始了花卉种植。根据农业产业化的战略要求，当地已经建成了多个以农副产品加工为重点的龙头企业。蔬菜产业的发展带动了当地交通运输业、生资行业、餐饮住宿等服务行业的发展。此外，寿光还发展观光农业，凭借"菜乡"

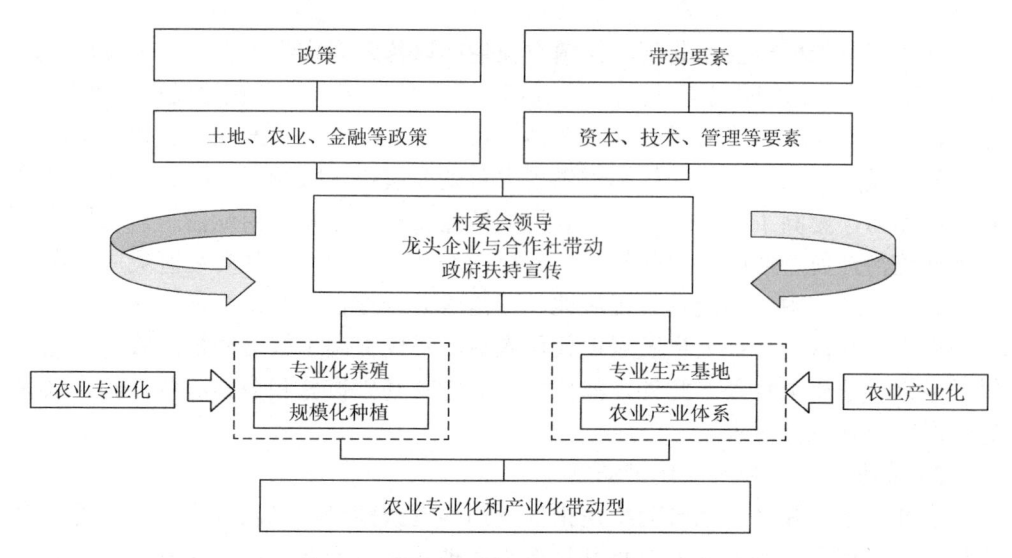

图 2-5 农业专业化和产业化带动型模式

典型案例：山东省寿光市

的称号吸引来自全国各地的游客。大棚蔬菜的发展既改变了农业产业结构，又带动了寿光整体发展。目前，寿光已经成为全国最大的蔬菜交易中心。

3) 乡村文化产业带动型

乡村文化产业带动型是指在村镇依托独特文化资源，通过文化产品的生产、销售和产业集聚，带动乡村发展。乡村文化资源主要包括历史文化资源、民族文化资源、生态文化资源、传统技艺文化资源。在该种模式下，挖掘本地特色文化，对特色文化进行开发，形成以特色文化为核心的乡村文化产业，并通过文化产品的创新，延伸产业链。发展乡村文化产业，既保护了乡村文化，又依托文化带动了村镇发展。

乡村文化产业带动型是以乡村文化资源为基础，在繁荣发展乡村文化、乡村文化遗产保护等政策的推动下，确定能够带动本区域发展的独特文化产品，合理开发文化资源并将其打造成特色文化产业。乡村文化产业发展是乡村文化资源进行创新的过程，通过引进人才、信息、经营方式等要素，对乡村文化产品进行创新，并构建乡村文化产业链。乡村文化产业链的形成能提高当地核心竞争力。乡村文化产业的发展，带动当地餐饮、住宿、旅游等行业协同发展，从而使得当地经济、文化、社会全面发展。在乡村文化产业发展过程中，村委会是领头人，带领村民挖掘开发本地文化资源，形成特色文化产业链。政府起监督作用，保证文化在开发过程中不被损坏，同时政府还应大力宣传文化产业，促进文化发展繁荣（图 2-6）。

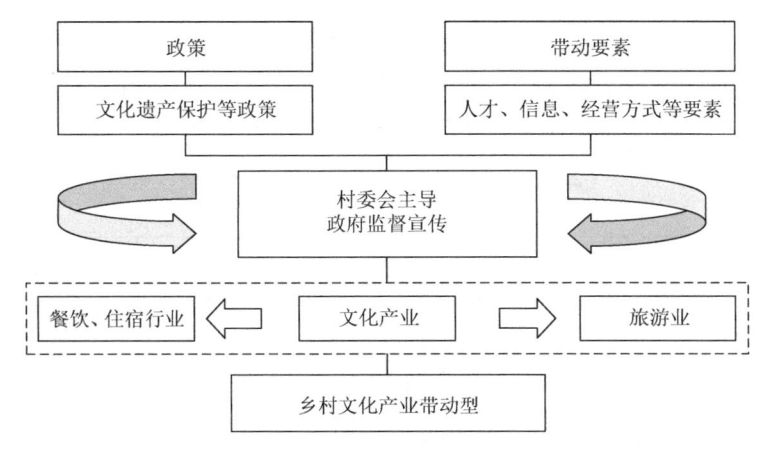

第 2 章　绿色宜居村镇建设典型模式及发展机制研究　　　　　　　　　　·25·

图 2-6　乡村文化产业带动型模式

典型案例：四川省崇州市竹艺村

竹艺村位于四川省崇州市道明镇，具有近 2000 年的编织历史，该地竹编文化浓厚。借助这一特色优势，相关部门开始打造竹艺村。首先，委托设计院设计了融合传统竹编工艺的"竹里"建筑物。2017 年竹艺村正式对外开放，"竹里"建筑物首次亮相，吸引了众多人前来参观，并成了网红打卡点。通过"竹里"这一网红建筑，消费者对竹编和竹文化有了新的文化认同感。除了打造"竹里"这个建筑物，还打造了竹编文化博物馆等建筑物，这些都用来作为竹编交流平台。竹艺村吸引了众多开发商，打造了三径书院、遵生小院、来去酒吧、归野民宿等多元业态，不仅为游客提供了餐饮、住宿等配套服务，还给游客带来了良好的文化体验。当地竹编工匠凭借高超的技艺为游客私人订制工艺品，提高了他们的收入。竹艺村凭借竹文化，不仅改善了当地人居环境，还带动了当地经济社会发展。

4）旅游产业带动型

旅游产业带动型是指在邻近风景区或城市边缘区的村镇，以具有乡土性的自然风光和风土人情为吸引物，开展集观光体验、休闲度假于一体乡村旅游，以此带动村镇经济发展和人居环境改善。在该种模式下，以"旅游+"为发展出发点进行延伸，包括"旅游+康养""旅游+文化""旅游+教育""旅游+体育"等二级模式。旅游产业的发展会提升村庄生态环境，促进城乡之间交流。

旅游产业带动型是以自然资源、生态资源为依托，以城市居民为主体，在土地政策、乡村旅游政策等的支持下，通过土地流转方式整合土地资源，规模化发展乡村旅游业。旅游业的发展离不开资本、管理、经营方式等要素，然而大多数村镇不具备这些要素。通过村企合作的模式引入外来企业，外来企业会为村镇旅游带来这些发展要素。村镇旅游业的发展为村民带来了大量就业创业机会。村民可从事餐饮、住宿等相关服务业。旅游业的发展，改变了村镇容貌，带动了村镇经济社会全面发展。在村镇旅游业发展过程中，村委会作为领导者，负责引进外来企业投资，协调村民与外来企业之间的关系并积极引导村民参与到旅游业发展中，政府对旅游业发展给予帮助支持，颁布产业扶持政策协助村委会招商引资（图2-7）。

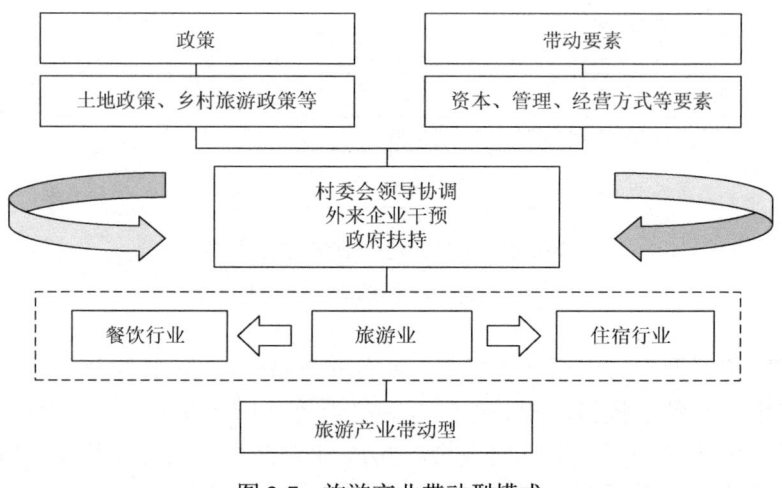

图 2-7 旅游产业带动型模式

典型案例：重庆市卢家山村

卢家山村位于重庆市丰都县仙女湖镇，植被茂盛、水系丰富、气候凉爽。在过去，该地村民依靠种植传统农作物维持生计。近年来，丰都县着力完善基础设施、提升旅游配套，卢家山村抓住机会，凭借毗邻南天湖旅游度假区和马厢二级公路便捷交通的优势，大力发展旅游产业。合作社通过土地流转的方式整合土地资源，并将土地打造成桃园基地。在桃园基地，游客三月份赏花，七八月份采摘、乘凉。大量的游客带来了巨大的消费市场，村民将自己家的房子打造成桃园山庄，为游客提供餐饮、住宿、休闲、娱乐等服务。村民除了创业之外，还可到桃园基地务工。卢家山村旅游业的发展，为村民带来了土地租金、务工、创业收入等多种收益，同时使得村内基础设施和配套服务更加完备。卢家山村是发展乡村旅游的一次成功探索，还为丰都走农旅融合发展打造了一个可复制的样板。

5）城乡建设带动型

城乡建设带动型主要适用于城市边缘区的村镇，是指该地区受城市辐射或直接被纳入城市建设扩展地区而逐渐变为城市地域。在这种模式下，将村镇发展与城市规划有机结合，推动村镇剩余劳动力和村镇人口向城市转移，引导城市发展要素流入村镇，最终促进村镇人口非农转移和空间重构。

城乡建设带动型是以村镇土地资源和劳动力资源为依托，在土地政策、以城带乡政策、产业政策等的推动下,整合村镇资源优势,鼓励农村人口向城市转移,引领城市产业、资本、技术、信息等要素流入村镇以发展村镇产业。城市边缘区村镇土地资源一般较稀缺,鼓励人口向城市转移,可以解决农村劳动力过剩的问题。发展村镇产业,不仅能够带动村镇经济发展,而且能够优化村镇空间布局。在发展过程中,政府起着非常重要的作用。政府需要制定政策引领城市发展要素流入村镇,同时对村镇发展给予资金补贴。村委会是村镇发展的领头羊,一方面需要合理统筹村镇劳动力,鼓励农村人口向城市转移;另一方面要吸引更多的企业或产业,优化村镇产业体系,推动村镇空间重构。通过产业发展,带动村镇经济社会综合发展(图 2-8)。

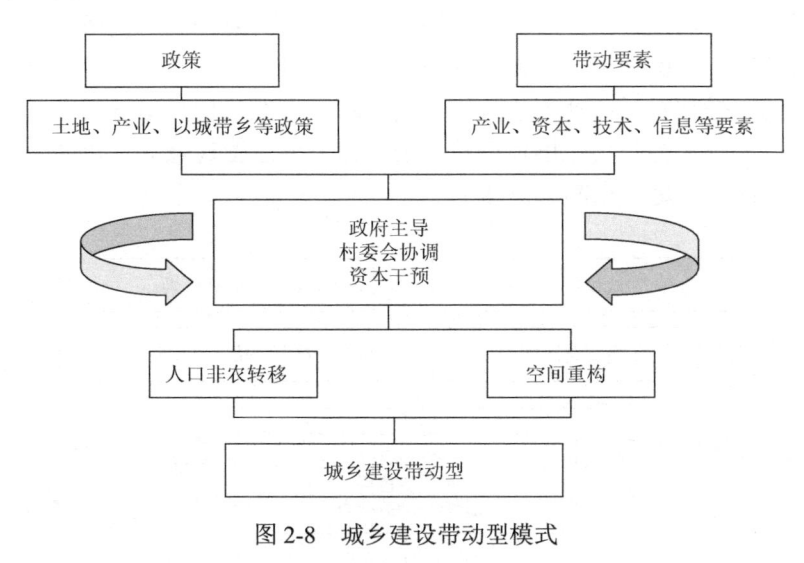

图 2-8 城乡建设带动型模式

典型案例:浙江莫干山

莫干山位于浙江省德清县西部,地处长三角中心位置,风景秀丽,人文历史底蕴丰厚,自然资源丰富,交通便利。依托大城市的人流和消费力,以城市居民需求为导向,打造了集旅居度假于一体的特色小镇。莫干山的民宿产业形成了全国民宿产业的高地,为了规范民宿产业的发展,德清县出台县级民宿等级划分标准,实施政府和民间机构共同管理的方式,并颁布土地政策保护当地的土地资源。以民宿产业为基础,莫干山构建了多层次产业体系。在旅游业方面,通过挖掘莫干山及周边旅游资源,构建了全域旅游产业,打造了国际休闲旅游品牌。在农业方面,利用良好的生态环境发展生态农业。在文创产业方面,挖掘当地人文历史底蕴,建设创意产业园。

6)劳务输出带动型

劳务输出带动型是指通过劳务输出将村镇剩余劳动力转移进城,以此带动村镇发展，主要适用于劳动力资源丰富但其他资源稀缺或不具备明显区位优势的地区。在这种模式下，部分外出务工人员会在城市定居，还有一部分会在掌握一定技术后返乡创业直接带动当地发展。对于外出规模较大的村镇，由政府主导进行搬迁撤并，盘活土地资源，优化空间布局。

劳务输出带动型是以村镇的劳动力资源为依托，在农村人员外出务工政策、返乡创业扶持政策、金融政策等的推动下，鼓励农村剩余劳动力进城务工，对外出务工返乡创业人员给予政策优惠和资金补贴。通过劳务输出，一方面解决了农村劳动力过剩的问题，另一方面通过外出务工人员返乡创业为乡村发展带来了新的活力。外出务工人员返乡创业为乡村发展带来了资金、技术、经验、人才、管理等要素。在这种模式下，政府的作用至关重要。政府需要制定政策鼓励农村劳动力外出务工，吸引外出务工人员返乡创业、建设家乡。村委会需要配合政府工作，组织培训提升农村劳动力的技能素质，联系企业确保外出务工人员能够获得稳定的收益。对于劳动力流出规模较大的村镇，通过搬迁撤并、盘活土地资源，为村镇发展提供充足的空间（图 2-9）。

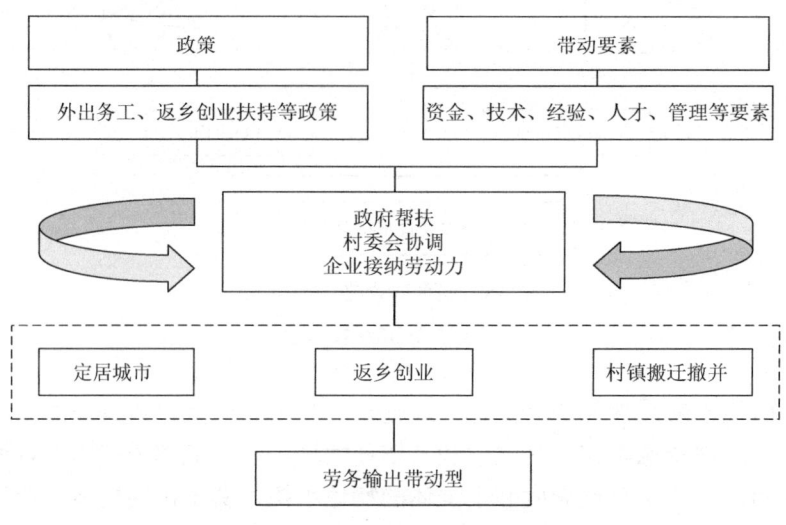

图 2-9　劳务输出带动型模式

典型案例：四川金堂县竹篙镇

竹篙镇位于四川省成都市金堂县，人口众多，地理位置优越，所在金堂县曾经是全国有名的"打工第一县"。近年来，金堂县政府深入贯彻落实国家政策，大力引导外出务工人员返乡创业。在政策方面，加大对回乡就业创业人员的扶持。以竹篙镇为核心建立了农民工创业示范园，该创业示范园吸引了四千多名农民工返乡创业就业，创办了两千多家实体公司。为村民提供返乡创业培训，与科研机构进行深度合作，引导农民发展现代化农业，目前已建立多个农业示范基地和养殖业繁育基地。依托区位优势，支持农民工发展城市近郊休闲旅游，依托当地的自然景观，已开发出多个旅游景点，并带动了餐饮、住宿等服务行业的发展。竹篙镇被列入全国重点发展镇，未来可期。

2. 以发展动力划分

1）内生发展型

内生发展型是指依托村镇特有的资源禀赋、区位条件和经济基础，通过发展优势特色产业，优化村镇产业体系和空间布局，从而实现村镇发展。在该种模式下，村镇发展的主要动力为农村自我发展能力。根据新内生发展理论，内生发展意味着村镇发展不仅仅依靠村镇自我发展能力，还需要村镇在发展过程中主动与外部对接，加强与外界之间的联系，促使封闭型产业结构向开放型产业结构转化。

内生发展型是以村民为发展主体，以村镇为载体，以村镇物质资源和文化资源为基础，在国家惠农、兴农等政策的支持下，通过挖掘村镇优势资源，将其转化为产业优势并发展成特色产业。在开发本土资源的同时，也要积极引进资金、技术、人才、管理等要素，这些发展要素会为村镇发展带来新的活力。通过产业发展，一方面为村民提供了大量就业创业机会，提高了居民收入；另一方面改善了村镇生态环境，完善了村镇公共服务设施。在这种模式下，村委会激励村民依托当地条件谋求发展，积极与外界对接加强联系，政府做好村镇宣传工作，使得村镇发展形成品牌效应（图2-10）。

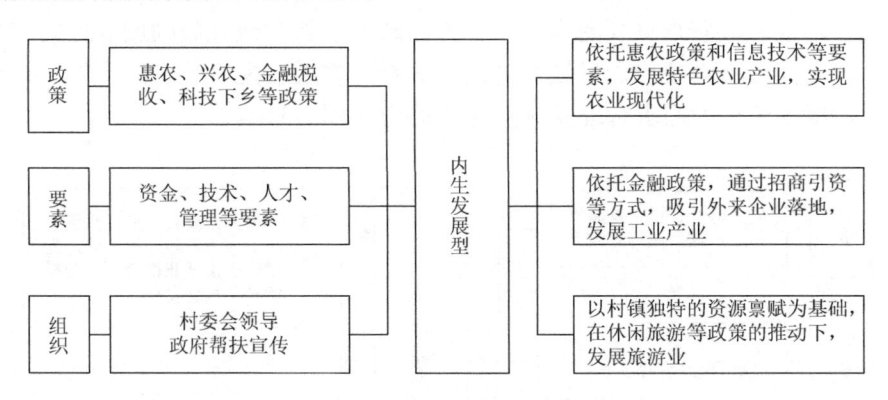

图 2-10 内生发展型模式

典型案例：浙江碧门村

碧门村位于浙江省湖州市安吉县灵峰街道，交通便利，环境宜人，所在安吉县是全国有名的毛竹之乡。在过去，碧门村民依托当地的竹林资源优势发展竹凉席产业，从事竹制品相关行业。随着藤席、纸席的出现和互联网的发展，竹凉席产业受到很大的冲击。在这种形势下,"互联网+"模式应运而生,村民开始从线下向线上转型,以竹凉席为突破口,又加入了竹编包、竹制手机架等衍生品。年轻一代的电商人同党员一起成立电商党小组,带动村域电商发展,2019年碧门村入选为省电子商务十强专业村。电商发展使得碧门村由传统制造加工业升级为经营产业,同时解决了传统产业扩张过程中带来的违章建筑、机器噪声、生活垃圾等问题。目前,碧门村年产值破亿元,全村正走向一条产业兴旺、生态宜居的乡村振兴之路。

2）外援驱动型

外援驱动型是指以城乡之间的要素流动为纽带、产业互动为链条,通过工业反哺农业、城市带动乡村,推动村镇土地流转和村镇空间重构,实现村镇社会经济发展。在该种模式下,村镇的主要发展动力为工业化和城市化的驱动力。工业化是指由传统农业向现代工业转换的过程,城市化是指农村人口向城市转移的过程。在这种模式下,引入城市要素与村镇资源融合发展村镇工业,以劳务输出形式将农村剩余劳动力转移进城,通过城乡要素流动,最终实现城乡共同发展。

外援驱动型是以村镇的土地资源、自然资源和劳动力资源为基础,在城乡融合、城乡发展一体化、城乡统筹等政策的支持下,引入城市的资金、技术、人才、管理、生产方式等要素,在村镇原有的产业基础上发展村镇工业。村镇工业的发展,一方面为村民提供大量工作机会,增加村民收入;另一方面促进村镇一、二、三产业融合,优化村镇产业体系。农村剩余劳动力进城务工,取得一定收益后,会将部分收益用来改善居住条件,也可能返乡创业,这也带动了村镇发展。在这种模式下,政府起着很重要的作用,一方面政府要颁布政策鼓励城乡之间要素流动,另一方面政府也要协调好城乡之间的关系。村委会配合政府的工作,接纳城市要素,根据劳动力需求合理安排乡村劳动力（图2-11）。

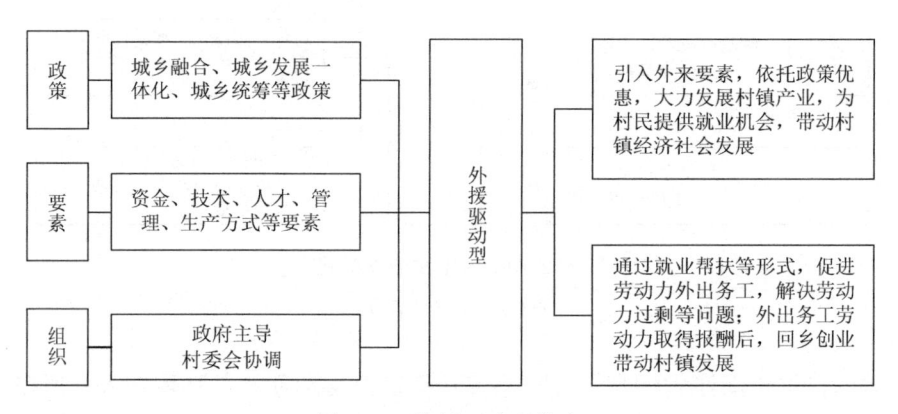

图 2-11　外援驱动型模式

典型案例：河北骆驼湾村

骆驼湾村位于河北省保定市阜平县龙泉关镇，近年来骆驼湾村旧貌换新颜，经济社会发生了极大的变化。采用"公司+农户"的方式流转土地700亩（1亩约等于666.7平方米），分别种植苹果、樱桃和药材等农作物，农户可到果园打工，这样一来，农民就有了土地租金和务工收入双份收入。依托乡村的环境优势，围绕绿色旅游和红色旅游两大主题，成立了阜平县顾家台骆驼湾旅游发展有限责任公司（现更名为阜平县顾家台骆驼湾文化发展有限责任公司）。随着骆驼湾村旅游业的发展，北京寒舍文旅发展有限公司与农户合作开办高端民宿，农户通过将闲置房屋租给公司来获得租金收入。打造高端民宿的同时，配套建设了接待中心、农家乐、土特产销售等商业业态。

3）内外综合驱动型

内外综合驱动型是指既需要依托自身良好的优势资源，又无法脱离城乡之间的要素流动，表现出内外综合驱动的特征。在该种模式下，村镇的主要发展动力为农村自我发展能力和工业化、城市化的驱动力。以村镇传统农业为基础，依托村镇优势资源，引入城市发展要素，发展村镇优势特色产业，利用这一产业优势，延伸产业链，朝着产业综合体的方向发展，以市场带产业，以产业带发展，以此实现村镇社会经济综合发展。

内外综合驱动型是以村镇的物质资源、文化资源和劳动力资源为基础，通过挖掘村镇优势资源，确定村镇的发展方向。在工业化、城市化的驱动下，通过村企合作的方式引入外来企业，外来企业会带来资金、技术、人才、生产方式等要素，发展村镇特色产业并带动配套服务业发展。通过内外综合驱动，为村镇发展注入了新活力，改变了村镇传统的产业结构，加强了城乡之间的联系，最终使得村镇全面发展。在这种模式下，政府具有相当重要的责任。政府要制定促进城乡融合相关政策，政策一方面可以促进城乡之间要素流动，从而实现以城带乡；另一方面可以实现城乡协调发展。此外，政府还需要协调城乡之间的关系，为城乡融合发展提供有利条件。村委会要抓住机会，配合政府工作，同时激励村民参与到村镇建设发展中（图2-12）。

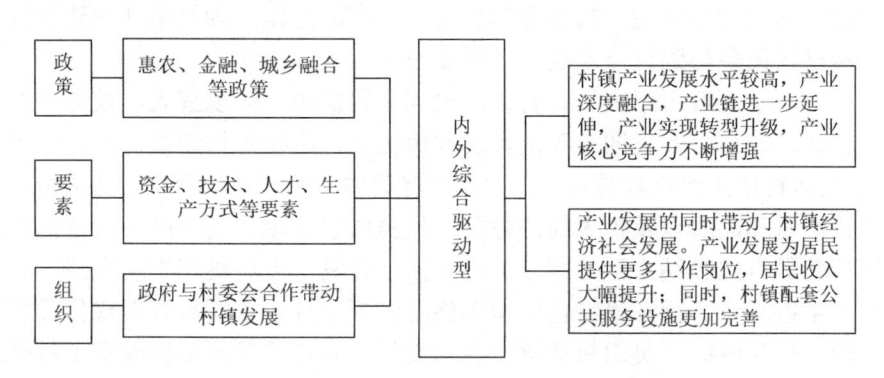

图2-12 内外综合驱动型模式

典型案例：河北塔元庄村

塔元庄村位于石家庄主城区北部，正定县城西部，地理位置优越，位于滹沱河沿岸，环境优美。塔元庄村依托良好的区位条件和旅游资源，与河北同福集团合作。同福集团整合了塔元庄村和自身企业的优势，制定了科学的发展模式，规划建设乡村振兴示范园区，园区内包含塔元庄同福模式展馆、中央厨房、万亩现代农业园、餐饮会议中心+田园康养等十大项目。这些项目不仅带动了塔元庄村的发展，而且为石家庄市主城区提供了更多资源。例如，中央厨房项目每年可为200万个市民提供生态绿色营养健康的食品；万亩现代农业园项目不仅为当地及周边村民提供了就业机会，还改变了传统的农业生产方式；田园康养项目解决了周边区域的养老问题。

3. 以土地性质划分

1）主导开发区域

主导开发区域是发展水平最高的地区。该区域邻近大城市，具有区位优势，并聚集了大量具有高消费能力的人群。该区域在保障城市居民生活、提供优质环境等方面发挥着作用。但由于该地区人多地少，村镇土地不断转化为城市建设用地，导致空间资源紧缺，农民转型和产业非农化更为普遍。因此，该区域主要依托大都市有利的区位条件，并依赖城市的外力拉动，发展城郊多功能农业和近郊乡村旅游。

以农业资源和旅游资源为基础，在城市需求和城郊发展政策的推动下，利用区位优势，发展多功能农业和近郊乡村旅游。主导开发区域的发展离不开资本、技术、人才等要素。资本是发展的物质保障，技术是发展的关键，人才是发展的重要力量。在资本、技术、人才等要素的带动下，该区域村镇发展模式由生产型向消费型、服务型转变。在这种模式下，政府有着非常重要的作用，一方面政府要颁布旅游政策、惠农政策等扶持村镇发展，另一方面政府要做好宣传工作，吸引更多的人前来旅游体验。村委会需要配合政府的工作，为村镇开发建设筹集资金，并激励村民参与到村镇发展中（图2-13）。

吴房村位于上海市奉贤区青村镇，地理位置优越，环境宜人，被称为上海南郊的桃花源，该村已有近四十年的黄桃种植历史，所在青村镇被称为"中国黄桃之乡"。吴房村依托黄桃种植历史，大力发展黄桃特色产业以及文创旅游业。为了提高黄桃产量和品质以及扩大经济效益，吴房村引进企业进行产业改造，企业通过土地流转的方式吸纳土地并规划黄桃园区。开发"十里桃花"观光路、黄桃特色餐饮、生态垂钓、桃源里特色民宿等旅游资源，打造了既具有现代化又具有乡野气息的文化旅游区。吴房村黄桃产业和文创旅游业的发展不仅改变了村民的生产、生活方式，带动了村镇的全面发展，而且为上海市民乃至全国各地的游客提供了休闲娱乐的好去处。

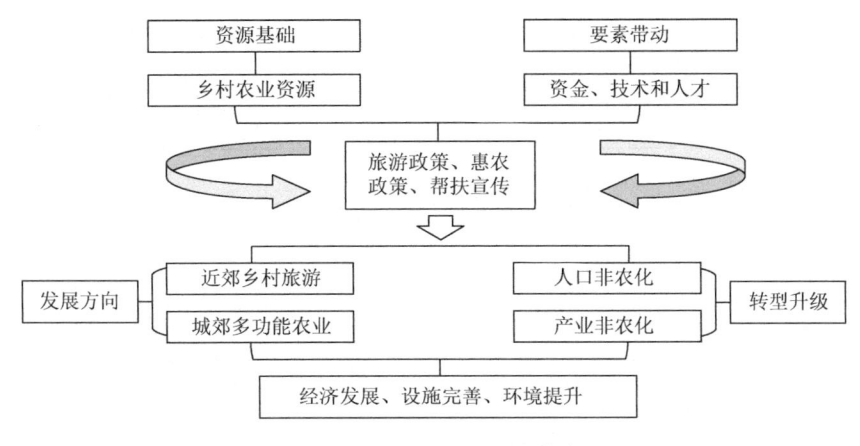

第 2 章　绿色宜居村镇建设典型模式及发展机制研究　　·33·

图 2-13　主导开发区域模式

典型案例：上海市吴房村

2）核心开发区域

核心开发区域分布在主导开发区域周围，该地区经济发展水平较高，资源环境承载能力较强。受主导开发区域土地资源的限制，该地区承载着主导开发区域人口分流和产业转移的功能。因此，该区域的发展需要合理利用劳动力资源和土地资源，根据实际情况确定发展方向。例如，在产业基础薄弱的地区发展农村电商，在产业基础较强的地区优化产业结构，带动传统产业升级。

以村镇的生产资源为基础，以特色产品为依托，在金融、电商等政策的基础上，引入科技、信息、人才等要素，发展农村电商。发展农村电商不仅可以提升特色产品的价值以增加村民的收入，而且还能够带动周边物流、存储、餐饮等服务业的发展。在具有产业基础的地区，引入资金、技术、人才等要素，积极吸纳主导开发区域转移产业，从而带动传统产业升级，形成产业园区。产业的发展，一方面解决了人口的就业问题，另一方面增加了该地区发展的核心竞争力。在这种模式下，政府有着至关重要的作用，政府需要制定政策助力村镇发展，同时还要履行好监督职能，确保该地区在发展过程中资源（尤其是土地资源）不被滥用。村委会作为村镇发展的领头人，要配合政府的工作，以开放的态度吸纳外来人口和产业（图 2-14）。

建平村位于福建省福州市闽侯县上街镇南部，交通区位优势显著。建平村的快速发展离不开根雕产业的支撑。起初，象园根雕厂由福州市区搬迁而来，触动了该地工业化发展，越来越多的家庭作坊从事根雕工艺品生产，周边城市和村镇的根雕厂全部迁入建平村，根雕产业形成规模。随着互联网的发展，根雕厂家开始探索网上销售，这使得根雕的销量也大大增加。根雕产业带动了当地物流、储藏等行业的发展，使得当地配套设施更加齐全。在发展根雕产业的同时，建平村

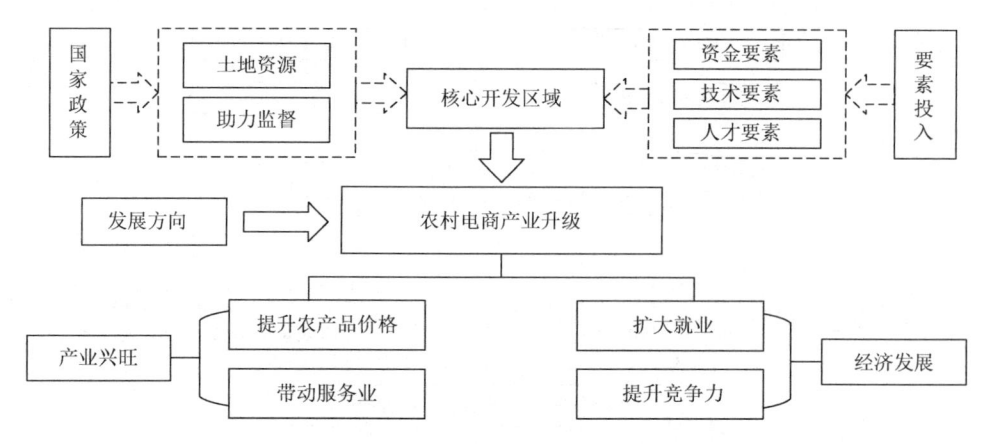

图 2-14　核心开发区域模式

典型案例：福建建平村

又引进了红木、大板家具等新产业，建平村的产业日益丰富。目前，建平村已经成为全国最大的根雕交易中心，建平村的根雕销往了海内外各地。

3）潜在开发区域

潜在开发区域的发展处于中等水平，发展潜力较大。该区域面积较大，劳动力资源充足，以传统农业生产为主，农民收入相对较低。受城乡统筹发展的影响，许多工厂搬迁至此区域，在一定程度上带动了该区域的发展，同时为村民提供了大量工作机会。因此，该区域可在传统农业和工业产业的基础上，进行农业现代化发展，大力发展村镇产业。

以村镇的土地资源和劳动力资源为基础，在土地政策和农民专业合作社等相关政策的推动下，在农村成立合作社，通过土地流转的方式整合土地资源并纳入合作社，鼓励村民到合作社务工，再引入资金、技术、人才等要素，进行农业现代化发展。在相关产业转移政策的推动下，借助村镇产业发展基础，将城市工业企业转移到村镇，对村镇产业进行集聚，打造产业园区，大力发展村镇产业和增加产业竞争优势。在这种模式下，政府要颁布政策引导城市工业企业向村镇转移，在农业方面，政府可给予财政补贴鼓励农民发展现代化农业。村委会要积极与外界联系，引进龙头企业和技术、经验、人才等要素促进农业现代化发展（图 2-15）。

蠡县处于冀中平原腹地，是传统的农业大县，种植麻山药已有 3000 多年历史，被称为"中国山药之乡"。大曲堤镇建立麻山药标准生产示范区，并坚持无公害标准化生产。为了提升麻山药的质量，邀请专家对村民进行技能培训。通过标准化和高质量的生产方式，大大增加了农户的收入。为提高产品的附加值，对麻山药进行加工制造，目前已生产出山药脆片、饮料、罐头等多种产品。该地成立了合作社，合作社集生产、加工、销售于一体，使得麻山药运营管理规范化。通过合作社与各地市场、超市的联系，拓宽了麻山药的销售渠道。蠡县政府积极打造麻山药品牌，通过树立品牌，麻山药的市场认可度更高。麻山药产业的发展带动了运输、农资等配套服务业的发展，为村民提供了更多就业机会，直接带动了村民收入增长。

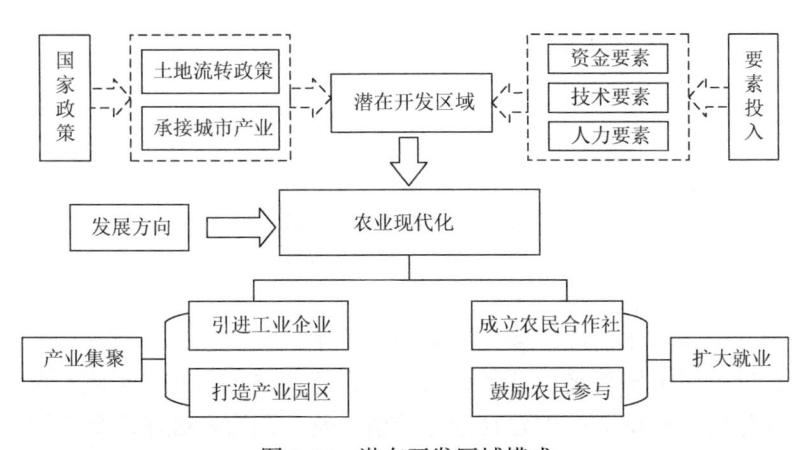

图 2-15 潜在开发区域模式

典型案例：河北保定蠡县大曲堤镇

4）限制开发区域

限制开发区域是对狭义上生态环境保护区的概括性阐释，该地区的发展水平较低，产业基础薄弱，但由于该地区的自然资源、自然环境和生态系统需要重点保护，该地区产业发展受限。因此，该区域的建设发展可依托生态环境、自然资源，发展绿色产业，促进地区农业、生态、旅游发展。

以村镇的农业资源、生态资源和旅游资源为基础，在土地政策的推动下，通过土地流转整合土地资源进行土地规模经营，通过引入新技术、新品种，将传统农业主导转化为生态农业主导，从而进行规模化种植。在生态保护政策的推动下，合理利用生态资源，发展特色化养殖。依托旅游资源，将生态农业与旅游资源结合起来，发展乡村旅游业。在这种模式下，政府一方面要制定政策促进生态农业和乡村旅游发展，另一方面要做好监督工作，确保该地区生态环境在发展过程中不被破坏。村委会鼓励村民发展生态农业和乡村旅游，负责引入村镇发展所需要的各种要素，同时，村委会在规划发展过程中必须同样保证生态环境不被破坏（图 2-16）。

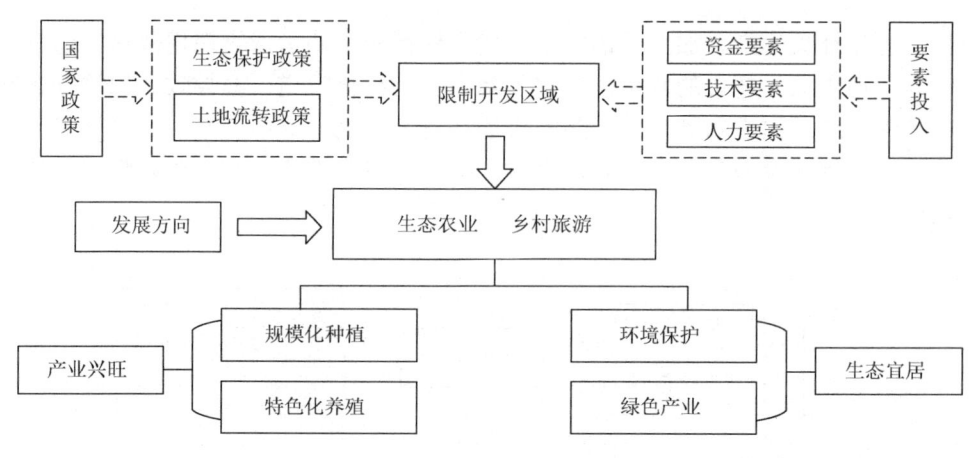

图 2-16　限制开发区域模式

典型案例：河北邢台临城县

被称为"中国薄皮核桃之乡"的临城县位于太行山东麓，该地山地、丘陵面积较大。太行山属于国家级自然生态保护区，这决定了该地必须践行绿色发展之路。经专家分析，核桃适应性强且营养价值丰富，适合在临城开展大面积种植。在临城县政府的支持下，河北绿岭果业有限公司承包荒岗开始种植核桃之路的探索，经过专家团队的不断研究，研发出了更加优质的新品种薄皮核桃。薄皮核桃产业的迅速发展，使得临城的森林覆盖率大幅提升。随着核桃产量的逐年上升，该地延长产业链，进行核桃深加工，已建成多条核桃深加工线。同时，立足核桃产业发展优势，建立核桃小镇，大力发展生态旅游业。目前，临城县已经形成了以核桃产业改善生态环境、促进经济发展的绿色产业模式。

2.2.4　"政策-组织-要素"相协调下绿色宜居村镇典型发展模式梳理

1）特色产业主导型发展模式

特色产业主导型发展模式是指确定当地的主导产业并借助现代科技、管理人才等外界力量将其打造为当地的优势产业，发展成为村镇可持续的主导产业。该模式囊括"农林牧渔副"，即包括种植业专业化发展模式、林业专业化发展模式、畜牧业专业化发展模式、水产业专业化发展模式和副业专业化发展模式。特色产业主导型发展模式的历史演化路程是以传统农业为基础，在经过不断地摸索学习之后，做到专业化种（养）殖、扩大规模并最终形成特色产业。

首先，特色产业主导型发展模式以本地的劳动力资源为依托，以土地等自然资源为发展基础，在延续祖辈传统农业的粮食耕种的同时，不断探索并引进能为农民带来更多效益的经济作物，如西瓜、草莓、圣女果等当下消费市场更偏爱的果蔬，响应国家推行的"一村一品"政策。其次，为使农业能实实在在为村民带来收入，村镇在开发本地资源的同时，也要积极引入物质资本、技术、人力、制度等要素。同时，专业化农业的发展离不开财力和技术支撑，然而中国绝大多数的村镇自身都并不具备这些要素，因此国家鼓励企业，尤其是龙头企业，与农民之间达成双方均受益的利益机制，从而形成"企业+合作社+农户"的运营模式，利用企业的资金、技术和规范的管理模式，构建生产基地，实现专业化与产业化的特色产业主导型发展模式（图2-17）。

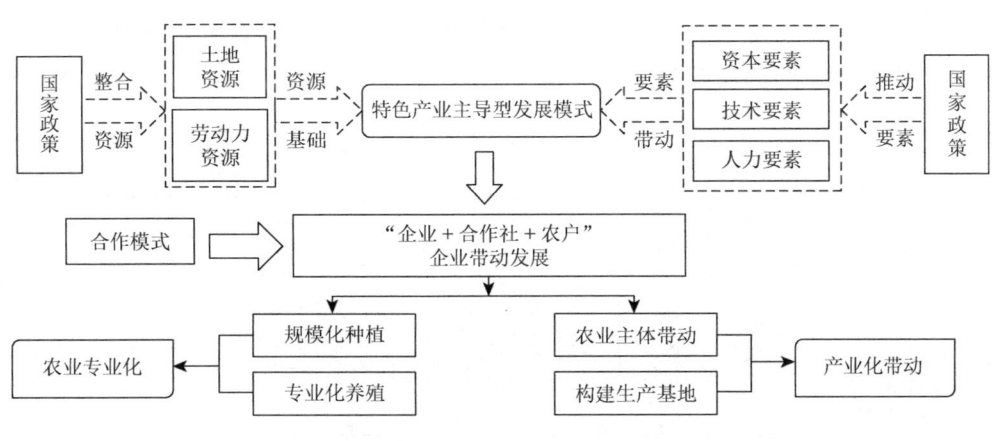

图 2-17　特色产业主导型发展模式

典型案例：广西壮族自治区那桐镇

那桐镇地势除北部属丘陵地带外，其他较为平坦，具有先天的农业资源优势，适合专业化农业种植，因此农业是那桐的主要经济支柱，主产农产品有水稻、甘蔗，还形成了以火龙果产业为代表的特色产业。当地引入广西金穗农业集团，建设火龙果基地，由公司投入滴灌等先进技术并以规范的手段对园区进行管理。在农村集体经济政策的推动下，那桐镇引导土地向农民专业合作社、种植能手、经营大户等手中流转，实现土地"小块并大块"，公司通过土地流转将村民手中的土地进行集中开发，并以发包的形式让承包户进行农事活动，同时承包户也可以聘请周边镇的工人做事，因此火龙果基地以"流转+承包+聘用"的形式运转，并获得自治区和县级的火龙果产业示范区的称号，从而实现火龙果种植产业的专业化发展。

2）多元发展均衡型发展模式

多元发展均衡型发展模式与特色产业主导型发展模式打造精品单一型产业不同的是，多元发展均衡型发展模式的最终目标是在农业的基础上，拓宽农业的产业链与价值链，结合田园生产、体验、景观等吸引游客、外来发展要素，从而达到一、二、三产业的融合。该模式以"农业+"为发展出发点进行延伸,包括"农业+观光旅游度假""农业+康养社会服务"等二级发展模式。

多元发展均衡型发展模式是以村镇的生产、生活、生态资源为基础,中央财政从农村综合改革转移支付资金、现代农业生产发展资金、农业综合开发补助资金中进行高度战略安排,支持产业融合的推广建设工作。除了政府给予一定政策、资金上的支持外,多元发展均衡型发展模式建设一般还会通过产业来引入企业等组织主体,村镇本身成立农民合作社,盘活各种资源,构建"村集体+企业+农户"的运营模式,引入了更多的资金、技术、管理等要素的投入,企业的进入也给多元发展均衡型发展模式的运行带来了更多的效益支持,从而带动了村集体经济的壮大、农民收益的增加以及乡村经济的发展(图2-18)。

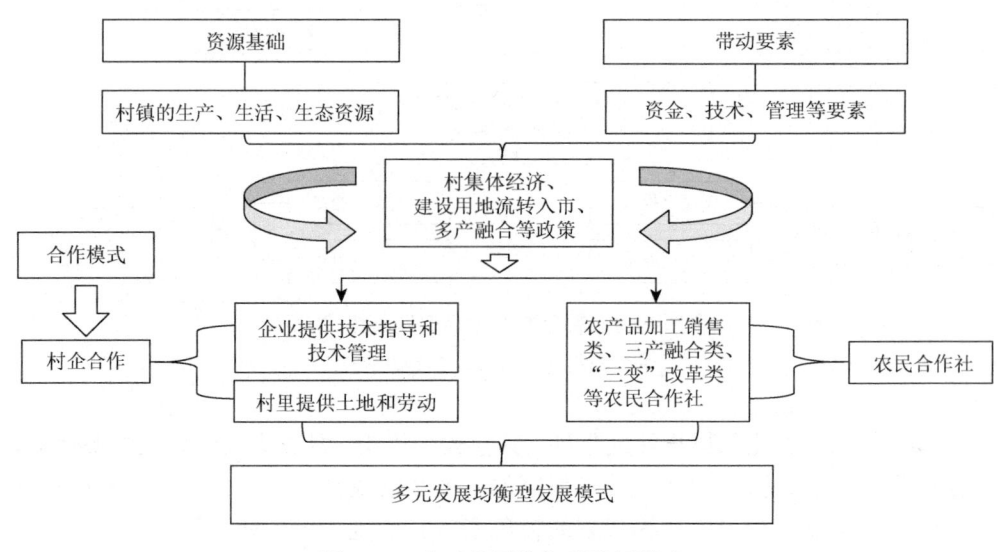

图2-18 多元发展均衡型发展模式

典型案例:江苏省无锡阳山镇"田园东方"

"田园东方"是国内首个田园综合体项目,位于"中国水蜜桃之乡"江苏无锡阳山镇核心区内。凭借阳山镇良好的区位资源(位于上海"一小时经济圈"内)和农业资源(水蜜桃),当地政府引入东方园林产业集团进行合作投资。东方园林产业集团从阳山镇整体规划出发,利用自身带来的物质资本、技术、人才等要素,在阳山镇现有资源的基础上进行产业链深化和优化的双重提升,从生产、生活、生态有机融合出发,大力整合田园旅游资源,形成村集体与企业合作、土地合规流转利用、品牌化农产品销售等多层级、多方面的建设。2017年,田园东方实践的"田园综合体"在中央一号文件中作为亮点被提出,随后,财政部出台《关于开展田园综合体建设试点工作的通知》（财办〔2017〕29 号），鼓励有条件的乡村整合资源进行申报，田园东方作为首个田园综合体的实践者，作为多元均衡发展的代表，被多个乡村借鉴学习，这又进一步带动了当地的发展。

3）人文生态资源型发展模式

人文生态资源型发展模式是对狭义上的村镇旅游的概括性阐释，这类模式主要以自然资源和文化资源为发展基础。自然和文化资源丰富的村镇未来待开发的旅游市场具有相当大的潜力，能够提高村镇作为城市边缘地区的经济活力，而以不同的资源为依托进行开发的模式可以分为历史文化资源型和生态资源型。

历史文化资源型发展模式以历史演变过程中形成的独特的传统历史文化资源或古村落、古建筑为依托，来开发旅游产业，并融合开发餐饮、住宿、文化产品等一系列旅游附加产品。在国家一系列支持乡村旅游发展政策的带动下，拥有历史文化资源的村镇充分挖掘本村特色，结合村镇的能人带动效应，对当地的景观、建筑、产业等进行统一规划，构建出内容丰富、形式多样、产业融合的特色民俗村落产业带，并通过产品的前向和后向联系以及包装、物流等服务体系的搭建，拉长产业链条，形成辐射周边的村镇创意产业集群，从而增加村镇内生发展动力，使村民实现就近就地打工（图2-19）。

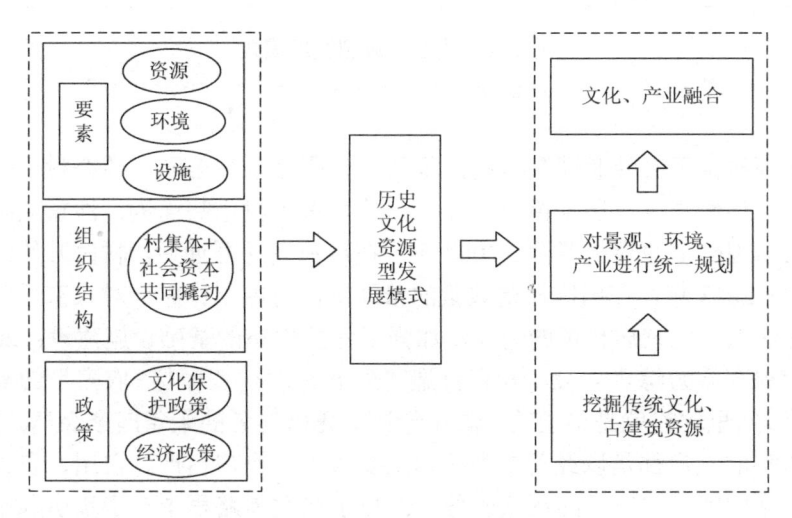

图 2-19　历史文化资源型发展模式

生态资源型发展模式主要指以村镇周围的山河湖泊等自然风景为发展中心，在强调绿色发展的同时，通过打造森林公园或自然风景区等项目进行开发的模式。这种模式以当地的自然资源尤其是风景资源为躯干形成区位差异优势，以劳动力资源为四肢解决当地村民的就业问题，最后由各类资源、基础设施和信息等要素组成头部，为村镇发展注入灵魂。这种模式适用的村镇需要具备较为独特的自然风景资源，从而实现生态产业化与产业生态化的生态资源型发展模式（图2-20）。

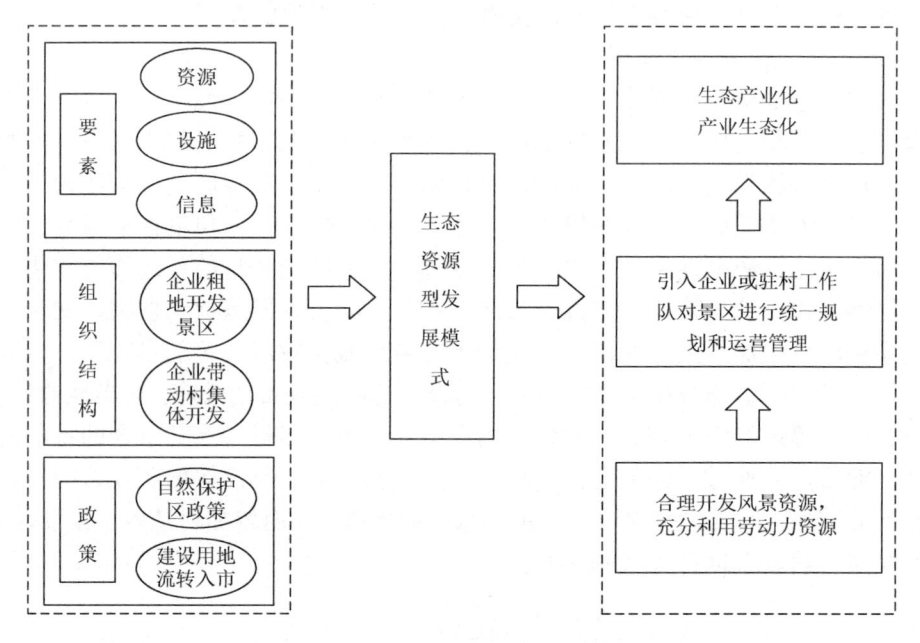

图 2-20　生态资源型发展模式

典型案例：西安市鄠邑区八里坪村

八里坪村位于秦岭北麓鄠邑段，紧邻朱雀国家森林公园，整个村子较大的山地比决定了该地难以发展规模种植业，因此八里坪村借势而为，注重生态保护，合理利用周围的山地森林资源。2007年，在过村高速开通后，村民开始经营农家乐；2017～2018年，在国家扶贫政策的帮助下，村内工作队针对农家乐质量进行改善，并注重绿色宜居村镇的建设，加强了保护生态的基础设施建设；2019年，村子继续提高旅游综合环境，积极打造"生态+文化""景区+农家"的高端乡村旅游典范。八里坪村就是典型的"靠山吃山"，凭借村旁的朱雀国家森林公园项目，村内约90%的农户都是以经营农家乐为主要营生，农户自产、自用、自销，种植所得农产品均用于农家乐的餐饮服务中。村子在发展路程中一步步引入不同的，或政府或社会上的发展要素，最终实现"生态+农家乐+民宿+旅游"的生态资源型发展模式，极大地促进八里坪村美丽经济发展壮大。

4）城乡一体融合型发展模式

城乡一体融合型发展模式是以区位优势为核心，在"天时地利"的前提下，注入物质资本、人力资本和制度等"人和"要素，合理使用土地并鼓励集体建设用地入市流转，在相关招商引资等政策的推动下，鼓励企业入驻园区，构筑村企合作模式，通过就近就地城镇化带动村镇的发展。该模式借助产城融合过程中的产物得到发展。产城融合的产物包括工业园区、文化产业园区、大学园区和物流园区等区域增长极。以工业园区为例，为响应"绿水青山就是金山银山"的号召，单纯从产业角度来看，为了避免对自然生态造成难以挽回的破坏，村镇的工业其实受到了极大的限制，而工业园区将村镇内较为分散的工业集中在一起进行管理运营，首先是统一解决了污染排放问题，将污染集中处理，实现绿色村镇建设的目标；其次是给村民创造了就近就业的工作机会，一定程度上改善了村镇日益严重的"空心化"问题。

城乡一体融合型发展模式以村镇的区位资源和劳动力资源为双核心，充分利用村镇的人口资源，共同驱动当地的就近就地城镇化进程，再注入管理者、资本、人才等要素，在政府出台的整体规划的基础上，合理使用土地并鼓励集体建设用地入市流转，通过相关招商引资政策鼓励企业入驻园区，构筑村企合作的运营模式，村镇向企业输出劳动力，企业向村民输出必要报酬，村镇作为一个集体与企业对话，保障个体村民的权益。在该模式下，首先可以与企业进行商务合作，共同打造商贸平台，促进产业与城镇的互动融合、协调发展，形成镇园合一发展格局。其次可以通过产业集聚不断完善园区内部自生产业链，打造一站式生产、打包和物流等配套服务，朝着产业综合体的方向发展（图2-21）。

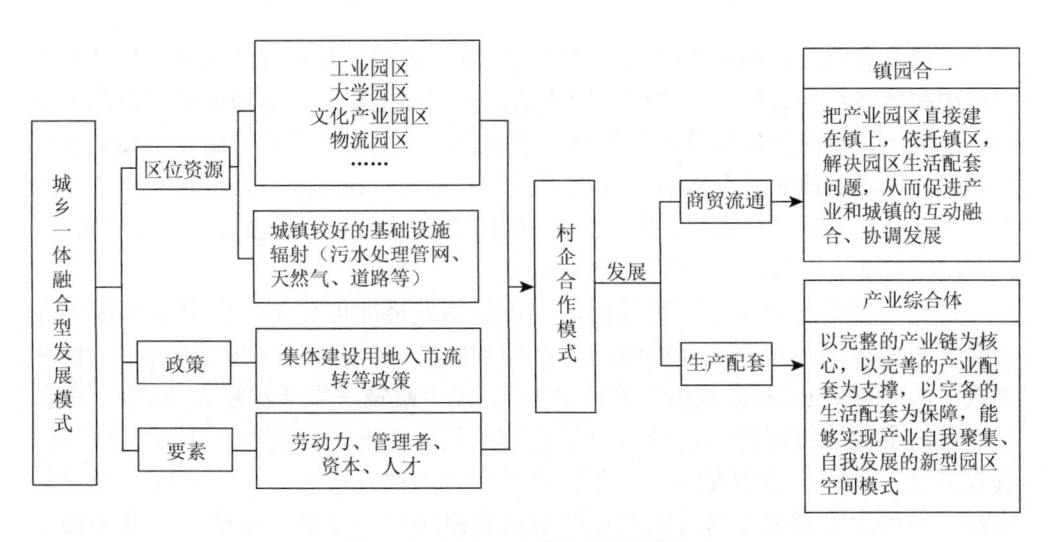

图2-21 城乡一体融合型发展模式

典型案例：河北省阳原县东城村

东城村位于阳原县中北部，距县城30公里。阳原县，具有悠久的皮毛制作历史，被称为"毛皮之乡"，毛皮产业是其支柱产业和富民产业。近年来，阳原县以毛皮文化为引领、专业市场为龙头、碎料加工为特色、工业园区为支撑，全力打造集特种养殖、硝染鞣制、碎皮加工、成衣制作、产品销售、技术研发、文化旅游为一体的产业集群，在《国务院关于深入推进新型城镇化建设的若干意见》（国发〔2016〕8号）政策的影响下，阳原县提高服务周边乡村的能力，带动了全县经济社会全面发展。东城村正是凭借其区位资源优势，在阳原县的辐射带动下，也逐渐进行了皮毛碎料加工产业的发展，东城村的村民也会选择就近到阳原县的工业园区就业。2019年河北省制定了15项产业扶贫工作要点，其中包括培强新型经营主体、加强河北省扶贫龙头企业认定和管理工作。扶贫龙头企业数量的增多为村企合作提供了保障，东城村与企业合作，在企业资金、技术、人才等要素的带动下，共建皮毛文化综合体项目，从产业层面来促进东城村的发展。

2.3 "政策-组织-要素"相协调下绿色宜居村镇建设动态发展机制探析

2.3.1 绿色宜居村镇建设动态发展机制的理论模型

村镇发展模式是指在不同地区的村镇发展过程中，对具有区域鲜明特征的产业结构和经济社会运行方式的理论性概括。我国国土辽阔，不同地区在资源方面的差异较大，从而导致相应的要素存在很多差异，全国各地的村镇发展模式也有所不同。通过梳理村镇发展的"政策-组织-要素"三者间的关系，建立三者互动作用村镇动态发展机制模型，并分析其作用机理，从而凝练村镇发展的典型模式，为乡村振兴提质增效，并提供决策依据。

首先，政策是村镇发展的基础，也是村镇发展的催化剂。根据乡村振兴提出的五大要求，政策分为经济政策（产业兴旺）、环境政策（生态宜居）、管理政策（治理有效）、社会政策（乡风文明）、民生政策（生活富裕）。政策一般会结合村镇资源和发展特点，针对我国村镇的具体情况进行制定。国家颁布的村镇政策反映了政府的治理意图，并且引导着村镇的发展方向。一方面，通过财政补贴等优惠政策来加速村镇产业的形成和引进以及经济、设施、信息等要素的引入；另一方面，挖掘村镇的各种显性、隐性资源，引导传统产业向现代化产业跃进，实现多产融合的发展目标。针对不同资源类型的村镇，国家出台相应政策给予发展保障，充分调动村镇内生力。政府政策从产业、环境、组织保障等多方面为村镇发展提供了理论支撑。

其次，组织是村镇发展的保障，引导政策落地，主导项目的顶层设计、资金运作、产业规划等。一个成形的组织需要确定其合作主体和运营模式。合作主体包括村民、村委会、农村生产经营组织（农民专业合作社）、政府、高校、外来企业、乡镇企业、金融机构、媒体机构等九大类。在村镇建设发展过程中，九大类合作主体的权责关系各不相同。村民是村镇建设发展的主体，村民拿出自己的土地资源参与项目建设，并在土地流转、集中居住、劳务、公共服务等方面获得直接利益；村委会全程参与村镇建设发展，负责实施土地增减挂钩、推进居民集中居住，并通过成立村集体企业，统一经营管理集体资产，发展集体经济；带头村民在村委会的帮助下，组织建立农民专业合作社，进行农产品产销活动；政府通过整合城乡公共服务均等化等项目，完善村镇公共服务配套设施，强化领导和监督，确保规划的严肃性和项目建设的规范性；高校依托自身力量，为村镇发展带来诸多发展要素（包括信息、技术、管理、资本等）；外来企业和乡镇企业通过合作的模式，主导村镇建设项目的顶层设计、产业规划和资金运作，对村镇资金进行合理配置和综合利用；金融机构为村镇发展提供信贷支持、惠农补贴、产业助农等优惠服务；媒体机构主要对村镇产业进行宣传推广。

在九大类合作主体中，村民是村镇建设的主体，不仅是村镇建设发展的直接参与者，更是最重要的使用者。村委会在村镇建设发展的合作主体中处于核心位置，是村镇建设发展各利益相关者之间的重要纽带，积极为各建设参与者提供有效的资源和正确的引导。乡镇企业在村镇建设发展的合作主体中处于次核心位置，与村委会和外来企业紧密联系。在不同合作主体的作用下，会形成几种不同的运营模式，包括村集体内生带动、外部社会资本撬动和村集体+社会资本共同撬动等模式。村集体内生带动模式是在村委会领导下，有序构建农村生产经营组织，由村民自愿加入，或是在农村社会团体的宣传鼓励下，带领更多的村民建设当地的集体经济。外部社会资本撬动模式则是由企业进行投资建设，并与村庄进行土地或劳动力的交换，能够直观解决当地劳动力的就业问题。村集体+社会资本共同撬动模式是经村委会介绍，企业直接对话农村生产经营组织，双方进行投资入股的权益交换，从而使村镇拥有能够长期发展的产业。

最后，要素是村镇发展的对象，也是村镇发展的潜力与动力。要素是村镇发展过程中的重要组成部分，资源、环境、经济、设施、社会、信息等作为村镇发展的必备要素，为村镇发展提供了动力与支持。环境、经济等其他要素促进了资源整合优化，资源也反过来激发村镇经济、社会、设施、信息等其他要素的发展。其中，经济要素是指产业、基础设施等各方面的投资，而设施要素则是水电路气网、助农产业等村镇发展配套设施。经济、设施是影响村镇发展的基础要素。对于设施以及经济等物质资本的投入，一方面可以加大对于资源的整合开发，从而让依托于资源发展的村镇产业结构升级，促进村镇产业的发展；另一方面促进村镇基础设施建设、景观环境的改善，吸引更多物质资本、设施要素的投入，促进信息、环境等要素的创新与完善，增强村镇的内生力，使得村镇发展进入一个正向循环。

信息要素指的是大数据信息平台、电子商务、农业数字产业等加速村镇高质量发展的配套服务与保障，其不仅仅局限于农业发展，还包括村镇治理体系与治理能力的现代化技术；信息要素决定了村镇发展水平的天花板，既充分利用现代化理念突破地方发展的局限，又能激活村镇自身发展的动力，撬动村镇的本土资源，激发村镇发展的内生动力，赋予村镇可持续发展动力。环境要素指废水、废气等方面的处理以及污水处理厂、垃圾处理站等方面体系的健全；环境要素是建设绿色宜居村镇的关键，更是广大农民的根本福祉，既能充分保护与改善村镇本土资源，又直接关系到农民生活质量的提高，也对经济、设施、信息等要素的投入产生影响。

政策、组织、要素三部分互相作用，在当地组织的保障作用下互相耦合，从而推动村镇发展，促进村镇发展模式的形成。"政策-组织-要素"作用机理如图 2-22 所示。其中，政策是村镇发展的基础，也是其他要素、组织所驱动的对象，能够激发村镇环境、经济、设施、信息等要素的发展。组织是村镇发展的保障，引导政策落地，撬动要素整合优化。要素是村镇发展的动力，优化整合资源，盘活闲置资源。因此，从"政策-组织-要素"视角考虑村镇发展机理可总结为：基于村镇自身资源特色，在政府政策的引导催化下，引入要素来聚集提升资源，在组织不同参与主体和不同运营模式的作用下，促进村镇经济水平的发展和村镇发展模式的形成，助力乡村振兴。

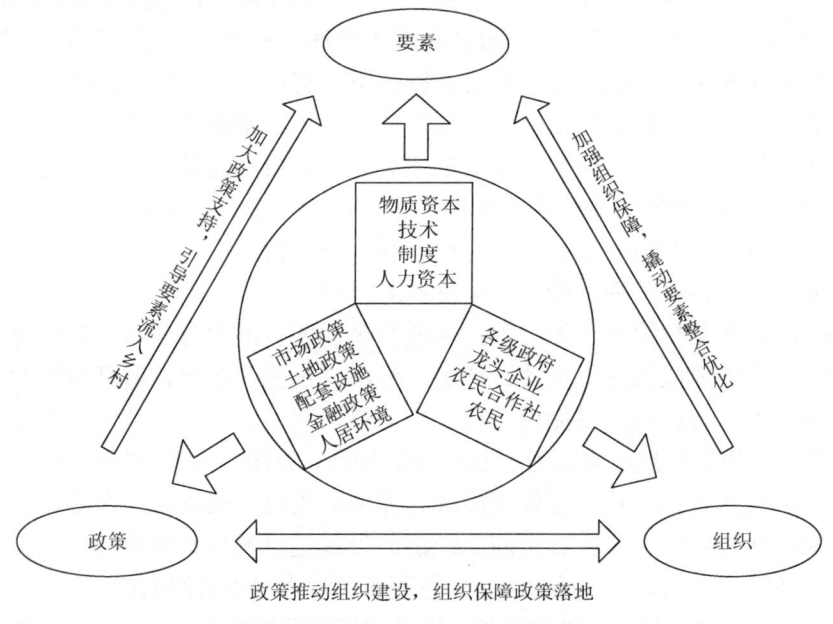

图 2-22 "政策-组织-要素"作用机理

村镇发展模式的形成是村镇资源、其他要素、政府政策、组织保障等综合作用的结果。从系统论的角度，剖析村镇系统要素构成、政府政策、组织主体和运营模式以及它们相互耦合的作用机制，是构建农村发展模式的理论基础。我国不同地域的村镇所拥有的资源、引入要素程度差异显著，组织主体和采用的运营模式也不尽相同，在政府配套政策的催化下，不同类型的村镇资源在发展要素的带动下，在各种组织的保障下会产生不同类型的发展模式。

在经济政策（产业兴旺）、环境政策（生态宜居）、管理政策（治理有效）、社会政策（乡风文明）、民生政策（生活富裕）等各方面的政策发布下，自身具有资源的村镇整合资源，向国家提交试点申请，编制并实施发展规划。在国家经济政策、环境政策、管理政策、社会政策体系的逐渐完善以及地方政府工作的推动下，村镇逐渐完善资源、环境、经济、设施、社会、信息等发展要素，村镇集体组织、农户以及龙头企业等组织主体开始互动联结，采用村集体内生带动、村集体+社会资本共同撬动、外部社会资本撬动不同的组织运营模式，走上"资源变资产、资金变股金、农民变股民"的"三变"改革之路，推动村镇发挥其资源优势，实现村镇资源与政府政策的有效对接，从而在"政策-组织-要素"的作用机理下逐渐形成各种发展模式。因此，在走访陕西、江苏、青海、山东、山西、河南、浙江、甘肃、重庆、河北、贵州等 11 个省市下辖的 98 个村镇的基础上，针对"政策-组织-要素"相协调下村镇发展的理论模型，再结合村镇产业发展方向对村镇发展模式进行系统分析，划分出四种村镇发展模式，分别是特色产业主导型发展模式、多元发展均衡型发展模式、人文生态资源型发展模式、城乡一体融合型发展模式，其示意图如图 2-23 所示。

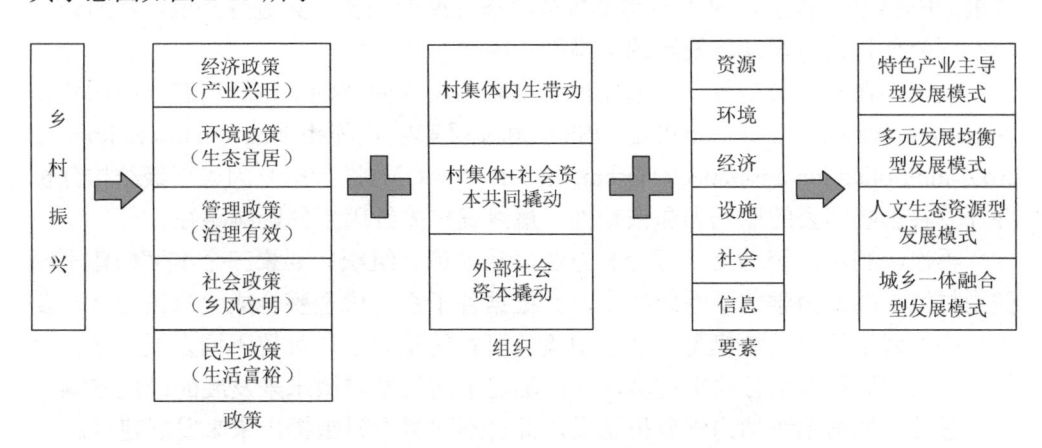

图 2-23 "政策-组织-要素"相协调下乡村典型发展模型示意图

2.3.2 绿色宜居村镇建设动态发展机制的探索过程

前文构建了"政策-组织-要素"相协调下村镇发展理论模型，并揭示了"政策-

组织-要素"相协调下村镇产业发展模式的形成机理,凝练了特色产业主导型、多元发展均衡型、人文生态资源型、城乡一体融合型四种村镇典型发展模型。本节将在2.3.1 节内容的基础上,梳理绿色宜居村镇建设动态发展机制的探索过程(图 2-24)。

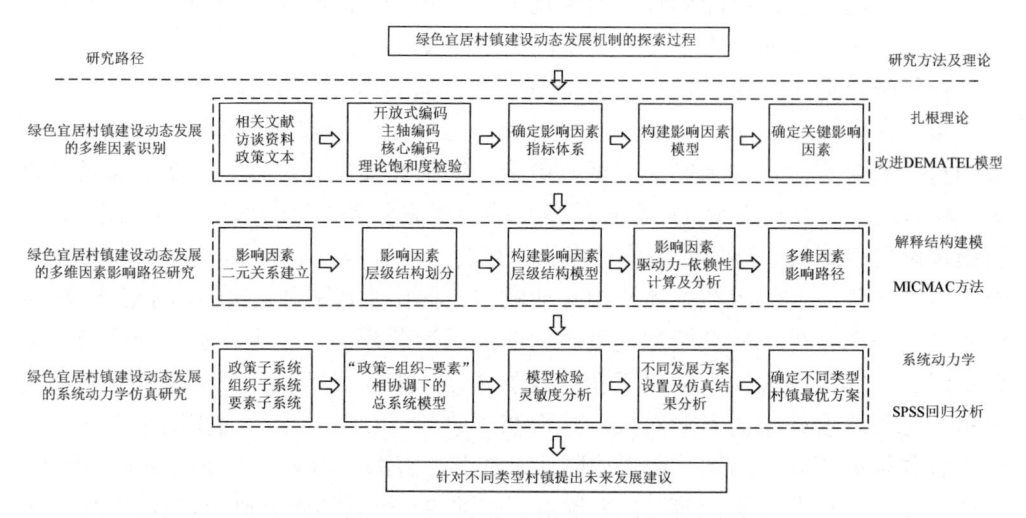

图 2-24 绿色宜居村镇建设动态发展机制的探索过程

首先,以不同类型村镇相关的文献、访谈、政策文本为原始资料,利用扎根理论方法,经过编码分析和理论饱和度检验,最终构建影响因素指标体系。引入改进 DEMATEL 模型,对不同类型村镇动态发展的关键因素进行提取,从而识别出不同类型村镇建设动态发展的多维影响因素。

其次,在不同类型村镇动态发展多维影响因素的基础上,运用解释结构建模(interpretative structural modeling,ISM)和交叉影响矩阵相乘法(matrices impacts cross-multiplication appliance classement,MICMAC),进行影响因素层级结构分析并计算各影响因素的驱动力和依赖性,最终确定多维因素的影响路径。

再次,利用系统动力学理论和方法,从政策、组织、要素三个维度构建不同类型村镇系统动力学的子系统模型,并根据各子系统模型整合成"政策-组织-要素"相协调下的总系统模型。在模型检验可行的基础上,设置不同发展方案,对村镇未来发展状况进行模拟仿真,从而确定不同类型村镇未来发展的最优方案。

最后,根据系统动力学分析结果,针对不同类型村镇提出未来发展建议。

第 3 章　绿色宜居村镇建设动态发展的多维因素识别研究

3.1　特色产业主导型村镇建设发展的影响因素

3.1.1　特色产业主导型村镇建设发展的影响因素挖掘

为确保所选的村镇可持续建设发展因素指标全面、科学，本节采用扎根理论方法对政策文本、文献、走访座谈的原始资料进行搜集整理，并对原始资料进行编码分析和理论饱和度检验，最终构建影响因素指标体系。

1. 原始资料收集

本节收集的原始资料主要包括：一是以"村镇产业""特色产业村镇发展"为主题检索词在中国知网等数据库检索得到的与主题相关的文献[11~28]；二是对陕西省咸阳市武功县武功镇进行实地调研并与当地政府进行访谈所形成的 16 996 字的原始资料；三是所挖掘的村镇不同发展阶段的政策文本。

2. 原始资料分析

1）开放式编码

开放式编码是扎根的第一步，主要是围绕研究主题和目的，对收集的原始资料进行逐字逐句的阅读和抽取，从中产生初始概念并提炼出范畴[11]。本节对收集的原始资料进行分析、提炼和归纳，最终形成 45 个概念和 16 个子范畴。

2）主轴编码

主轴编码是指对开放式编码得到的概念进行进一步分析，挖掘概念之间的更深层的潜在关系，归纳、总结形成更高层次的主范畴[11]。对开放式编码得到的 45 个概念和 16 个子范畴进行进一步整合和提炼，最终总结出 3 个主范畴，分别为政策、组织、要素。

3）选择性编码

选择性编码也称核心编码，是提炼核心范畴的重要阶段。该阶段主要是对主范畴进行系统分析后，进一步挖掘核心范畴，进而分析核心范畴和各个主范畴之间的逻辑关系，并经过分析和验证，构建一个可以反映原始数据的理论框架[11]。经过反复归纳、总结和整理，最终得到核心类属与概念类属的关系结构。

4）理论饱和度检验

理论饱和度检验是指将前期抽取的原始材料用于检验理论的饱和度，若检验结果符合建立的关系结构，且没有发展新的范畴或概念，则说明所得编码已理论饱和，若出现新的范畴或概念则需要重新进行资料收集获取的过程。本节对预留文献资料进行编码，并未发现新范畴或新概念。基于以上标准认为，本节所得编码在理论上达到饱和。

3. 影响因素指标说明

本节采用扎根理论分析方法对原始资料进行分析、归纳和总结，最终从政策、组织、要素三个维度识别出特色主导型村镇可持续发展的影响因素，并对相关指标进行归纳和整理，具体影响因素指标体系如表 3-1 所示。

表 3-1 影响因素指标体系（一）

一级指标	二级指标	三级指标
政策	农业扶持政策	农机具购置补贴
		产业扶持资金
		农业发展专项资金
		农业固定资产投资
	民生保障政策	民生支出
	电商发展扶持政策	电商企业扶持资金
		电商发展基金
	金融支持政策	特色产业贷款额
组织	组织主体	镇/村政府机构设置数量
		村委会成员数
		省级以上产业化龙头企业个数
		市级以上现代农业园区个数
		农民专业合作社个数
要素	资源	主要农作物播种面积
		乡村劳动力资源数
		耕地面积
	环境	空气治理优良天数
		生活垃圾无公害化处理率

续表

一级指标	二级指标	三级指标
要素	经济	农村居民人均可支配收入
		公共财政收入
		第一产业产值
		电商销售额
	社会	城市化率
		有效灌溉面积
		设施农业占地面积
		机电井数
		公路里程
		污水处理厂数
		垃圾处理站数
		电力保障率
		村级电子商务服务站
		农业从业人员
	信息	通宽带村数
		主要农作物机械化水平

3.1.2 关键因素提取的改进 DEMATEL 模型构建

通过文献阅读，发现 DEMATEL 方法的运算过程中无法规避主观性的影响，从而会影响结果的准确性。因此，本节针对 DEMATEL 方法的局限性，引入改进 DEMATEL 方法对特色产业主导型村镇可持续发展的关键因素进行提取，主要是通过编程运算得到 DEMATEL 方法中的直接影响矩阵。主要运算过程如下所示。

关系图是一种有向图，具体示意图如图 3-1 所示，五个带数字的圆圈表示五个因素，因素之间的作用关系都是独立的。两个圆圈之间箭头的连线表示影响因素之间的指向关系，连线中间的数字表示因素之间的影响程度大小。例如，图中因素 4 到因素 1 的有向边的权重为 1，1 表示因素 4 对因素 1 的影响程度大小，即因素 4 对因素 1 的影响权重为 1。

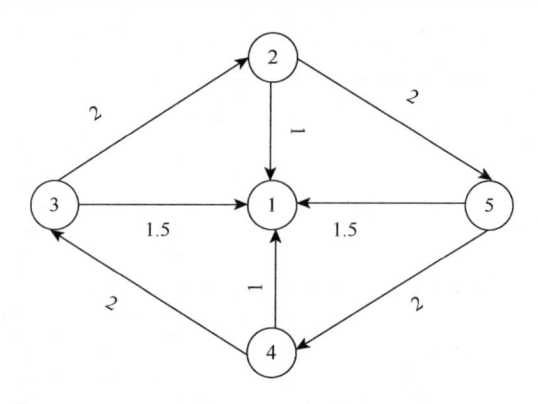

图 3-1 关系图实例

（1）关系图定义为 $G=(V,E,S)$，其中 $V=\{V_1,V_2,\cdots,V_{20}\}$ 是所有影响因素的集合，20 为因素总个数，并且 $E=\{e_{j,k}|j=1,\cdots,i;k=1,\cdots,i;j\neq k\}$ 为 V_j 和 V_k 之间连接的有向边集，$S=\{S_{j,k}|j=1,\cdots,i,k=1,\cdots,i,j\neq k\}$ 表示 V_j 对 V_k 的影响关系大小。

（2）计算影响因素之间的影响关系大小。因素 i 对因素 j 的影响关系大小为

$$S_{ij}=\frac{\partial O_j}{\partial I_i}=\frac{\partial f(I_i)}{\partial I_i} \quad (3\text{-}1)$$

其中，I_i 为因素 i 在输入层的输入量；O_j 为因素 j 在输出层的输出量；f 为关系函数。

（3）神经元 i 的输入输出关系为

$$\begin{cases} I_i=\sum_{j=1}^{20}w_{ji}x_j-\theta_i \\ O_i=f(I_i) \end{cases} \quad (3\text{-}2)$$

其中，x_j 为因素 j 的输入量；I_i 为因素 i 传递至输入层的输入值；w_{ji} 为 i 与 j 两者之间的权重；20 为传递至输入层的因素数量；θ_i 为神经元 i 的阈值；O_i 为因素 i 从输入层传递至隐含层的输出值。

（4）f 是关系函数，即

$$f(x)=\frac{1}{1+e^{-x}} \quad (3\text{-}3)$$

（5）本节采用含一个隐层、隐层神经元个数为 $2m$ 的神经网络进行建模。由式（3-2）、式（3-3）可知，隐含层神经元的输出值为

$$O_i=\frac{1}{1+\exp\left(\theta_i-\sum_{j=1}^{20}w_{ji}x_j\right)} \quad (3\text{-}4)$$

(6) 输出层神经元的实际输出值为

$$O_l = f(I_l) = f\left(\sum_{i=1}^{40} u_{il} O_i - \theta_l\right) = \cfrac{1}{1 + \exp\left(\theta_i - \sum_{i=1}^{40} u_{il} \cfrac{1}{1 + \exp\left(\theta_i - \sum_{j=1}^{20} w_{ji} x_j\right)}\right)} \quad (3\text{-}5)$$

其中，O_l 为输出层因素的输出值；I_l 为从隐含层传递至输出层的因素 l 的输入值；u_{il} 为因素 i 与 l 两者之间的权重；40 为从输入层传递至隐含层的因素数量；20 为传递至输入层因素的数量；θ_i、θ_l 为阈值。

(7) 因素 i 对因素 j 的影响程度大小可表示为

$$S_{ij} = \frac{\partial O_j}{\partial I_i} = \cfrac{\partial \cfrac{1}{1 + \exp\left(\theta_i - \sum_{i=1}^{40} u_{il} \cfrac{1}{1 + \exp\left(\theta_i - \sum_{j=1}^{20} w_{ji} x_j\right)}\right)}}{\partial I_i} \quad (3\text{-}6)$$

(8) 当 r 属于一个较小的值时，式（3-7）与式（3-6）基本保持一致。

$$S_{ij} = \frac{f_j(I_1, I_2, \cdots, I_i + r \times \sigma(I_i), \cdots, I_{20}) - f_j(I_1, I_2, \cdots, I_i - r \times \sigma(I_i), \cdots, I_{20})}{2 \times \sigma(I_i)} \quad (3\text{-}7)$$

其中，$\sigma(I_i)$ 为 I_i 的标准误差。

(9) 根据上述方法，计算出影响因素的直接影响矩阵，即 DEMATEL 方法的 n 阶矩阵 $\boldsymbol{A} = (a_{ij})_{n \times n}$，$a_{ij}$ 表示因素 V_i 对 V_j 的直接影响程度。

(10) 将矩阵 $\boldsymbol{A}$ 进行标准化运算，用直接影响矩阵中的各元素除以各行元素之和的最大值，得到标准化矩阵 $\boldsymbol{C}$。

$$\boldsymbol{C} = (c_{pq})_{n \times n} = \frac{1}{\max\limits_{1 \leqslant p \leqslant 20} \sum\limits_{q=1}^{20} a_{pq}} \cdot \boldsymbol{A} \quad (3\text{-}8)$$

(11) 根据标准化矩阵求综合影响矩阵为

$$\boldsymbol{T} = (t_{pq})_{n \times n} = \boldsymbol{C}(\boldsymbol{I} - \boldsymbol{C})^{-1} \quad (3\text{-}9)$$

其中，$\boldsymbol{I}$ 为单位矩阵；$(\boldsymbol{I} - \boldsymbol{C})^{-1}$ 为逆矩阵；t_{pq} 为因素 p 对因素 q 的综合影响程度。

(12) 利用综合影响矩阵求解各指标的影响度、被影响度、中心度及原因度。

$$D = (d_p)_{20 \times 1} = \left(\sum_{p=1}^{20} t_{pq}\right)_{20 \times 1} \quad (3\text{-}10)$$

$$R = (r_q)_{1\times 20} = (\sum_{q=1}^{20} t_{pq})_{1\times 20} \qquad (3\text{-}11)$$

其中，D 为影响度，为综合影响矩阵中各行相加的值；R 为被影响度，为各列相加的值。D 表示该因素对其他因素的影响关系大小，D 越大，说明该因素对系统中其他因素的影响关系越大。R 表示其他因素对该因素的影响程度。

计算影响因素原因度与中心度。其中原因度用该因素的影响度与被影响度的差 C 来表示，即 $C=D-R$；中心度用该因素的影响度与被影响度的和 P 来表示，即 $P=D+R$。中心度表明该因素在研究主体中所占的重要程度，中心度越大表明该因素在系统中的影响程度越大。其中，若 $C=D-R<0$，则该因素为结果因素，说明该因素易受其他因素影响；若 $C=D-R>0$，则该因素为原因因素，表明该因素较易影响其他因素。

3.1.3 陕西武功县武功镇可持续发展关键因素提取

根据上文所构建特色产业主导型村镇可持续发展的影响因素指标体系，以陕西省咸阳市武功县武功镇 2017 年至 2019 年的村镇相关发展数据为样本，限于数据的可得性，结合武功镇的基本特征对影响因素指标做出调整筛选，利用改进 DEMATEL 模型进行分析，计算中心度、原因度，最终提取出关键影响因素。

1. 武功县武功镇基本特征分析

武功镇是武功县老县城所在地，地处县城西北部 18 公里处，南邻杨凌示范区，西邻宝鸡扶风县，截至 2021 年，武功镇镇域面积 42 平方千米，年末户籍人口 4.48 万人，耕地面积 2706 公顷，辖 21 个村、41 个自然村、1 个社区，是国家级重点镇、2019 年全国"一村一品"示范村镇。武功镇交通、通信网络发达，教育水平较高。2021 年城镇人均收入 38 305 元，农村人均收入 14 520 元。武功镇先后投资 4.436 亿元，流转征用土地 11 090 亩，实施了有邰家园特色街区、南关正街、尚林苑、休闲公园、污水处理厂等 5 大类共 15 个项目，建成了皇嘉高新农业示范园、韦北牡丹园、绿益隆猕猴桃基地等工程，加快重点镇建设步伐和农业产业化调整升级。

《农业部、财政部关于选择部分国家现代农业示范区开展农业改革与建设试点的通知》（农财发〔2012〕198 号）引导传统农业向现代农业过渡，中共中央办公厅、国务院办公厅印发《关于引导农村土地经营权有序流转发展农业适度规模经营的意见》（中办发〔2014〕61 号）鼓励有条件的地方制定扶持政策，引导农户长期流转承包地并促进其转移就业。科技部、中国农业银行印发《关于加强现代农业科技金融服务创新支撑乡村振兴战略实施的意见》（国科发农技〔2021〕95 号）

强化金融支持农业高新技术产业发展，助力推进农业农村现代化。在此基础上，武功县政府印发《武功县国民经济和社会发展第十四个五年规划和二〇三五年远景目标纲要》（武政发〔2021〕7号）明确指出加大财政资金支持力度，按照生态、宜居、便捷的标准进行软硬件配套，加快推进集镇道路、供水、供电、燃气、通信、污水垃圾处理、物流、宽带网络等基础设施建设。武功镇坚持以习近平新时代中国特色社会主义思想为指导，深入贯彻习近平总书记来陕考察重要讲话精神，扎实做好"六稳"工作落实"六保"任务，奋力谱写陕西新时代追赶超越新篇章。[①]

在经营主体上，武功镇大力培育产业化龙头企业、专业合作社、现代农业园区等新型经营主体，武功镇绿益隆猕猴桃基地坐拥2000亩猕猴桃种植面积，目前已形成"规模与影响同扩大，品质效益双提升"的喜人态势。"十四五"期间，武功镇将继续壮大新型经营主体，大力支持发展家庭农场、专业大户、农民专业合作社、产业化龙头企业等农业社会化服务主体，加强职业农民培训，壮大行业协会和经纪人队伍，加强对家庭农场的指导、扶持和服务，推行规模化、专业化、标准化生产。农业龙头企业围绕"一村一品"特色产业，发展农产品精深加工，延伸产业链条。同时，在政府组织建设方面，武功镇将组织形成一支专业高效的党支部班子，在推进社区治理、巩固脱贫攻坚成果、乡村振兴、人居环境整治等重点任务上充分发挥基层党组织的强大号召力。

农业也是武功镇的主要经济产业，主产农产品有苹果、辣椒，且形成了以猕猴桃产业为代表的特色产业。武功镇采用"企业+村集体+农户"组织模式，依靠村集体经济发展资金入股和其他项目帮扶资金，同时吸纳农户产业资金进行土地流转，由公司统一提供技术和农资解决果实的销售问题。采用"电商企业+党支部+村集体经济"的发展模式，优化电商产业，打造乡村振兴"新引擎"，切实提升农产品销售价格，增加农产品附加值，实现农业产业现代化。除此之外，武功镇依托自身优势，以"龙头企业+产业协会、合作社+农户"的组织模式为猕猴桃种植户提供产供销的"一条龙"服务，武功镇致力农业转型升级，积极实施"互联网+果业"战略，实现猕猴桃种植产业现代化、专业化发展。

2. 数据来源

为保证数据的真实性、准确性与可靠性，本节所采用的数据通过《武功县国民经济和社会发展统计公报》《武功年鉴》《咸阳统计年鉴》以及武功镇的总体规划与实地调研访谈获取，缺失数据采用插值法等方法进行处理。

---

① 《习近平在陕西考察时强调：扎实做好"六稳"工作落实"六保"任务 奋力谱写陕西新时代追赶超越新篇章》，https://www.gov.cn/xinwen/2020-04/23/content_5505476.htm，2020-04-23。

3. 模型结果分析

模型结果分析主要采用改进 DEMATEL 方法。该方法主要通过编程计算得到影响因素的直接影响矩阵。该模型有 33 个输入神经元、65 个隐含层神经元和 1 个输出神经元，以每一个因素指标作为标准输出，共计算出 33 个模型，本节式（3-7）中的 $r=0.1$。根据式（3-1）～式（3-7）得出直接影响矩阵。然后通过运用式（3-8）～式（3-11），利用 MATLAB 软件，进行矩阵运算，最终计算得到特色产业主导型村镇可持续发展影响因素的综合影响矩阵及各个因素的影响度、被影响度、原因度以及中心度，具体见表 3-2。

表 3-2 各个因素的 D、R、$D+R$、$D-R$ 表（一）

因素编号	因素指标	D	D 排序	R	R 排序	$D+R$	$D+R$ 排序	$D-R$	$D-R$ 排序
F1	农机具购置补贴	0.5800	21	−4.5058	33	−4.0426	33	4.9690	2
F2	产业扶持资金	1.2472	13	0.0000	21	2.0708	15	2.0708	7
F3	农业发展专项资金	19.6605	1	0.0000	22	1.5803	17	1.5803	9
F4	农业固定资产投资	1.8980	10	0.5963	15	5.8811	6	4.6885	3
F5	民生支出	0.6735	19	0.2181	19	2.1591	14	1.7229	8
F6	电商企业扶持资金	8.6596	2	−1.1455	32	1.7381	16	4.0291	4
F7	电商发展基金	2.9409	5	0.5742	16	1.5244	18	0.3760	16
F8	特色产业贷款额	2.9813	4	0.3904	17	1.1171	20	0.3363	18
F9	省级以上产业化龙头企业个数	1.0869	14	−0.0272	26	−3.5544	32	−3.5000	28
F10	市级以上现代农业园区个数	2.0708	8	−0.1277	28	0.7020	23	0.9574	11
F11	农民专业合作社个数	1.5803	12	0.6723	14	0.3318	27	−1.0128	24
F12	镇/村政府机构设置数量	5.2848	3	−0.1571	29	0.4229	26	0.7371	12
F13	主要农作物播种面积	2.8836	6	0.0000	23	0.1729	29	0.1729	20
F14	乡村劳动力资源数	0.9502	15	0.0000	24	2.5683	12	2.5683	5
F15	耕地面积	0.7267	17	0.0000	25	0.6885	24	0.6885	14
F16	空气治理优良天数	−3.5272	33	−0.0318	27	−0.1503	31	−0.0867	21
F17	生活垃圾无公害化处理率	0.8297	16	12.3162	1	12.2068	3	−12.4256	33
F18	农村居民人均可支配收入	1.9410	9	0.1794	20	0.7290	22	0.3702	17
F19	公共财政收入	−0.3405	30	−0.2855	30	0.0435	30	0.6145	15

续表

因素编号	因素指标	D	D 排序	R	R 排序	D+R	D+R 排序	D−R	D−R 排序
F20	第一产业产值	0.5496	22	4.2474	5	4.8588	8	−3.6360	29
F21	电商销售额	0.1729	26	1.4421	12	0.5294	25	−2.3548	27
F22	城市化率	2.5683	7	0.9185	13	2.1657	13	0.3287	19
F23	有效灌溉面积	0.6885	18	0.3147	18	0.2205	28	−0.4089	23
F24	设施农业占地面积	−0.1185	29	9.0959	3	10.8168	4	−7.3750	31
F25	机电井数	−0.1094	28	2.3248	7	0.8457	21	−3.8039	30
F26	公路里程	0.3290	25	9.9790	2	10.4274	5	−9.5306	32
F27	污水处理厂数	0.6114	20	2.2664	9	21.9269	1	17.3941	1
F28	垃圾处理站数	−0.9127	31	−0.5294	31	1.3686	19	2.4274	6
F29	电力保障率	0.4632	23	2.0811	10	2.7546	11	−1.4076	25
F30	村级电子商务服务站	−0.0942	27	8.9020	4	17.5616	2	−0.2424	22
F31	农业从业人员	1.7209	11	1.6631	11	4.6040	9	1.2778	10
F32	通宽带村数	−1.4791	32	2.2732	8	5.2545	7	0.7081	13
F33	主要农作物机械化水平	0.4484	24	3.3205	6	4.4074	10	−2.2336	26

4. 关键因素提取

由表 3-2 可知，特色产业主导型村镇可持续发展的因素按影响度排名为 F3＞F6＞F12＞F8＞F7＞F13＞F22＞F10＞F18＞F4＞F31＞F11＞F2＞F9＞F14＞F17＞F15＞F23＞F5＞F27＞F1＞F20＞F29＞F33＞F26＞F21＞F30＞F25＞F24＞F19＞F28＞F32＞F16；被影响度排名为 F17＞F26＞F24＞F30＞F20＞F33＞F25＞F32＞F27＞F29＞F31＞F21＞F22＞F11＞F4＞F7＞F8＞F23＞F5＞F18＞F2＞F3＞F13＞F14＞F15＞F9＞F16＞F10＞F12＞F19＞F28＞F6＞F1；中心度排名为 F27＞F30＞F17＞F24＞F26＞F4＞F32＞F20＞F31＞F33＞F29＞F14＞F22＞F5＞F2＞F6＞F3＞F7＞F28＞F8＞F25＞F18＞F10＞F15＞F21＞F12＞F11＞F23＞F13＞F19＞F16＞F9＞F1；原因度排名为 F27＞F1＞F4＞F6＞F14＞F28＞F2＞F5＞F3＞F31＞F10＞F12＞F32＞F15＞F19＞F7＞F18＞F8＞F22＞F13＞F16＞F30＞F23＞F11＞F29＞F33＞F21＞F9＞F20＞F25＞F24＞F26＞F17，特色产业主导型村镇可持续发展的原因因素（原因度大于 0）共有 20 个，结果因素（原因度小于 0）共有 13 个。

1）原因因素分析

原因度能够较好地反映复杂系统之间的内在因果关系，原因度越高反映该项因素越容易对其他因素产生影响。由指标的计算结果可知，原因因素的原因度大小排序依次为分别为 F27>F1>F4>F6>F14>F28>F2>F5>F3>F31>F10>F12>F32>F15>F19>F7>F18>F8>F22>F13，由此可得污水处理厂数、农机具购置补贴、农业固定资产投资、电商企业扶持资金、乡村劳动力资源数等因素都会对其他因素产生显著影响。原因因素的中心度大小排名依次为 F27>F4>F32>F31>F14>F22>F5>F2>F6>F3>F7>F28>F8>F18>F10>F15>F12>F13>F19>F1，说明污水处理厂数、农业固定资产投资、通宽带村数、农业从业人员以及乡村劳动力资源数是对特色产业主导型村镇建设发展影响最显著的前五个因素。

2）结果因素分析

根据表 3-2 可知，结果因素原因度排名为 F16>F30>F23>F11>F29>F33>F21>F9>F20>F25>F24>F26>F17。由此可得生活垃圾无公害化处理率、公路里程、设施农业占地面积、机电井数、第一产业产值等因素会被其他因素显著影响，结果因素的中心度大小排名依次为 F30>F17>F24>F26>F20>F33>F29>F25>F21>F11>F23>F16>F9，说明村级电子商务服务站、生活垃圾无公害化处理率、设施农业占地面积、公路里程以及第一产业产值是对特色产业主导型村镇建设发展影响最显著的前五个因素。

3）关键因素的提取

通过上述对原因因素和结果因素的分析，原因因素中的关键因素有污水处理厂数、农业固定资产投资、通宽带村数、农业从业人员。结果因素中的关键因素有村级电子商务服务站、生活垃圾无公害化处理率、设施农业占地面积、公路里程、第一产业产值、主要农作物机械化水平、电力保障率。其中政策因素包括农业固定资产投资，要素因素包括污水处理厂数、通宽带村数、农业从业人员、村级电子商务服务站、生活垃圾无公害化处理率、设施农业占地面积、公路里程、第一产业产值、主要农作物机械化水平、电力保障率。

3.2 多元发展均衡型村镇建设发展的影响因素

3.2.1 多元发展均衡型村镇建设发展的影响因素挖掘

本节通过扎根理论，基于相关主题参考文献[29~44]、访谈资料、政策文本等原始资料进行开放式编码、主轴编码、选择性编码和理论饱和度检验，提炼出多元发展均衡型村镇建设发展的影响因素，建立了包含基础设施投入、节能环保支出等在内的 35 个多元发展均衡型村镇可持续发展影响因素指标体系，如表 3-3 所示。

表 3-3 影响因素指标体系（二）

一级指标	二级指标	三级指标
政策	基础设施与公共服务建设政策	基础设施投入
		公共服务支出
	环境治理政策	节能环保支出
	产业政策	工业投资
		工业技改投资
		第三产业固定资产投资
组织	组织主体	镇/村政府机构设置数量
		村委会成员数
		工业企业数
		外商投资企业公司数量
要素	资源	人文生态资源
		距中心城市距离
		水资源总量
		农村劳动力资源数
		港口货物吞吐量
		森林覆盖率
	环境	生活垃圾无公害化处理率
		空气质量优良天数比例
		污水处理厂集中处理率
		绿化覆盖面积
	经济	农村家庭人均可支配收入
		第二产业产值
		工业总产值
		第三产业产值
		地区生产总值
		公共预算收入
	社会	境内公路总里程
		村庄道路硬化
		用电量
		村内河道整治
		游客数量
		科技活动人员数
		常住人口城镇化率
	信息	互联网入户率
		专利授权数

3.2.2 浙江宁海县西店镇可持续发展关键因素提取

根据上文所构建的多元发展均衡型村镇可持续发展的影响因素指标体系，以浙江省宁波市宁海县西店镇2017年至2019年的村镇相关发展数据为样本，限于农村数据的可获取性，结合宁海县西店镇的基本特征对相关指标进行调整，利用改进DEMATEL模型进行中心度、原因度的计算，提取关键影响因素。

1. 宁海县西店镇基本特征分析

西店镇隶属于浙江省宁波市宁海县，位于浙江宁波市南部，象山港西岸，宁海县北大门，系宁波南部三县的交通要塞。陆地面积102.3平方公里，海域26.64平方公里，建成区面积接近10平方公里。截至2020年，西店镇辖22个行政村，总户数1.88万户，总人口4.68万人。西店镇拥有海涂资源约14平方公里，是全国"鸭蛋之乡"和"牡蛎之乡"，已形成了畜禽、水产养殖两大优势产业和鸭蛋、香鱼、牡蛎等特色产业基地，随着农业结构布局的优化和服务体系的完善，农业产业化经营将蓬勃发展。西店镇是中国最大的手电筒生产基地，截至2021年11月，西店镇手电筒生产注册企业800余家，占全镇企业总数的28%，其中销售2000万元以上规模企业29家，占规上企业总数的31.5%，销售上亿元企业4家，占总数的22.2%，企业就业职工21 000余人。第三产业日益兴旺，商业正在向中心街区集聚，以西店镇中心商业广场为核心，形成服装、餐饮、超市、通信、金融等特色街，特别是特色农（渔）家乐、物流等新兴行业的加速发展，成为宁海县域具有较强影响力的商贸中心和物资集散地。西店镇大力发展特色、休闲旅游，开发建设"旌表义门"旅游综合体项目，兴建广德寺佛教文化苑，西店五星级酒店项目，前期工作有序推进。

对于村镇生产生活生态资源条件较好的西店镇，2017年的中央一号文件中提出发展"田园综合体"这一思路，财政部随之印发《关于开展田园综合体建设试点工作的通知》（财办〔2017〕29号），鼓励有条件的村镇进行申报立项。国务院办公厅印发《关于推进农村一二三产业融合发展的指导意见》（国办发〔2015〕93号）旨在提升农村产业融合发展总体水平，形成产业链条完整、功能多样、业态丰富、利益联结紧密、产城融合更加协调的新格局，促使农业竞争力明显提高，农民收入持续增加，农村活力显著增强。在地方政策上，宁海县发布《宁海县国民经济和社会发展第十四个五年规划和二〇三五年远景目标纲要》提出地区生产总值和人均地区生产总值分别突破1000亿元和14万元，规上工业总产值力争实现2000亿元，一般公共预算收入力争突破百亿元。同时致力于提升综合交通保障、排水保障、能源保障等基础设施支撑能力，完善全民健康素养体系、医疗卫生服务能力、公共卫生安全保障能力、医疗卫生体制改革。

在产业经营上，西店镇积极培育农业龙头企业、农业产业化联合体、知名农业企业品牌，发挥龙头企业引领带动作用。在工业发展中，西店镇大力推动先进制造业与现代服务业深度融合，打造先进制造业集群，引导龙头企业发展，强化龙头企业引领带动作用，进而推动上下游企业协同发展。西店镇改善营商环境，改变"低小散"产业结构。通过实施"栽树工程"，引进和培育了一批对全镇经济社会发展具有较大提升作用的重要项目，过去在西店镇曾因产业"低小散"陷于困境的企业，现如今正以高端、智能的新姿态展现在人们面前。西店镇从各部门抽调精干人员，组建了专业招商小组，并在招商机制、平台搭建、项目推进等方面大胆破冰、改革创新。尤其在重大项目引进中，针对每个大项目分别成立重大项目专项小组，指定专人为联络员，及时解决项目洽谈和落地过程中遇到的政策处理等问题，全力推进洽谈项目签约落地。

西店镇将进一步完善党领导经济社会发展的体制机制，创新和完善规划实施机制，增强发展规划的战略统领地位，切实履行政府职责，形成全社会共绘美好蓝图的强大合力。大力实施乡村振兴战略，坚持农业农村优先发展，积极推进农业农村现代化发展。依托丰富的旅游资源，加快推进旅游项目建设，发展生态旅游、文化旅游、休闲旅游、商贸旅游、海洋旅游、康体旅游等业态，不断推动先进制造业、现代服务业和现代农业共同发展，实现一、二、三产业深度融合。近年来，西店镇美丽城镇建设不断推进，以人为本提升村镇居住环境，大力推进基础设施与公共服务体系的"补短板、强弱项"工作，与此同时，结合西店镇特有的田园山水和人文风情，促使特色景观与美丽乡村建设同频共振。

2. 数据来源

为保证数据的真实性、准确性与可靠性，本节所采用的数据通过《宁波统计年鉴》《宁海县国民经济和社会发展统计公报》及西店镇各方面规划与实地调研访谈获取，缺失数据采用插值法等数据缺失处理方法进行处理。

3. 模型结果分析

计算得出直接影响矩阵，利用 MATLAB 软件，进行矩阵运算，得出综合影响矩阵。分析得出各个指标的影响度、被影响度、中心度与原因度，最终计算结果如表 3-4 所示。

表 3-4 各个因素的 D、R、$D+R$、$D-R$ 表（二）

因素编号	因素指标	D	D 排序	R	R 排序	$D+R$	$D+R$ 排序	$D-R$	$D-R$ 排序
F1	基础设施投入	10.0307	1	0.0000	17	10.0307	3	10.0307	3
F2	公共服务支出	1.1847	15	0.3571	15	1.5418	15	0.8276	12
F3	节能环保支出	−0.0635	21	−0.1094	21	−0.1730	20	0.0459	14
F4	工业投资	1.8533	7	−1.3094	25	0.5439	17	3.1626	10
F5	工业技改投资	0.5269	18	−3.0741	28	−2.5472	25	3.6010	9
F6	第三产业固定资产投资	2.6306	6	−9.7173	32	−7.0867	30	12.3479	1
F7	工业企业数	5.5783	4	0.0000	16	5.5783	10	5.5783	7
F8	镇/村政府机构设置数量	1.6836	8	2.2333	11	3.9168	11	−0.5497	18
F9	外商投资企业公司数量	−0.7459	24	2.7629	10	2.0170	14	−3.5088	23
F10	人文生态资源	6.4504	3	−5.0406	30	1.4098	16	11.4910	2
F11	距中心城市距离	−2.0461	28	−10.3894	33	−12.4355	32	8.3433	6
F12	水资源总量	1.3944	9	14.4259	1	15.8203	1	−13.0315	33
F13	农村劳动力资源数	−1.1000	25	−3.5410	29	−4.6410	28	2.4410	11
F14	港口货物吞吐量	−4.2019	31	−0.3623	22	−4.5641	27	−3.8396	26
F15	森林覆盖率	1.3259	13	−2.5714	27	−1.2455	23	3.8973	8
F16	生活垃圾无公害化处理率	1.3108	14	1.7467	12	3.0574	13	−0.4359	16
F17	空气质量优良天数比例	0.7766	16	5.9591	4	6.7357	7	−5.1825	28
F18	污水处理厂集中处理率	4.2894	5	4.3301	7	8.6195	5	−0.0407	15
F19	绿化覆盖面积	−0.5660	23	−0.6646	23	−1.2306	22	0.0987	13
F20	农村家庭人均可支配收入	1.3722	11	4.9762	5	6.3484	8	−3.6040	24
F21	第二产业产值	−12.1085	33	−2.1214	26	−14.2299	33	−9.9871	32
F22	第三产业产值	0.0737	20	3.8064	8	3.8800	12	−3.7327	25
F23	地区生产总值	−1.1831	26	1.0318	14	−0.1513	19	−2.2149	20
F24	公共预算收入	−4.6146	32	1.1699	13	−3.4448	26	−5.7845	30
F25	境内公路总里程	0.4248	19	9.8153	2	10.2401	2	−9.3905	31
F26	村庄道路硬化	1.3450	12	4.7841	6	6.1291	9	−3.4392	22

续表

因素编号	因素指标	D	D 排序	R	R 排序	$D+R$	$D+R$ 排序	$D-R$	$D-R$ 排序
F27	用电量	0.5710	17	−8.0195	31	−7.4485	31	8.5906	5
F28	村内河道整治	−2.5383	29	2.9512	9	0.4130	18	−5.4895	29
F29	游客数量	−0.4440	22	0.0000	18	−0.4440	21	−0.4440	17
F30	科技活动人员数	−4.0788	30	−0.7699	24	−4.8487	29	−3.3089	21
F31	常住人口城镇化率	1.3808	10	6.1102	3	7.4911	6	−4.7294	27
F32	互联网入户率	9.4537	2	0.0000	19	9.4537	4	9.4537	4
F33	专利授权数	−1.2564	27	−0.0601	20	−1.3165	24	−1.1964	19

4. 关键因素提取

由表 3-4 可知，多元发展均衡型村镇可持续发展的因素按影响度排名为 F1＞F32＞F10＞F7＞F18＞F6＞F4＞F8＞F12＞F31＞F20＞F26＞F15＞F16＞F2＞F17＞F27＞F5＞F25＞F22＞F3＞F29＞F19＞F9＞F13＞F23＞F33＞F11＞F28＞F30＞F14＞F24＞F21；被影响度排名为 F12＞F25＞F31＞F17＞F20＞F26＞F18＞F22＞F28＞F9＞F8＞F16＞F24＞F23＞F2＞F7＞F1＞F29＞F32＞F33＞F3＞F14＞F19＞F30＞F4＞F21＞F15＞F5＞F13＞F10＞F27＞F6＞F11；中心度排名为 F12＞F25＞F1＞F32＞F18＞F31＞F17＞F20＞F26＞F7＞F8＞F22＞F16＞F9＞F2＞F10＞F4＞F28＞F23＞F3＞F29＞F19＞F15＞F33＞F5＞F24＞F14＞F13＞F30＞F6＞F27＞F11＞F21；原因度排名为 F6＞F10＞F1＞F32＞F27＞F11＞F7＞F15＞F5＞F4＞F13＞F2＞F19＞F3＞F18＞F16＞F29＞F8＞F33＞F23＞F30＞F26＞F9＞F20＞F22＞F14＞F31＞F17＞F28＞F24＞F25＞F21＞F12；根据改进 DEMATEL 模型结果，一般原因度大于 0 的因素为原因因素，小于 0 的因素为结果因素。多元发展均衡型村镇可持续发展的原因因素（原因度大于 0）共有 14 个，结果因素（原因度小于 0）共有 19 个。

结合影响度、被影响度、中心度、原因度，综合对原因因素和结果因素进行分析，最终确定原因因素中的关键因素有基础设施投入、互联网入户率、工业企业数。结果因素中的关键因素有水资源总量、境内公路总里程、污水处理厂集中处理率、常住人口城镇化率、空气质量优良天数比例、农村家庭人均可支配收入、村庄道路硬化、镇/村政府机构设置数量。政策因素包括基础设施投入，组织因素包括工业企业数、镇/村政府机构设置数量，要素因素包括互联网入户率、水资源总量、境内公路总里程、污水处理厂集中处理率、常住人口城镇化率、空气质量优良天数比例、农村家庭人均可支配收入、村庄道路硬化。

3.3 人文生态资源型村镇建设发展的影响因素

3.3.1 人文生态资源型村镇建设发展的影响因素挖掘

本书采用扎根理论分析方法对相关主题参考文献[19, 29, 30, 40, 45~57]、政策文本以及座谈资料深入分析、归纳和总结，基于原始资料，进行开放式编码、主轴编码、选择性编码和理论饱和度检验，提炼出人文生态资源型村镇建设发展的影响因素，最终得出的人文生态资源型村镇可持续发展影响因素指标体系如表 3-5 所示。

表 3-5 影响因素指标体系（三）

一级指标	二级指标	三级指标
政策	民生政策	民生支出
	环境治理政策	节能环保支出
	产业政策	文化旅游体育与传媒支出
		住宿和餐饮业固定资产投资
		农、林、牧、渔业固定资产投资
组织	组织主体	镇/村政府机构设置数量
		村委会成员数
		新增农民专业合作社
		新增市级以上龙头企业
要素	资源	人文生态资源
		耕地面积
		年降水量
	环境	植树造林面积
		森林抚育
		环境空气质量优良天数
	经济	农村居民人均可支配收入
		旅游综合收入
		特色农产品产量
		第一产业产值
		第三产业产值
		地区生产总值
		一般公共预算收入

续表

一级指标	二级指标	三级指标
要素	社会	污水处理率
		设施农业用地
		公路总里程
		旅游接待人次
		乡村从业人员数
		第三产业从业人员数
		国家4A级景区
		新增现代农业园区
		省级文化产业示范基地
	信息	县级文化信息资源共享工程中心
		通宽带村数

3.3.2 陕西洛南县保安镇可持续发展关键因素提取

根据上文所构建的人文生态资源型村镇可持续发展的影响因素指标体系，以陕西省商洛市洛南县保安镇2017年至2019年的村镇相关发展数据为样本，由于农村数据的查找限制，结合保安镇的基本特征，对影响因素指标体系进行了一定的调整，并利用改进DEMATEL模型进行中心度、原因度的计算，提取关键影响因素。

1. 洛南县保安镇基本特征分析

洛南县保安镇地处洛南县西部，总面积107.8平方公里，保安镇历史文化悠久，文化积淀深厚。在坚持文旅融合理念、深入挖掘"仓颉传说"非遗传承方面，突出以"弘扬造字精神，唱响文化品牌"为主题，实施了仓颉小镇建设和亲农·溪乐谷项目，建成集文博馆、康养医院、研学公寓、爬山游步道、民宿、酒店、游客服务中心于一体的特色景区。目前，仓颉小镇已纳入商洛市第二批秦岭特色小镇创建名录，溪乐谷民宿被评定为"市级精品民宿"。全力创建仓颉小镇4A级景区，大力提升基础设施和公共服务水平，构建多层次、特色化旅游体系，全面提升"汉字故里·康养洛南"旅游品牌的影响力和知名度，建设好保安全域旅游特色名镇。

文化和旅游部、国家发展和改革委员会等17部门印发《关于促进乡村旅游可持续发展的指导意见》(文旅资源发〔2018〕98号)，从农村实际和旅游市场需求出发，强化规划引领，完善乡村基础设施建设，优化乡村旅游环境，丰富乡村旅游产品，促进乡村旅游向市场化、产业化方向发展。中共中央办公厅、国务院办公厅印发《关于进一步加强非物质文化遗产保护工作的意见》，加强对非物质文化遗产的有效保护，推动非物质文化遗产与旅游融合发展，利用非物质文化遗产资源发展乡村旅游等业态。洛南县也积极贯彻国家相关政策，洛南县人民政府办公室印发《洛南县农业特色产业金融扶持政策实施意见》（洛政办发〔2021〕34 号），切实做好新型农业经营主体金融服务，综合运用信贷政策、财政政策和产业政策，引导更多金融资源支持农业特色产业发展。洛南县人民政府办公室印发《洛南县秦岭生态环境保护区划界及勘界立标工作实施方案》（洛政办发〔2021〕37 号），依法依规开展洛南县秦岭生态环境保护划界及勘界立标工作，有效地保护洛南县秦岭区域生态环境，促进人与自然和谐共生。

保安镇积极培育专业大户、家庭农场、专业合作社和龙头企业等新型农业经营主体，努力推动产业转型升级。保安镇政府成立了以镇长为组长的农业农村工作领导小组，充分发挥各村党支部组织作用，大力推动"党支部+合作社+农户"的产业模式，以村合作社为主体推动土地流转全面负责、统筹全镇农业农村工作，不仅为村民提供了就业机会，还使村民获得了固定流转收益和入股分红。

洛南县保安镇依托特有的资源禀赋，集聚各产业发展要素，在政策推动和组织引领下，因地制宜促进产业发展。在村镇产业发展和村镇振兴等一系列政策支持下，保安镇挖掘特色资源禀赋，采取"党支部+合作社+农户"等模式，通过土地流转盘活土地资源，积极招商引资，引进外来资本，开发了诸多文旅项目，其中仓颉小镇成功创建为省级研学旅行基地，伴随着文旅项目的开发，越来越多的游客前来观光旅游，不仅带动了旅游业发展，还带动了配套服务业发展。

2. 数据来源

为保证数据的真实性、准确性与可靠性，本节所采用的数据通过《商洛统计年鉴》《洛南县国民经济和社会发展统计公报》及保安镇各方面规划与实地调研获取，缺失数据采用插值法等数据处理方法补齐。

3. 模型结果分析

运用 3.1.2 节的方法得出直接影响矩阵，利用 MATLAB 软件，进行矩阵运算，得出综合影响矩阵。最终计算结果如表 3-6 所示。

第 3 章 绿色宜居村镇建设动态发展的多维因素识别研究

表 3-6　各个因素的 D、R、$D+R$、$D-R$ 表（三）

因素编号	因素指标	D	D 排序	R	R 排序	$D+R$	$D+R$ 排序	$D-R$	$D-R$ 排序
F1	民生支出	−0.1109	20	−9.8893	32	−10.0003	31	9.7784	1
F2	节能环保支出	0.4571	13	−1.5260	25	−1.0689	21	1.9832	12
F3	文化旅游体育与传媒支出	0.1509	17	0.0000	18	0.1509	15	0.1509	16
F4	住宿和餐饮业固定资产投资	−1.1693	23	−6.3613	31	−7.5305	29	5.1920	6
F5	农、林、牧、渔业固定资产投资	0.7972	9	−1.7933	27	−0.9961	20	2.5905	11
F6	镇/村政府机构设置数量	−1.3099	24	2.6083	4	1.2984	13	−3.9182	25
F7	新增农民专业合作社	−2.3036	26	0.2577	16	−2.0460	22	−2.5613	23
F8	新增市级以上龙头企业	−3.8378	28	0.0000	19	−3.8378	23	−3.8378	24
F9	人文生态资源	5.5337	2	−0.8926	23	4.6411	7	6.4263	2
F10	耕地面积	2.6438	6	−1.7031	26	0.9407	14	4.3468	9
F11	年降水量	2.1799	7	0.8078	8	2.9877	8	1.3721	13
F12	植树造林面积	0.5509	11	5.2291	3	5.7800	5	−4.6783	26
F13	森林抚育	1.7877	8	0.4533	12	2.2411	10	1.3344	14
F14	环境空气质量优良天数	−7.0360	30	0.0820	17	−6.9540	28	−7.1180	31
F15	农村居民人均可支配收入	0.3951	14	2.1328	5	2.5279	9	−1.7378	21
F16	旅游综合收入	−0.0335	18	−5.3430	29	−5.3764	26	5.3095	5
F17	特色农产品产量	0.6829	10	6.5697	1	7.2526	1	−5.8868	27
F18	第一产业产值	−0.6003	21	0.4774	11	−0.1230	16	−1.0777	18
F19	第三产业产值	−9.4222	32	−0.5845	20	−10.0067	32	−8.8377	32
F20	地区生产总值	−0.0603	19	6.3594	2	6.2991	3	−6.4197	28
F21	一般公共预算收入	−0.7711	22	0.3148	14	−0.4563	18	−1.0859	19
F22	污水处理率	4.7249	3	0.2956	15	5.0204	6	4.4293	8
F23	设施农业用地	−5.9256	29	0.7754	9	−5.1502	25	−6.7010	30
F24	公路总里程	0.3672	15	1.6204	6	1.9875	12	−1.2532	20
F25	旅游接待人次	−7.0725	31	−0.6074	21	−7.6799	30	−6.4650	29
F26	乡村从业人员数	3.6445	5	−1.5167	24	2.1278	11	5.1613	7
F27	第三产业从业人员数	−2.8736	27	−2.0805	28	−4.9541	24	−0.7932	17

续表

因素编号	因素指标	D	D排序	R	R排序	$D+R$	$D+R$排序	$D-R$	$D-R$排序
F28	国家4A级景区	4.3613	4	1.4324	7	5.7936	4	2.9289	10
F29	新增现代农业园区	0.2188	16	−5.8599	30	−5.6410	27	6.0787	4
F30	省级文化产业示范基地	6.4725	1	0.3249	13	6.7974	2	6.1477	3
F31	县级文化信息资源共享工程中心	0.4707	12	−0.8229	22	−0.3522	17	1.2936	15
F32	通宽带村数	−1.4240	25	0.7280	10	−0.6961	19	−2.1520	22

4. 关键因素提取

由表 3-6 可知，人文生态资源型村镇可持续发展的因素按影响度排名为 F30＞F9＞F22＞F28＞F26＞F10＞F11＞F13＞F5＞F17＞F12＞F31＞F2＞F15＞F24＞F29＞F3＞F16＞F20＞F1＞F18＞F21＞F4＞F6＞F32＞F7＞F27＞F8＞F23＞F14＞F25＞F19；被影响度排名为 F17＞F20＞F12＞F6＞F15＞F24＞F28＞F11＞F23＞F32＞F18＞F13＞F30＞F21＞F22＞F7＞F14＞F3＞F8＞F19＞F25＞F31＞F9＞F26＞F2＞F10＞F5＞F27＞F16＞F29＞F4＞F1；中心度排名为 F17＞F30＞F20＞F28＞F12＞F22＞F9＞F11＞F15＞F13＞F26＞F24＞F6＞F10＞F3＞F18＞F31＞F21＞F32＞F5＞F2＞F7＞F8＞F27＞F23＞F16＞F29＞F14＞F4＞F25＞F1＞F19；原因度排名为 F1＞F9＞F30＞F29＞F16＞F4＞F26＞F22＞F10＞F28＞F5＞F2＞F11＞F13＞F31＞F3＞F27＞F18＞F21＞F24＞F15＞F32＞F7＞F8＞F6＞F12＞F17＞F20＞F25＞F23＞F14＞F19。其中，人文生态资源型村镇可持续发展的原因因素（原因度大于 0）共有 16 个，结果因素（原因度小于 0）共有 16 个。

结合影响度、被影响度、中心度、原因度，综合对原因因素和结果因素进行分析，最终确定原因因素中的关键因素有省级文化产业示范基地、国家 4A 级景区、污水处理率、人文生态资源、年降水量、森林抚育、乡村从业人员数。结果因素中的关键因素有特色农产品产量、地区生产总值、植树造林面积、农村居民人均可支配收入。关键因素均属要素因素。

3.4 城乡一体融合型村镇建设发展的影响因素

3.4.1 城乡一体融合型村镇建设发展的影响因素挖掘

本节通过扎根理论，基于相关主题参考文献[6,58~80]、访谈资料、政策文本等原始资料，进行开放式编码、主轴编码、选择性编码和理论饱和度检验，提炼出城乡一体融合型村镇建设发展的影响因素，建立了包含基础设施投入、工业投资等在内的城乡一体融合型村镇可持续发展影响因素指标体系，如表 3-7 所示。

表 3-7 影响因素指标体系（四）

一级指标	二级指标	三级指标
政策	基础设施与公共服务政策	基础设施投入
		公共服务支出
	环境治理政策	节能环保支出
	产业政策	工业投资
		实际利用外资金额
		工业技改投资
组织	组织主体	镇/村政府机构设置数量
		村委会成员数
		规模以上工业企业数量
		外商投资企业数量
		新型创业公共服务平台数量
		高新技术企业数量
要素	资源	距中心城市距离
		景区数量
		葡萄种植面积
		农村劳动力转移就业人数
	环境	绿化覆盖率
		空气质量优良天数
		污水处理厂个数
	经济	农村居民人均可支配收入
		地区生产总值
		公共预算收入
		旅游业总收入
		第二产业增加值
		第三产业增加值
	社会	游客数量
		常住人口城镇化率
		公路总里程
		产业园区建设数量
		大学园区数量
		客运量
		货运量
	信息	宽带互联网用户数

3.4.2 陕西西安鄠邑区草堂街道可持续发展关键因素提取

1. 西安鄠邑区草堂街道基本特征分析

草堂街道属于陕西省西安市鄠邑区,西安建筑科技大学草堂校区建设于此,草堂街道距鄠邑城区 15 公里,距西安城区中心 29 公里,距离西成高铁鄠邑站仅 9 公里,交通区位优势明显,区域可达性强,是典型的依托区位优势城乡一体发展的村镇。目前草堂街道托管于西安市高新技术产业开发区,未来将成为西安市高新技术产业开发区向南拓展的重要区域。良好的区位条件,将为草堂街道的发展提供强有力的支撑。草堂街道相较于传统村镇来说,经济社会发展水平较高,区位条件较好,享受城市服务的机会更多,对其他村镇的发展更具有借鉴意义。

鄠邑区草堂街道认真贯彻中共中央、国务院印发的《国家新型城镇化规划(2014—2020年)》政策,加大统筹城乡发展力度,增强农村发展活力,逐步缩小城乡差距,促进城镇化和新农村建设协调推进。鄠邑区颁布《西安市鄠邑区国民经济和社会发展第十四个五年规划和二〇三五年远景目标纲要》指出在"十四五"期间要深化产业结构调整,推进产业结构高端化、产业功能融合化、产业发展聚集化。持续优化全域旅游,形成"一核、一轴、三带、多节点"的全域旅游格局。促进城乡全面融合发展,切合实际优化全域功能布局。草堂街道积极响应上级政策号召,认真贯彻落实各项文件,竭尽全力为产业谋发展。

草堂街道通过培育新型经营主体、引进龙头企业、加强政府联动等方式,全力促进产业发展。同时以草堂科技产业基地为重点区域,依托比亚迪、开沃汽车等龙头产业,打造新能源汽车产业链和高端装备制造产业集群。通过"企业投资、农民投地、村集体持股"的股份制经营,探索实践"企业+合作社+农户"发展模式,保证了农民"失地不失利、失地不失权、失地不失业"。在政府层面,实行了局、街办、企业多级联动。通过试点示范,不断摸索,积累经验,最终建立了快速有效的工作机制。通过多级联动,大大提高了办事效率,能够吸引更多产业项目落地。

草堂街道依托特有的资源禀赋和独特的地理位置,认真贯彻落实各项政策文件,并不断引入外来要素,实现了产业的发展壮大。独特的地理位置和丰富的资源禀赋为农业和旅游业提供了发展条件,吸引了很多中小型企业、高校等进驻村镇,对土地进行流转,为企业以及高校提供建设用地。其也依托高新区、西咸新区的科研、高新技术优势及较强的辐射带动作用,协同合作,实现城乡一体的发展道路。

2. 数据来源

本节数据来源于《西安统计年鉴》《鄠邑区国民经济和社会发展统计公报》及草堂街道各方面规划。

3. 模型结果分析

计算得出直接影响矩阵，利用 MATLAB 软件，进行矩阵运算，得出综合影响矩阵。最终计算结果如表 3-8 所示。

表 3-8　各个因素的 D、R、$D+R$、$D-R$ 表（四）

因素编号	因素指标	D	D 排序	R	R 排序	$D+R$	$D+R$ 排序	$D-R$	$D-R$ 排序
F1	基础设施投入	0.2724	12	−9.2210	25	−8.9486	20	9.4934	9
F2	工业投资	−0.7209	17	−2.4028	21	−3.1236	16	1.6819	11
F3	实际利用外资金额	−34.1961	29	−6.6719	23	−40.8680	29	−27.5241	26
F4	工业技改投资	−2.7512	19	−32.6782	30	−35.4294	27	29.9270	4
F5	规模以上工业企业数量	−0.1458	16	1.1003	12	0.9545	12	−1.2461	15
F6	镇/村政府机构设置数量	18.2147	4	3.0859	10	21.3006	8	15.1288	7
F7	外商投资企业数量	−22.2698	27	−21.1156	28	−43.3854	30	−1.1542	14
F8	新型创业公共服务平台数量	−0.0431	15	−30.0076	29	−30.0507	25	29.9645	3
F9	高新技术企业数量	9.2178	5	−12.6943	27	−3.4764	17	21.9121	5
F10	距中心城市距离	41.9734	2	0.0000	13	41.9734	2	41.9734	2
F11	景区数量	−35.6612	30	0.0000	14	−35.6612	28	−35.6612	29
F12	葡萄种植面积	−1.0352	18	−3.1257	22	−4.1609	18	2.0905	10
F13	农村劳动力转移就业人数	27.3112	3	7.2593	6	34.5705	3	20.0519	6
F14	绿化覆盖率	−2.8817	20	3.6026	9	0.7209	13	−6.4842	17
F15	空气质量优良天数	−26.9975	28	−6.7521	24	−33.7496	26	−20.2454	23
F16	污水处理厂个数	123.3616	1	0.0000	15	123.3616	1	123.3616	1
F17	农村居民人均可支配收入	0.5283	11	28.6457	3	29.1740	6	−28.1174	27
F18	地区生产总值	0.0022	14	33.7225	2	33.7248	4	−33.7203	28
F19	公共预算收入	0.5660	10	12.9733	5	13.5793	9	−12.4072	20
F20	旅游业总收入	−21.1302	26	−0.0320	19	−21.1622	24	−21.0982	24
F21	第二产业增加值	0.6449	9	3.7423	8	4.3871	10	−3.0974	16

续表

因素编号	因素指标	D	D排序	R	R排序	$D+R$	$D+R$排序	$D-R$	$D-R$排序
F22	第三产业增加值	−5.9302	21	4.2773	7	−1.6529	15	−10.2075	19
F23	游客数量	−16.0259	24	−1.3074	20	−17.3333	22	−14.7186	21
F24	常住人口城镇化率	1.0375	8	−10.6212	26	−9.5837	21	11.6587	8
F25	公路总里程	3.9296	6	27.8512	4	31.7808	5	−23.9216	25
F26	产业园区建设数量	0.2286	13	0.0000	16	0.2286	14	0.2286	12
F27	大学园区数量	−17.9975	25	0.0000	17	−17.9975	23	−17.9975	22
F28	客运量	1.3803	7	2.2786	11	3.6589	11	−0.8984	13
F29	货运量	−6.7333	22	−0.0294	18	−6.7627	19	−6.7038	18
F30	宽带互联网用户数	−7.2087	23	35.0604	1	27.8517	7	−42.2691	30

4. 关键因素提取

由表 3-8 可知，城乡一体融合型村镇可持续发展的因素按影响度排名为 F16＞F10＞F13＞F6＞F9＞F25＞F28＞F24＞F21＞F19＞F17＞F1＞F26＞F18＞F8＞F5＞F2＞F12＞F4＞F14＞F22＞F29＞F30＞F23＞F27＞F20＞F7＞F15＞F3＞F11；被影响度排名为 F30＞F18＞F17＞F25＞F19＞F13＞F22＞F21＞F14＞F6＞F28＞F5＞F10＞F11＞F16＞F26＞F27＞F29＞F20＞F23＞F2＞F12＞F3＞F15＞F1＞F24＞F9＞F7＞F8＞F4；中心度排名为 F16＞F10＞F13＞F18＞F25＞F17＞F30＞F6＞F19＞F21＞F28＞F5＞F14＞F26＞F22＞F2＞F9＞F12＞F29＞F1＞F24＞F23＞F27＞F20＞F8＞F15＞F4＞F11＞F3＞F7；原因度排名为 F16＞F10＞F8＞F4＞F9＞F13＞F6＞F24＞F1＞F12＞F2＞F26＞F28＞F7＞F5＞F21＞F14＞F29＞F22＞F19＞F23＞F27＞F15＞F20＞F25＞F3＞F17＞F18＞F11＞F30。城乡一体融合型村镇可持续发展的原因因素（原因度大于 0）共有 12 个，结果因素（原因度小于 0）共有 18 个。

结合影响度、被影响度、中心度、原因度，综合对原因因素和结果因素进行分析，最终确定原因因素中的关键因素有污水处理厂个数、距中心城市距离、农村劳动力转移就业人数、镇/村政府机构设置数量。结果因素中的关键因素有地区生产总值、公路总里程、农村居民人均可支配收入、宽带互联网用户数、公共预算收入、第二产业增加值、客运量。其中组织因素包括镇/村政府机构设置数量，要素因素包括污水处理厂个数、距中心城市距离、农村劳动力转移就业人数、地区生产总值、公路总里程、农村居民人均可支配收入、宽带互联网用户数、公共预算收入、第二产业增加值、客运量。

第 4 章 绿色宜居村镇建设动态发展多维因素的影响路径研究

4.1 特色产业主导型村镇建设发展多维因素的影响路径

4.1.1 影响因素层级结构分析

1. 影响因素二元关系建立

通过文献阅读以及专家访谈的方式对特色产业主导型村镇可持续发展影响因素之间的关系进行判别，影响因素之间的二元关系如表 4-1 所示。

表 4-1 影响因素之间的二元关系表（一）

一级指标	二级指标	三级指标	因素编号	影响因素编号
政策	农业扶持政策	农机具购置补贴	F1	10，13～15，18，20，24，31，33
		产业扶持资金	F2	9～12，18～20，31
		农业发展专项资金	F3	9～15，18～20，24，30，31，33
		农业固定资产投资	F4	24，25，33
	民生保障政策	民生支出	F5	16，17，22，25～30，32
	电商发展扶持政策	电商企业扶持资金	F6	9，12，18～21
		电商发展基金	F7	11，12，18，20，21，30
	金融支持政策	特色产业贷款额	F8	11，12，18，20，21
组织	组织主体	省级以上产业化龙头企业个数	F9	18～20，31
		市级以上现代农业园区个数	F10	18，20，31
		农民专业合作社个数	F11	18，20，31
		镇/村政府机构设置数量	F12	18～21，31
要素	资源	主要农作物播种面积	F13	14，18，20，31
		乡村劳动力资源数	F14	13，15，18，20
		耕地面积	F15	14，18，20，31

续表

一级指标	二级指标	三级指标	因素编号	影响因素编号
要素	环境	空气治理优良天数	F16	
		生活垃圾无公害化处理率	F17	16
	经济	农村居民人均可支配收入	F18	
		公共财政收入	F19	
		第一产业产值	F20	
		电商销售额	F21	19
	社会	城市化率	F22	13～15，18，20，31，32
		有效灌溉面积	F23	18，20
		设施农业占地面积	F24	18，20
		机电井数	F25	23
		公路里程	F26	22
		污水处理厂数	F27	16，17
		垃圾处理站数	F28	16，17
		电力保障率	F29	25，27，28
		村级电子商务服务站	F30	18，21，31
		农业从业人员	F31	20
	信息	通宽带村数	F32	18，20
		主要农作物机械化水平	F33	10，13，18，20，24

2. 影响因素层级结构划分

1）建立邻接矩阵与可达矩阵

邻接矩阵是表示影响因素之间二元关系的方阵，即 $A=(a_{ij})_{33\times 33}$。根据表 4-1 中 33 个影响因素之间的作用关系，构建邻接矩阵。若 Fi 对 Fj 有直接影响，则取 1，否则取 0；若 Fj 对 Fi 有直接影响，则 a_{ji} 取 1，否则取 0。如式（4-1）所示。

$$a_{ij}=\begin{cases}1,& \text{F}i\text{对F}j\text{有某种二元关系}\\ 0,& \text{F}i\text{对F}j\text{没有某种二元关系}\end{cases} \quad (4\text{-}1)$$

在邻接矩阵的基础上，用 MATLAB 软件计算可达矩阵。可达矩阵的计算公式为 $M=(A+I)^r$，其中 I 为 33×33 的单位矩阵。r 根据下式确定：$(A+I)\neq (A+I)^2\neq \cdots \neq (A+I)^r=(A+I)^{r+1}=\cdots =(A+I)^n$。经 MATLAB 软件计算：$(A+I)^4=(A+I)^5$，由上式可知 $r=4$，所以得可达矩阵如下。

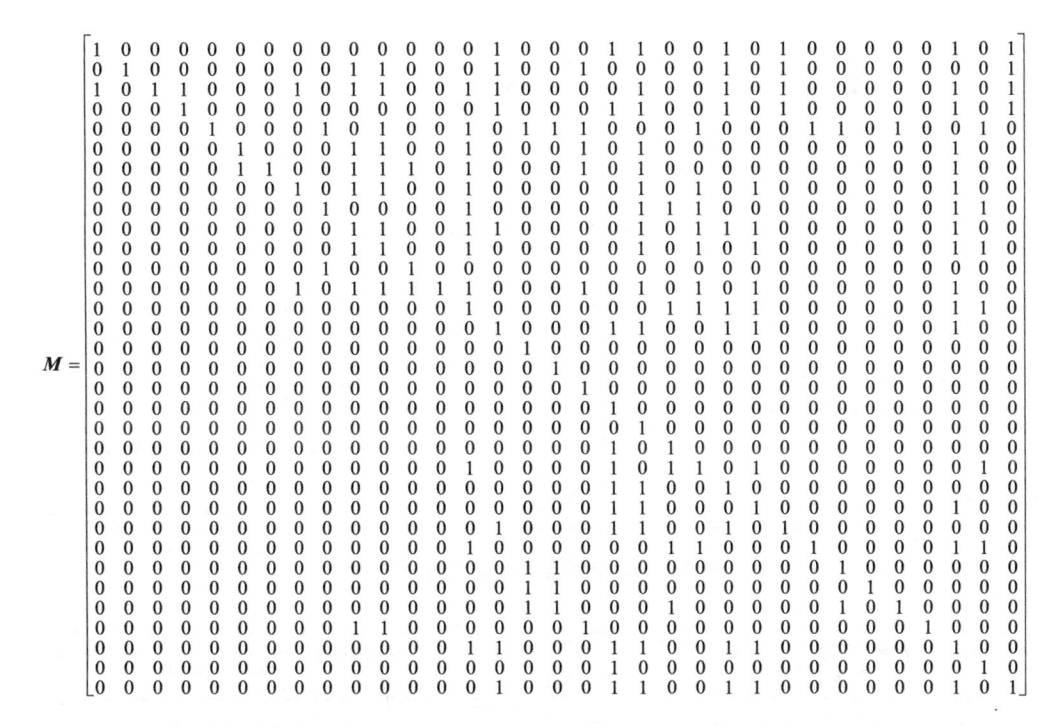

$$M = \begin{bmatrix} \cdots \end{bmatrix}$$

2）层级结构划分

根据上述构建的可达矩阵 M，确定特色产业主导型村镇可持续发展影响因素的可达集与先行集。可达矩阵中可达集 $R(Fi)$ 表示的是要素 Fi 对应的行中有 1 的元素的集合，先行集 $A(Fi)$ 表示的是要素 Fi 对应的列包含 1 的矩阵元素对应的行要素的集合。根据计算的可达矩阵，对特色产业主导型村镇可持续发展影响因素进行层级结构划分，若 $R(Fi) \bigcap A(Fi) = R(Fi)$，则该要素为层级结构的第一级要素，然后去掉该因素所在的行与列，重复上述操作，最后得到特色产业主导型村镇可持续发展影响因素层级结构。

通过层级结构分析，得到特色产业主导型村镇可持续发展影响因素的各层因素集，分别为 S1 = {16, 17, 18, 19, 20}，S2 = {21, 23, 24, 27, 28, 32}，S3 = {14, 15, 22, 29, 31}，S4 = {9, 10, 11, 25, 26, 33}，S5 = {1, 2, 4, 5, 6, 8, 12, 30}，S6 = {3, 7, 13}，共 6 个层级，并建立层级结构模型，其中第一层为直接影响因素层，第二层至第五层为中间影响因素层，第六层为持续影响因素层。影响因素层级结构如图 4-1 所示。

这里结合第三章中特色产业主导型村镇的关键因素以及影响因素层级结构模型的构建，结合影响因素的中心度和原因度形成集成改进 DEMATEL 模型耦合解释结构建模的 DEMATEL-ISM 综合模型，如图 4-2 所示。

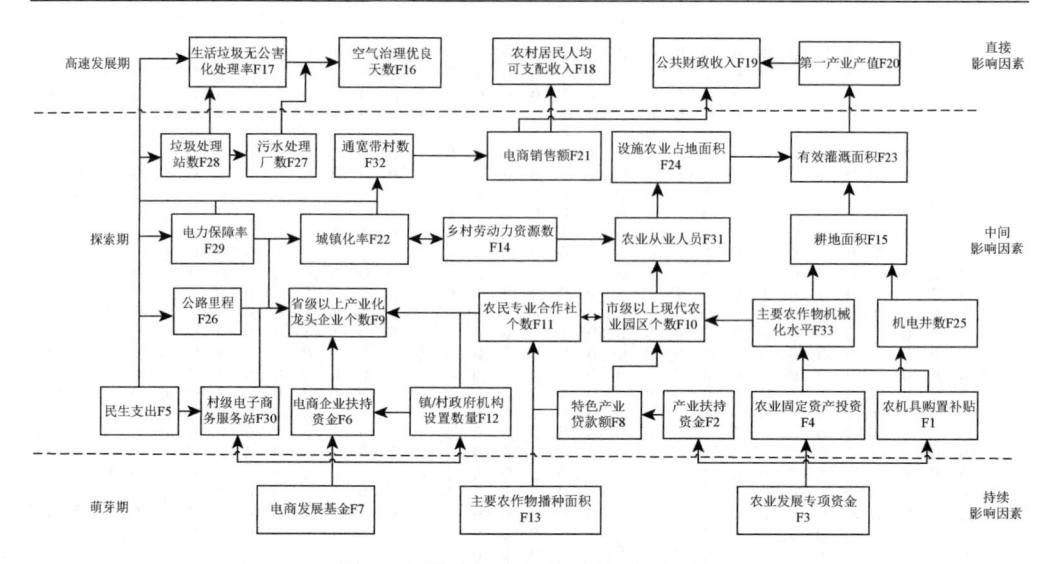

图 4-1 影响因素层级结构图（一）

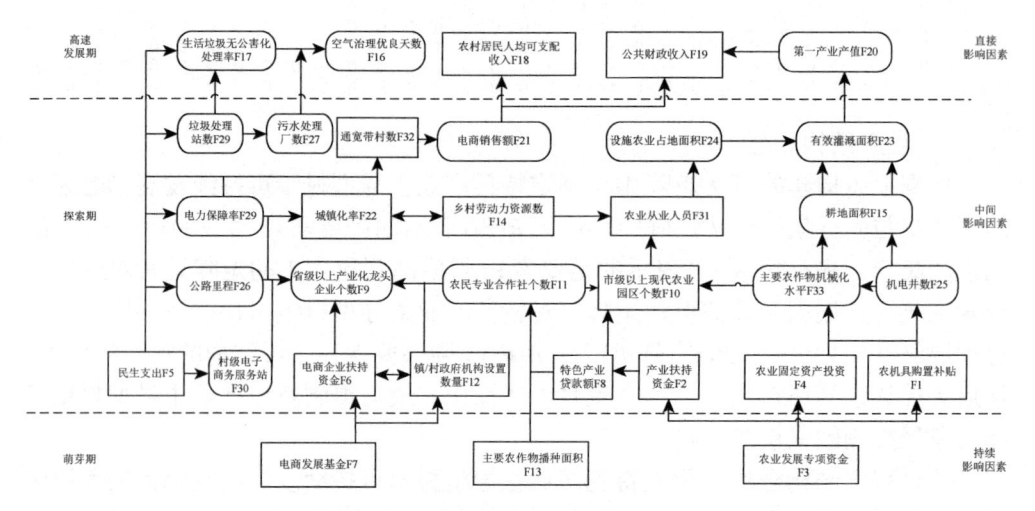

图 4-2 影响因素综合模型图（一）
方框表示原因因素，椭圆表示结果因素

4.1.2 多维因素的影响路径研究

1. 影响因素驱动力-依赖性计算

通过 MICMAC 方法将特色产业主导型村镇可持续发展的影响因素分为自发区（第Ⅰ象限）、依赖区（第Ⅱ象限）、联动区（第Ⅲ象限）、独立区（第Ⅳ象限）等四类因素。如果因素的驱动力大，说明解决该因素有利于解决其他因素，若因素的依赖性大，说明要通过解决其他因素，才能解决该因素。各个影响因素的驱动力与依赖性大小如表 4-2 所示。

表 4-2 影响因素驱动力-依赖性大小（一）

编号	驱动力	依赖性	编号	驱动力	依赖性
F1	8	2	F18	1	7
F2	8	1	F19	1	12
F3	13	1	F20	1	17
F4	8	2	F21	2	6
F5	12	1	F22	6	9
F6	7	2	F23	3	11
F7	9	1	F24	4	10
F8	8	3	F25	5	5
F9	7	3	F26	6	2
F10	9	9	F27	3	3
F11	8	10	F28	3	1
F12	2	3	F29	5	2
F13	11	1	F30	4	1
F14	7	13	F31	7	16
F15	6	9	F32	2	7
F16	1	5	F33	7	5
F17	1	5			

划分 MICMAC 矩阵图中四个象限的两条相交垂直虚线，是根据 33 项影响因素中依赖性的最大值和最小值的差值 16，驱动力的最大值和最小值的差值 12，然后取 12 和 16 的中间位置来确定的，即 14。因此，用 14 来划分驱动力-依赖性矩阵，影响因素的驱动力-依赖性矩阵图如图 4-3 所示。

2. 影响因素驱动力-依赖性分析

基于上述分析结果可以看出：独立区中的因素有很强的驱动力和较小的依赖性，其中农业发展专项资金是最接近独立区的因素，因此改进农业发展专项资金对其他因素影响较大。联动区没有因素，说明特色产业主导型村镇可持续发展系统中的因素都比较稳定。第一产业产值与农业从业人员属于依赖区因素，这两个因素受其他因素影响较大。

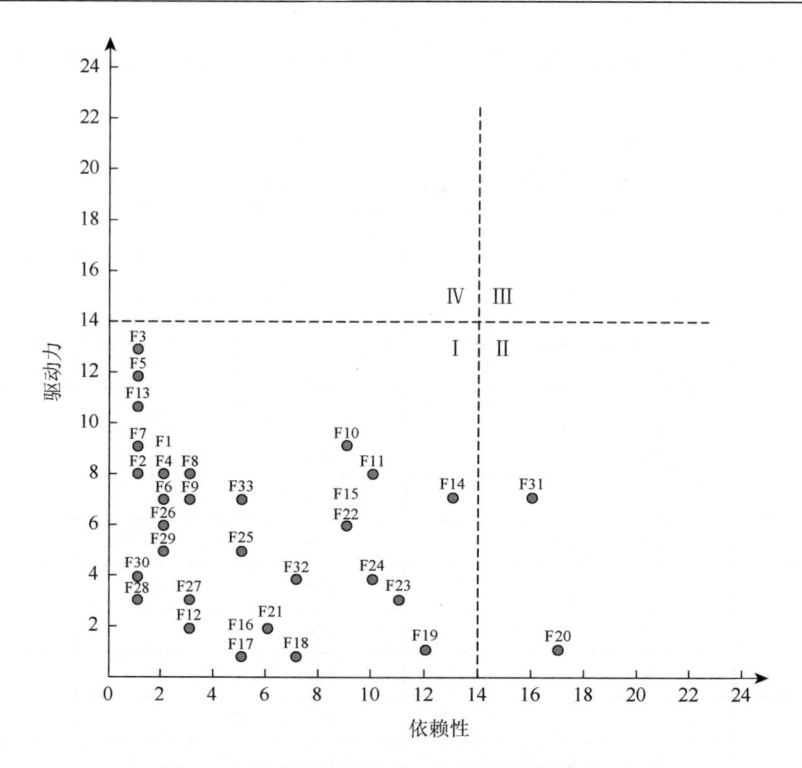

图 4-3 影响因素驱动力-依赖性矩阵图（一）

3. 持续影响因素的影响路径分析

根据综合影响因素层级结构模型及影响因素驱动力-依赖性矩阵，发现持续影响因素通过中间影响因素影响直接影响因素。所以，对于特色产业主导型村镇可持续发展问题，我们应从持续影响因素入手，达到解决中间影响因素与直接影响因素的目的。从图 4-3 可以看出，持续影响因素中的因素独立区。因此，本节从持续影响因素农业发展专项资金出发，研究特色产业主导型村镇可持续发展关键因素的影响路径。

根据图 4-2 可以看出，农业发展专项资金通过特色产业贷款额的影响路径主要有 1 条。路径为：①农业发展专项资金→产业扶持资金→特色产业贷款额→市级以上现代农业园区个数→农业从业人员→设施农业占地面积→有效灌溉面积→第一产业产值→公共财政收入。调整乡村财政政策，加大对乡村第一产业发展的扶持力度，建立农业发展专项资金推动农业产业发展，同时进一步完善金融政策，加大特色产业贷款额度，促进乡村特色产业发展，从而影响市级以上现代农业园区个数，并吸引更多的人才、信息等进入乡村，使得农业占地面积增多，第一产业产值提高，最终影响公共财政收入，如图 4-4 所示。

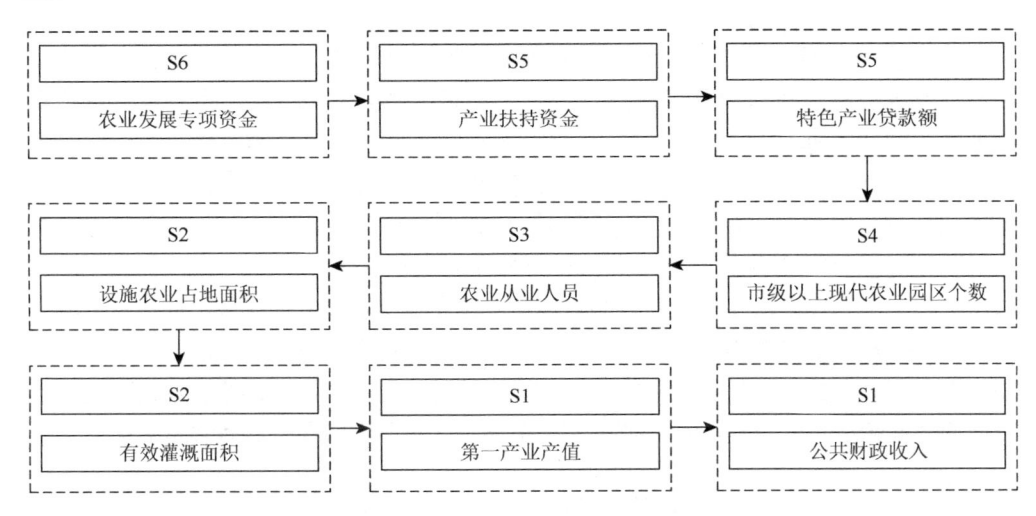

第4章 绿色宜居村镇建设动态发展多维因素的影响路径研究

图 4-4 农业发展专项资金因素影响路径 1

农业发展专项资金因素通过农业固定资产投资的影响路径总共有 2 条,分别为:②农业发展专项资金→农业固定资产投资→主要农作物机械化水平→市级以上现代农业园区个数→农业从业人员→设施农业占地面积→有效灌溉面积→第一产业产值→公共财政收入。③农业发展专项资金→农业固定资产投资→主要农作物机械化水平→耕地面积→有效灌溉面积→第一产业产值→公共财政收入。同理,这两条路径为调整乡村财政政策,建立农业发展专项资金,加大对农业固定资产方面的投资力度,进而提升主要农作物机械化水平,进一步促进农业产业发展,从而影响市级以上现代农业园区个数,并吸引更多的人才、信息等进入乡村,使得农业占地面积增多,第一产业产值提高,最终影响公共财政收入,如图 4-5 所示。

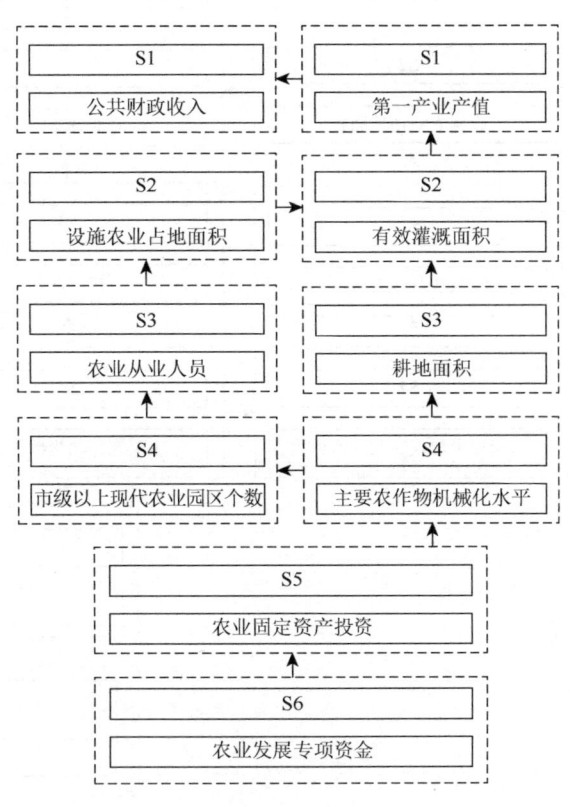

图 4-5 农业发展专项资金因素影响路径 2、3

农业发展专项资金因素通过农机具购置补贴的影响路径总共有 3 条,分别为:④农业发展专项资金→农机具购置补贴→主要农作物机械化水平→市级以上现代农业园区个数→农业从业人员→设施农业占地面积→有效灌溉面积→第一产业产值→公共财政收入。⑤农业发展专项资金→农机具购置补贴→主要农作物机械化水平→耕地面积→有效灌溉面积→第一产业产值→公共财政收入。⑥农业发展专项资金→农机具购置补贴→机电井数→耕地面积→有效灌溉面积→第一产业产值→公共财政收入。同理,这三条路径为调整乡村财政政策,建立农业发展专项资金,加大农机具购置补贴,提升主要农作物机械化水平,进一步促进农业产业发展,从而影响市级以上现代农业园区个数,并吸引更多的人才、信息等进入乡村,使得设施农业占地面积及有效灌溉面积增多,第一产业产值提高,最终影响公共财政收入,如图 4-6 所示。

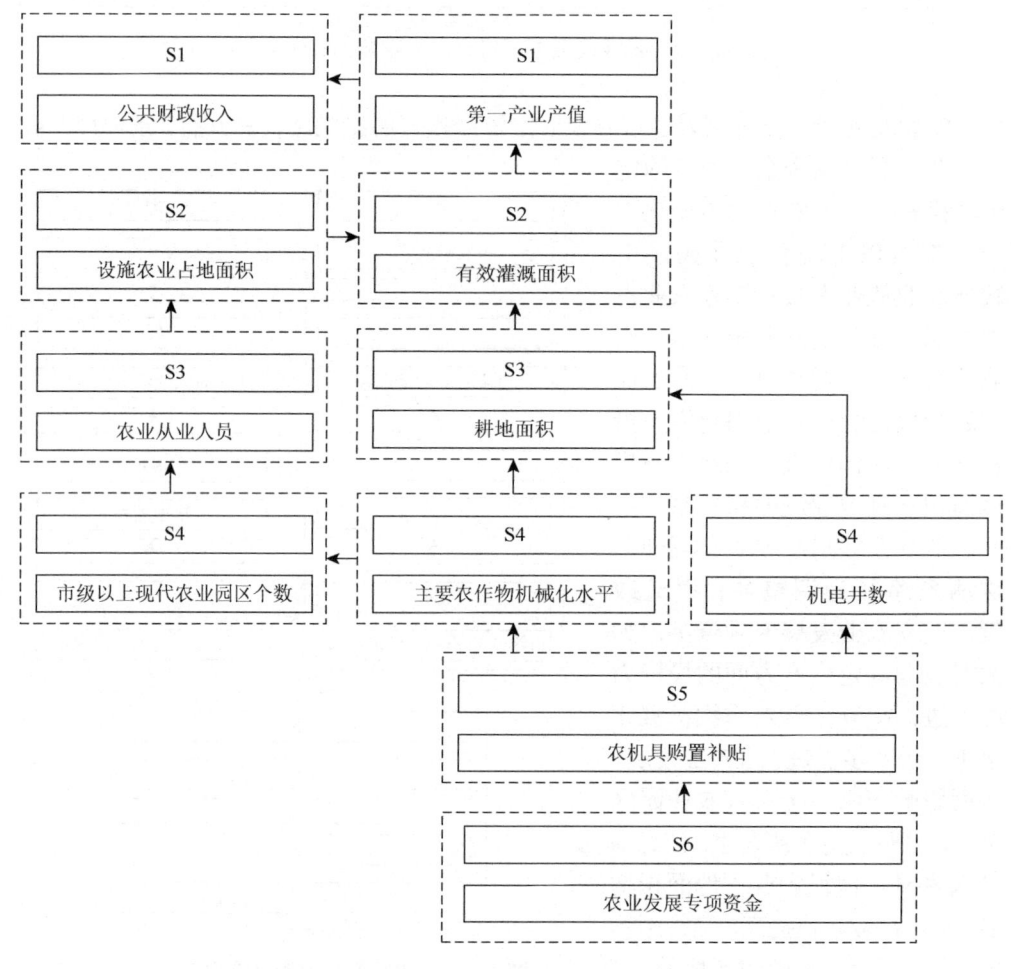

图 4-6 农业发展专项资金因素影响路径 4~6

4.2 多元发展均衡型村镇建设发展多维因素的影响路径

4.2.1 影响因素层级结构分析

1. 影响因素二元关系建立

通过文献阅读以及专家访谈的方式对多元发展均衡型村镇可持续发展影响因素之间的关系进行判别，影响因素之间的二元关系如表 4-3 所示。

表 4-3 影响因素之间的二元关系表（二）

一级指标	二级指标	三级指标	因素标号	影响因素编号
政策	基础设施与公共服务建设	基础设施投入	F1	18，25，26，28，32
		公共服务支出	F2	30，33
	环境治理政策	节能环保支出	F3	12，16~19
	产业政策	工业投资	F4	5，9，20，21，30，33
		工业技改投资	F5	9，20，21，30
		第三产业固定资产投资	F6	8，9，20，22，29
组织	组织主体	工业企业数	F7	4，5，9，14，21，27
		镇/村政府机构设置数量	F8	22，27，29
		外商投资企业公司数量	F9	14，21~23
要素	资源	人文生态资源	F10	6，29
		距中心城市距离	F11	13，20，31
		水资源总量	F12	21
		农村劳动力资源数	F13	21~23
		港口货物吞吐量	F14	9
		森林覆盖率	F15	17
	环境	生活垃圾无公害化处理率	F16	31
		空气质量优良天数比例	F17	31
		污水处理厂集中处理率	F18	12
		绿化覆盖面积	F19	6
	经济	农村家庭人均可支配收入	F20	
		第二产业产值	F21	23
		第三产业产值	F22	23
		地区生产总值	F23	
		公共预算收入	F24	
	社会	境内公路总里程	F25	8，9，20，29
		村庄道路硬化	F26	20，29

续表

一级指标	二级指标	三级指标	因素标号	影响因素编号
要素	社会	用电量	F27	8，9，21，22
		村内河道整治	F28	20
		游客数量	F29	8，20，22
		科技活动人员数	F30	33
		常住人口城镇化率	F31	11，20，32
	信息	互联网入户率	F32	20
		专利授权数	F33	9

2. 影响因素层级结构划分

1）建立邻接矩阵与可达矩阵

根据影响因素间的二元关系表建立邻接矩阵，运用 MATLAB 软件计算其可达矩阵，如下所示。

$$M = \begin{bmatrix} \cdots \end{bmatrix}$$

2）层级结构划分

根据上述构建的可达矩阵 M，确定多元发展均衡型村镇可持续发展影响因素的可达集与先行集。根据可达集与先行集，按 4.1 节所述方法，对各因素进行层级结构分析。

通过层级结构分析，得到多元发展均衡型村镇可持续发展影响因素的各层因素集，分别为 S1 = {20, 23, 24}，S2 = {21, 22, 28, 32}，S3 = {9, 12, 13, 14}，S4 = {8, 11, 18, 27, 29, 31, 33}，S5 = {6, 16, 17, 25, 26, 30}，S6 = {1, 2, 5, 10, 15, 19}，S7 = {3, 4}，S8 = {7}，共 8 个层级，并建立层级结构模型，将层级自上而下进行划分，其中第一层和第二层为直接影响因素层，第三层至第五层为中间影响因素层，第六层至第八层为持续影响因素层。影响因素层级结构如图 4-7 所示。

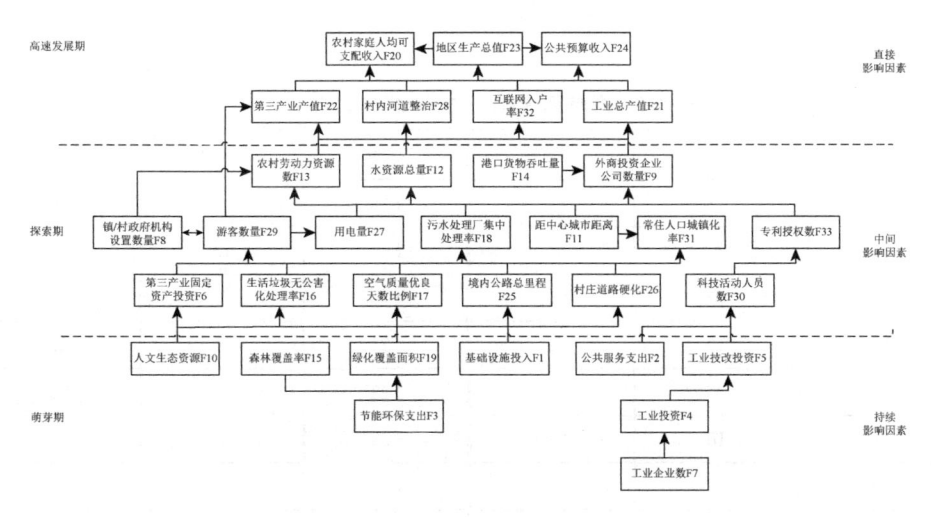

图 4-7 影响因素层级结构图（二）

多元发展均衡型村镇影响因素层级结构图再结合影响因素的中心度和原因度形成改进 DEMATEL-ISM 综合模型，如图 4-8 所示。

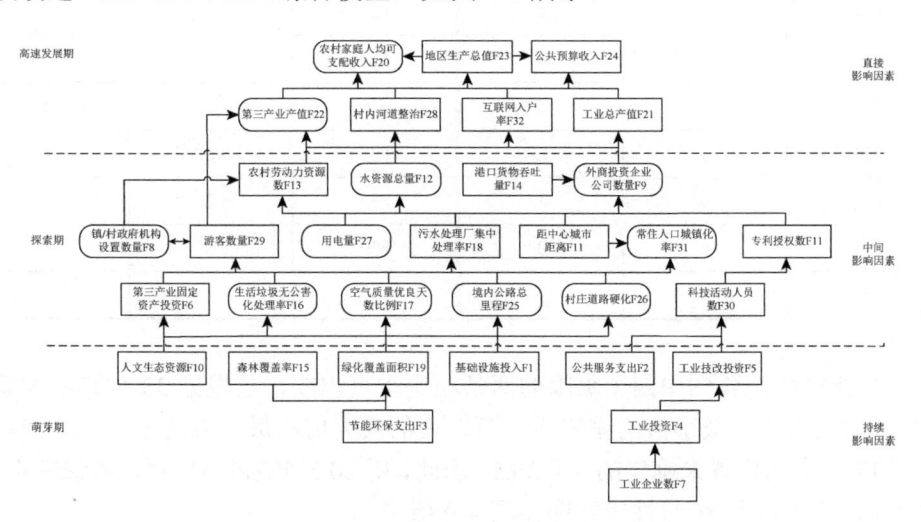

图 4-8 影响因素综合模型图（二）

方框表示原因因素，椭圆表示结果因素

4.2.2 多维因素的影响路径研究

1. 影响因素驱动力-依赖性计算

各个影响因素的驱动力与依赖性大小如表 4-4 所示。

表 4-4　影响因素驱动力-依赖性大小（二）

编号	驱动力	依赖性	编号	驱动力	依赖性
F1	18	1	F18	4	3
F2	8	1	F19	12	2
F3	17	1	F20	1	21
F4	10	2	F21	2	23
F5	9	3	F22	2	22
F6	10	4	F23	1	25
F7	14	1	F24	1	1
F8	9	11	F25	10	2
F9	5	17	F26	7	2
F10	8	1	F27	9	9
F11	8	6	F28	2	2
F12	3	4	F29	8	10
F13	4	5	F30	7	5
F14	5	15	F31	8	6
F15	6	1	F32	2	9
F16	6	3	F33	6	6
F17	6	4			

MICMAC 矩阵图中四个象限的两条相交垂直虚线，是根据 33 项影响因素中依赖性的最大值和最小值的差值 24，驱动力的最大值和最小值的差值 17，然后取 24 和 17 的中间位置来确定的，即 20.5。因此，用 20.5 来划分驱动力-依赖性矩阵，影响因素的驱动力-依赖性矩阵图如图 4-9 所示。

第 4 章　绿色宜居村镇建设动态发展多维因素的影响路径研究

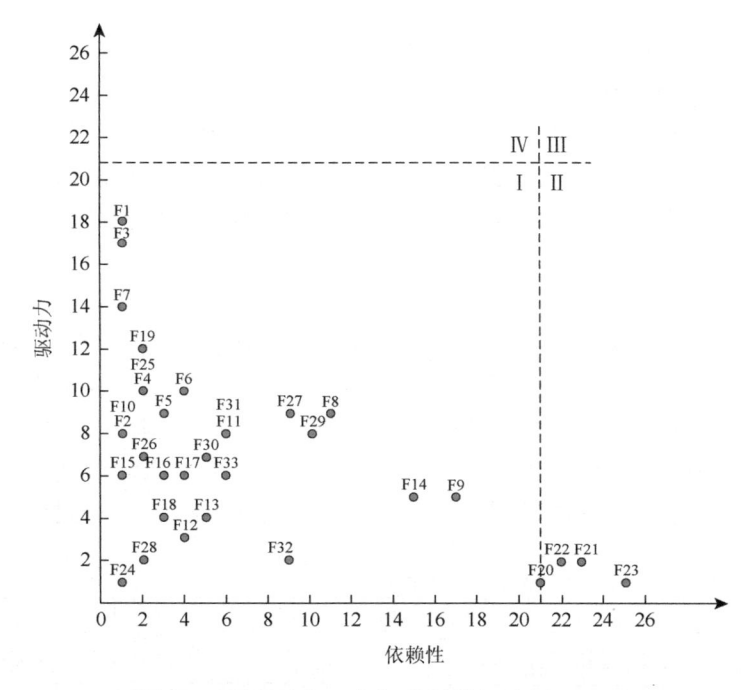

图 4-9　影响因素驱动力-依赖性矩阵图（二）

2. 影响因素驱动力-依赖性分析

持续影响因素中的基础设施投入最接近独立区，对于多元发展均衡型村镇来说，改善基础设施投入影响效果最大，而且系统整体处于稳定的状态，应将其重点考虑。位于自发区的因素较多，自发区因素的驱动力与依赖性都较弱，说明自发区的因素与系统整体、其他因素的联系均不是很强。在多元发展均衡型村镇可持续发展的影响因素中，通过调整其他因素来提高自发区因素的效果并不明显。同样地，通过调整自发区因素来加强其他因素对多元发展均衡型村镇可持续发展影响的效果也达不到预期，两种方式都不如改进独立区因素效果明显。联动区没有因素，说明多元发展均衡型村镇可持续发展系统中的因素都比较稳定。依赖区容易受其他因素的影响。多元发展均衡型村镇可通过改善其他因素来调节该区因素。

3. 持续影响因素的影响路径分析

根据影响因素层级结构模型以及影响因素驱动力-依赖性矩阵，持续影响因素包括工业企业数、工业投资、节能环保支出、工业技改投资、公共服务支出、基础设施投入、绿化覆盖面积、森林覆盖率、人文生态资源，其中基础设施投入因素最接近独立区。因此本节选取基础设施投入因素的影响路径。

根据图 4-10 可以看出，基础设施投入因素的影响路径总共有 12 条，分别为：①基础设施投入→村庄道路硬化→游客数量→第三产业产值→地区生产总值→农村家庭人均可支配收入。②基础设施投入→村庄道路硬化→游客数量→第三产业产值→地区生产总值→公共预算收入。③基础设施投入→村庄道路硬化→游客数量→用电量→外商投资企业公司数量→第三产业产值→地区生产总值→农村家庭人均可支配收入。④基础设施投入→村庄道路硬化→游客数量→用电量→外商投资企业公司数量→第三产业产值→地区生产总值→公共预算收入。调整乡村财政政策，加大乡村基础设施投入力度，村庄道路硬化率提高，影响游客数量，从而使得第三产业产值增加，进而影响地区生产总值，最终影响农村家庭人均可支配收入及公共预算收入，实现乡村的可持续发展。⑤基础设施投入→境内公路总里程→游客数量→第三产业产值→地区生产总值→农村家庭人均可支配收入。⑥基础设施投入→境内公路总里程→游客数量→第三产业产值→地区生产总值→

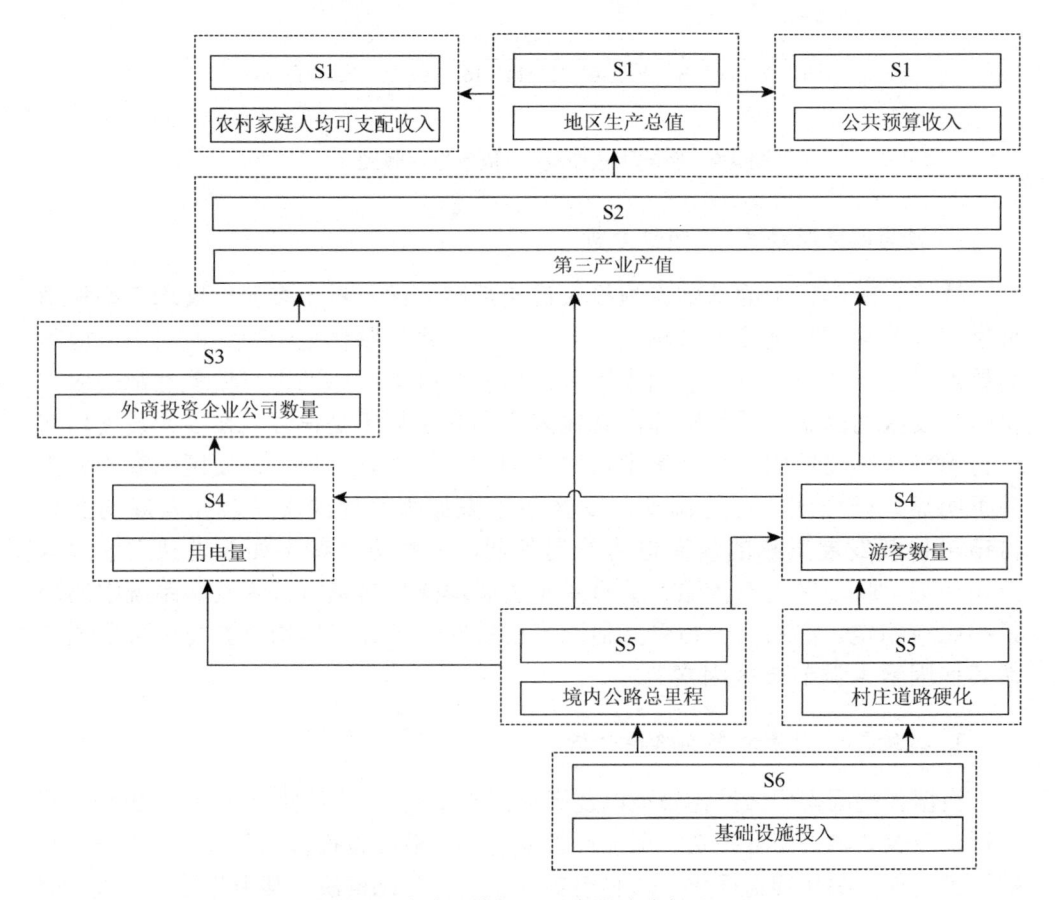

图 4-10　基础设施投入因素影响路径 1～12

公共预算收入。⑦基础设施投入→境内公路总里程→游客数量→用电量→外商投资企业公司数量→第三产业产值→地区生产总值→农村家庭人均可支配收入。⑧基础设施投入→境内公路总里程→游客数量→用电量→外商投资企业公司数量→第三产业产值→地区生产总值→公共预算收入。同理，调整乡村财政政策，加大乡村基础设施投入力度，境内公路总里程增多，交通便捷度提升，游客数量增多，从而使得外商投资企业公司数量增多，第三产业产值提升，进而影响地区生产总值，最终影响农村家庭人均可支配收入及公共预算收入，实现乡村的可持续发展。⑨基础设施投入→境内公路总里程→第三产业产值→地区生产总值→农村家庭人均可支配收入。⑩基础设施投入→境内公路总里程→第三产业产值→地区生产总值→公共预算收入。⑪基础设施投入→境内公路总里程→用电量→外商投资企业公司数量→第三产业产值→地区生产总值→农村家庭人均可支配收入。⑫基础设施投入→境内公路总里程→用电量→外商投资企业公司数量→第三产业产值→地区生产总值→公共预算收入。完善村镇财政政策，加大乡村基础设施投入力度，境内公路总里程增多，交通便捷度提升，进而影响外商投资企业公司数量，第三产业产值增加，从而影响地区生产总值，最终使农村家庭人均可支配收入及公共预算收入增多。

4.3 人文生态资源型村镇建设发展多维因素的影响路径

4.3.1 影响因素层级结构分析

1. 影响因素二元关系建立

影响因素之间的二元关系如表 4-5 所示。

表 4-5 影响因素之间的二元关系表（三）

一级指标	二级指标	三级指标	因素编号	影响因素编号
政策	民生政策	民生支出	F1	22~24，32
	环境治理政策	节能环保支出	F2	11~14，22
	产业政策	文化旅游体育与传媒支出	F3	9，16，19，25~28，30，31
		住宿和餐饮业固定资产投资	F4	6，9，16，19，25~28
		农、林、牧、渔业固定资产投资	F5	7~9，17，18，26
组织	组织主体	镇/村政府机构设置数量	F6	16，19，25~27

续表

一级指标	二级指标	三级指标	因素编号	影响因素编号
组织	组织主体	新增农民专业合作社	F7	17, 18, 20
		新增市级以上龙头企业	F8	17~20
要素	资源	人文生态资源	F9	3, 4, 25
		耕地面积	F10	5, 7, 8, 17, 29
		年降水量	F11	17~19
	环境	植树造林面积	F12	14
		森林抚育	F13	14
		环境空气质量优良天数	F14	11
	经济	农村居民人均可支配收入	F15	
		旅游综合收入	F16	9, 19
		特色农产品产量	F17	9, 18
		第一产业产值	F18	20
		第三产业产值	F19	20
		地区生产总值	F20	
		一般公共预算收入	F21	
	社会	污水处理率	F22	14
		设施农业用地	F23	17
		公路总里程	F24	8, 9, 25, 28~30
		旅游接待人次	F25	6, 9, 19
		乡村从业人员数	F26	17~19
		第三产业从业人员数	F27	6, 19
		国家4A级景区	F28	16, 19, 25
		新增现代农业园区	F29	18, 26
		省级文化产业示范基地	F30	6, 16, 19, 25, 26
	信息	县级文化信息资源共享工程中心	F31	6, 16, 19, 25, 26
		通宽带村数	F32	9

2. 影响因素层级结构划分

1) 建立邻接矩阵与可达矩阵

根据影响因素间的二元关系表建立邻接矩阵，运用 MATLAB 软件计算其可达矩阵，如下所示。

第 4 章 绿色宜居村镇建设动态发展多维因素的影响路径研究

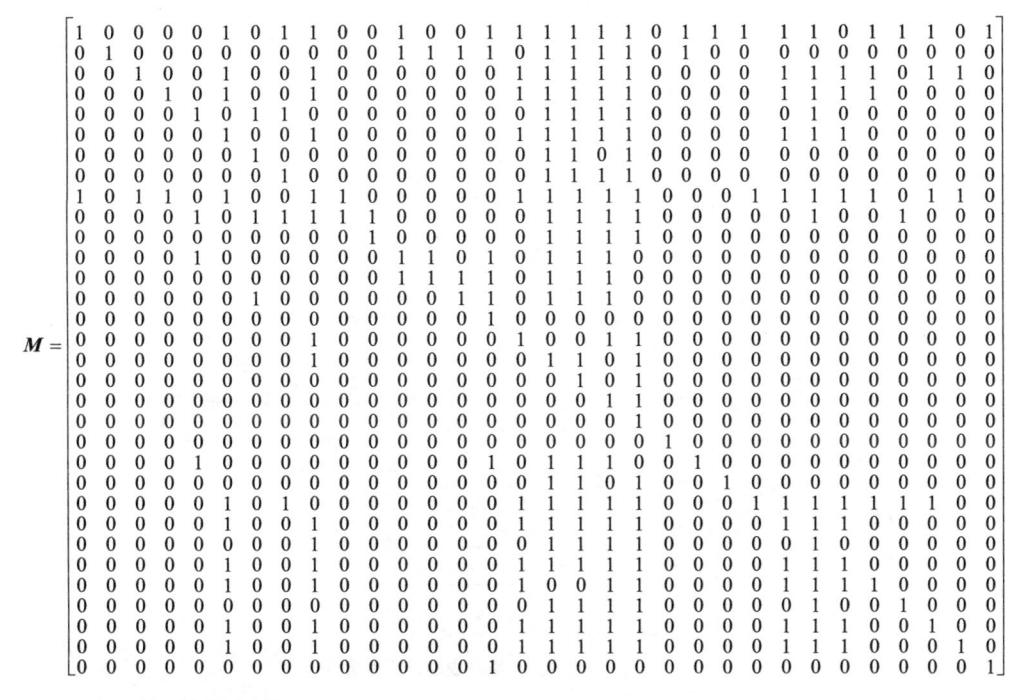

$$M = \begin{bmatrix} 1 & 0 & 0 & 0 & 0 & 1 & 0 & 1 & 1 & 0 & 0 & 1 & 0 & 0 & 1 & 1 & 1 & 1 & 1 & 1 & 0 & 1 & 1 & 1 & 1 & 0 & 1 & 1 & 1 & 0 & 1 \\ 0 & 1 & 0 & 0 & 0 & 0 & 0 & 0 & 0 & 0 & 0 & 1 & 1 & 1 & 1 & 0 & 1 & 1 & 1 & 0 & 1 & 0 & 0 & 0 & 0 & 0 & 0 & 0 & 0 & 0 \\ 0 & 0 & 1 & 0 & 0 & 1 & 0 & 0 & 1 & 0 & 0 & 0 & 0 & 0 & 1 & 1 & 1 & 1 & 0 & 1 & 1 & 1 & 1 & 1 & 1 & 0 \\ 0 & 0 & 0 & 1 & 0 & 1 & 0 & 1 & 0 & 0 & 0 & 0 & 0 & 0 & 1 & 1 & 1 & 1 & 0 & 1 & 0 & 0 & 1 & 0 & 0 & 0 & 0 & 0 & 0 \\ 0 & 0 & 0 & 0 & 1 & 0 & 1 & 0 & 0 & 0 & 0 & 0 & 0 & 1 & 1 & 1 & 1 & 1 & 0 & 1 & 0 & 0 & 0 & 0 & 0 & 0 & 0 & 0 \\ 0 & 0 & 0 & 0 & 0 & 1 & 0 & 0 & 0 & 0 & 0 & 0 & 0 & 0 & 1 & 1 & 1 & 1 & 0 & 1 & 0 & 0 & 1 & 0 & 0 & 0 & 0 & 0 \\ 0 & 0 & 0 & 0 & 0 & 0 & 1 & 0 & 0 & 0 & 0 & 0 & 0 & 0 & 1 & 1 & 1 & 1 & 0 & 1 & 0 & 1 & 0 & 0 & 0 & 0 & 0 & 0 \\ 0 & 0 & 0 & 0 & 0 & 0 & 0 & 1 & 0 & 0 & 0 & 0 & 0 & 0 & 1 & 1 & 1 & 1 & 1 & 0 & 1 & 0 & 0 & 0 & 0 & 0 & 0 & 0 \\ 1 & 0 & 1 & 1 & 0 & 1 & 1 & 0 & 1 & 1 & 0 & 1 & 1 & 1 & 1 & 1 & 1 & 0 & 0 & 0 & 1 & 1 & 1 & 1 & 0 & 1 & 1 & 1 & 0 \\ 0 & 0 & 0 & 0 & 0 & 0 & 0 & 0 & 1 & 0 & 0 & 0 & 0 & 0 & 1 & 1 & 1 & 1 & 1 & 0 & 0 & 0 & 1 & 0 & 0 & 0 & 0 & 0 \\ 0 & 0 & 0 & 0 & 0 & 0 & 0 & 0 & 0 & 1 & 0 & 1 & 1 & 0 & 1 & 1 & 1 & 1 & 0 & 1 & 0 & 1 & 0 & 0 & 0 & 0 & 0 & 0 \\ 0 & 0 & 0 & 0 & 0 & 0 & 0 & 0 & 0 & 0 & 1 & 1 & 1 & 0 & 1 & 1 & 1 & 1 & 0 & 1 & 0 & 0 & 0 & 0 & 0 & 0 & 0 & 0 \\ 0 & 0 & 0 & 0 & 0 & 0 & 0 & 0 & 0 & 0 & 0 & 1 & 0 & 1 & 1 & 1 & 1 & 1 & 0 & 1 & 1 & 1 & 1 & 1 & 1 & 1 & 0 \\ 0 & 0 & 0 & 0 & 0 & 0 & 0 & 0 & 0 & 0 & 0 & 0 & 1 & 0 & 1 & 1 & 1 & 1 & 0 & 1 & 0 & 1 & 1 & 1 & 1 & 1 & 0 \\ 0 & 0 & 0 & 0 & 0 & 0 & 0 & 0 & 0 & 0 & 0 & 0 & 0 & 1 & 0 & 0 & 0 & 0 & 0 & 0 & 0 & 0 & 0 & 0 & 0 & 0 & 0 \\ 0 & 0 & 0 & 0 & 0 & 0 & 0 & 0 & 0 & 0 & 0 & 0 & 0 & 0 & 1 & 0 & 0 & 0 & 0 & 0 & 0 & 0 & 0 & 0 & 0 & 0 & 0 \\ 0 & 0 & 0 & 0 & 0 & 0 & 0 & 0 & 0 & 0 & 0 & 0 & 0 & 0 & 0 & 1 & 0 & 0 & 0 & 0 & 0 & 0 & 0 & 0 & 0 & 0 & 0 \\ 0 & 0 & 0 & 0 & 0 & 0 & 0 & 0 & 0 & 0 & 0 & 0 & 0 & 0 & 0 & 0 & 1 & 0 & 0 & 0 & 0 & 0 & 0 & 0 & 0 & 0 & 0 \\ 0 & 0 & 0 & 0 & 0 & 0 & 0 & 0 & 0 & 0 & 0 & 0 & 0 & 0 & 0 & 0 & 0 & 1 & 0 & 0 & 0 & 0 & 0 & 0 & 0 & 0 & 0 \\ 0 & 0 & 0 & 0 & 0 & 0 & 0 & 0 & 0 & 0 & 0 & 0 & 0 & 0 & 0 & 0 & 0 & 0 & 1 & 0 & 0 & 0 & 0 & 0 & 0 & 0 & 0 \\ 0 & 0 & 0 & 0 & 0 & 0 & 0 & 0 & 0 & 0 & 0 & 0 & 0 & 0 & 0 & 0 & 0 & 0 & 0 & 1 & 0 & 0 & 0 & 0 & 0 & 0 & 0 \\ 0 & 0 & 0 & 1 & 0 & 1 & 0 & 1 & 0 & 0 & 0 & 0 & 0 & 0 & 1 & 1 & 1 & 1 & 1 & 1 & 0 & 1 & 1 & 1 & 1 & 0 & 0 \\ 0 & 0 & 0 & 0 & 0 & 0 & 0 & 0 & 0 & 0 & 0 & 0 & 0 & 0 & 1 & 1 & 1 & 1 & 0 & 1 & 0 & 1 & 0 & 0 & 0 & 0 & 0 \\ 0 & 0 & 0 & 0 & 0 & 0 & 0 & 0 & 0 & 0 & 0 & 0 & 0 & 0 & 0 & 1 & 1 & 1 & 0 & 1 & 0 & 0 & 1 & 0 & 0 & 0 & 0 \\ 0 & 0 & 0 & 0 & 0 & 0 & 0 & 0 & 0 & 0 & 0 & 0 & 0 & 0 & 1 & 1 & 1 & 1 & 1 & 1 & 0 & 1 & 1 & 1 & 1 & 0 & 0 \\ 0 & 0 & 0 & 0 & 0 & 0 & 0 & 0 & 0 & 0 & 0 & 0 & 0 & 0 & 1 & 1 & 1 & 1 & 0 & 1 & 0 & 1 & 1 & 1 & 0 & 0 \\ 0 & 0 & 0 & 0 & 0 & 0 & 0 & 0 & 0 & 0 & 0 & 0 & 0 & 0 & 0 & 1 & 1 & 1 & 0 & 1 & 0 & 0 & 1 & 1 & 0 & 0 \\ 0 & 0 & 0 & 0 & 0 & 0 & 0 & 0 & 0 & 0 & 0 & 0 & 0 & 0 & 0 & 0 & 0 & 0 & 0 & 0 & 0 & 0 & 0 & 0 & 1 & 0 & 0 \\ 0 & 0 & 0 & 0 & 0 & 0 & 0 & 0 & 0 & 0 & 0 & 0 & 0 & 0 & 0 & 0 & 0 & 0 & 0 & 0 & 0 & 0 & 0 & 0 & 0 & 1 & 0 \\ 0 & 0 & 0 & 0 & 0 & 0 & 0 & 0 & 0 & 0 & 0 & 0 & 0 & 0 & 0 & 0 & 0 & 0 & 0 & 0 & 0 & 0 & 0 & 0 & 0 & 0 & 1 \end{bmatrix}$$

2）层级结构划分

通过层次结构分析，得到人文生态资源型可持续发展影响因素的各层因素集，分别为 S1 = {15, 20, 21}，S2 = {18, 19, 32}，S3 = {16, 17}，S4 = {7, 8, 11, 23, 26}，S5 = {5, 6, 14, 25, 27, 29}，S6 = {10, 12, 13, 22, 28, 30, 31}，S7 = {2, 3, 4, 24}，S8 = {1, 9}，共 8 个层级，并建立层级结构模型，按上述分解方式，层级结构模型主要分为 8 层，直接影响因素层、中间影响因素层、持续影响因素层级结构如图 4-11 所示。

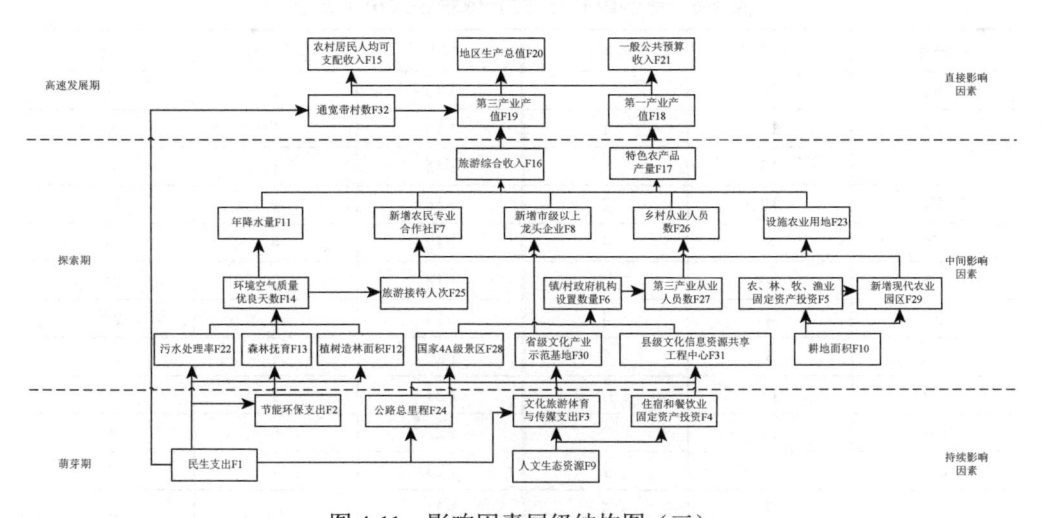

图 4-11 影响因素层级结构图（三）

结合影响因素的中心度和原因度形成改进的 DEMATEL-ISM 综合模型如图 4-12 所示。

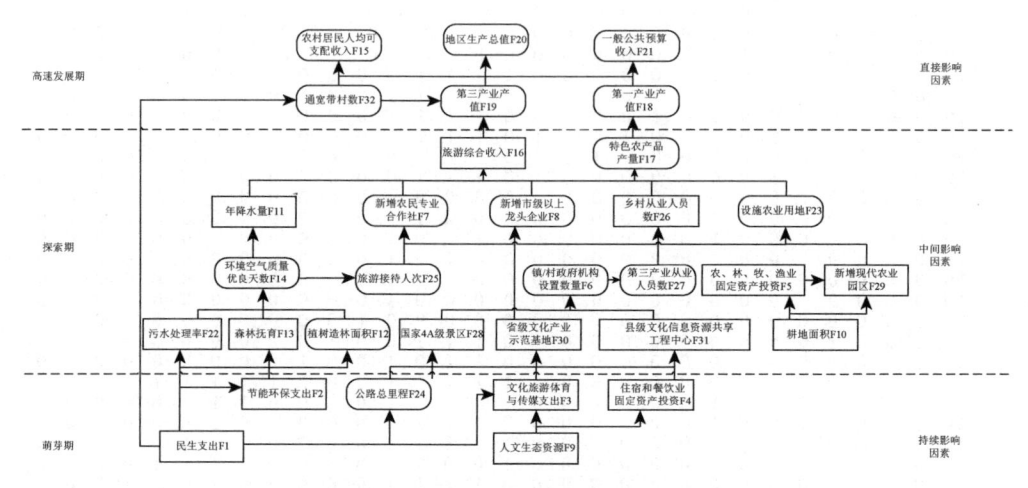

图 4-12 影响因素综合模型图（三）
方框表示原因因素，椭圆表示结果因素

4.3.2 多维因素的影响路径研究

1. 影响因素驱动力-依赖性计算

通过计算得出各个影响因素的驱动力与依赖性大小如表 4-6 所示。

表 4-6 影响因素驱动力-依赖性大小（三）

编号	驱动力	依赖性	编号	驱动力	依赖性
F1	20	2	F13	7	3
F2	10	1	F14	6	3
F3	14	2	F15	1	8
F4	12	2	F16	4	12
F5	8	4	F17	4	24
F6	10	11	F18	2	25
F7	4	4	F19	2	24
F8	5	5	F20	2	25
F9	18	14	F21	1	1
F10	12	2	F22	6	3
F11	5	2	F23	4	2
F12	7	4	F24	14	3

续表

编号	驱动力	依赖性	编号	驱动力	依赖性
F25	10	11	F30	11	5
F26	6	15	F31	11	3
F27	10	10	F32	2	2
F28	9	6			
F29	6	4			

32 项影响因素中依赖性的最大值和最小值的差值 24，驱动力的最大值和最小值的差值 19，由此以 21.5 来划分驱动力-依赖性矩阵，影响因素的驱动力-依赖性矩阵图如图 4-13 所示。

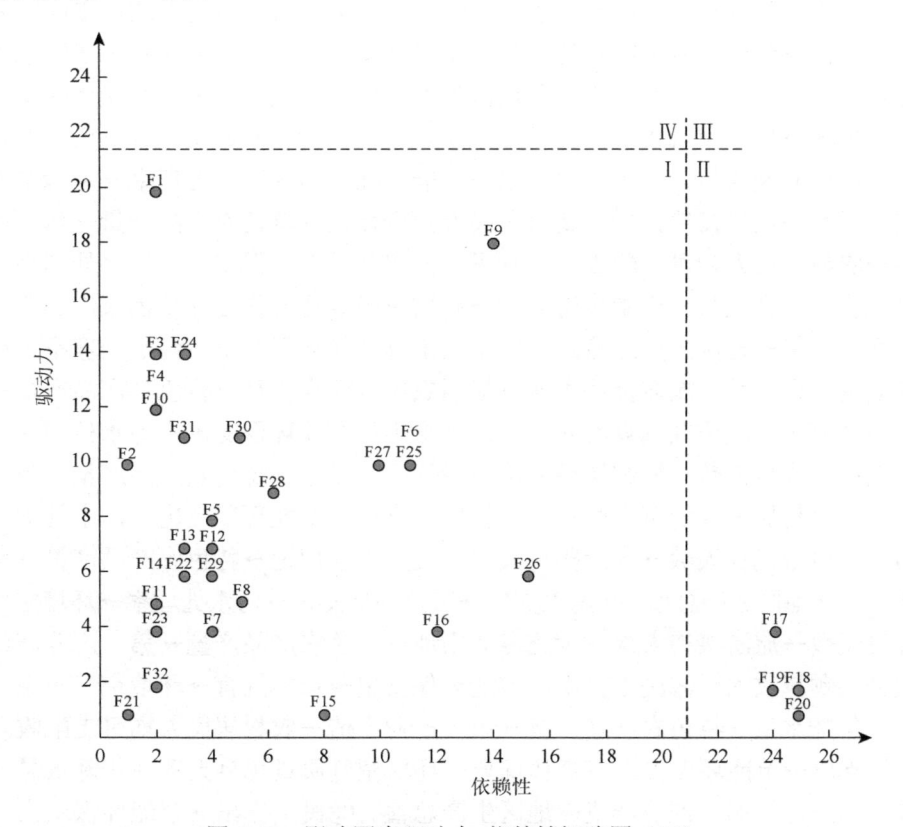

图 4-13 影响因素驱动力-依赖性矩阵图（三）

2. 影响因素驱动力-依赖性分析

基于上述分析结果可以看出：持续影响因素中的民生支出最接近独立区，人文生态资源型村镇可通过加大民生支出来改善整体发展。联动区没有因素，说明人文生态资源型村镇可持续发展系统中的因素都比较稳定。依赖区因素较多，其依赖性较强、驱动性较弱，容易受其他因素的影响。

3. 持续影响因素的影响路径分析

根据影响因素层级结构模型以及影响因素驱动力-依赖性矩阵，持续影响因素包括人文生态资源、民生支出、文化旅游体育与传媒支出、住宿和餐饮业固定资产投资、公路总里程、节能环保支出，其中民生支出因素最接近独立区。因此本节选取民生支出因素的影响路径。从层级结构中可以看出民生支出因素的影响路径主要有36条，直接或间接地影响直接影响因素，从而影响人文生态资源型乡村的可持续发展。①民生支出→节能环保支出→污水处理率→环境空气质量优良天数→年降水量→特色农产品产量→第一产业产值→农村居民人均可支配收入。②民生支出→节能环保支出→污水处理率→环境空气质量优良天数→年降水量→特色农产品产量→第一产业产值→地区生产总值。③民生支出→节能环保支出→污水处理率→环境空气质量优良天数→年降水量→特色农产品产量→第一产业产值→一般公共预算收入。④民生支出→节能环保支出→污水处理率→环境空气质量优良天数→旅游接待人次→新增农民专业合作社→特色农产品产量→第一产业产值→农村居民人均可支配收入。⑤民生支出→节能环保支出→污水处理率→环境空气质量优良天数→旅游接待人次→新增农民专业合作社→特色农产品产量→第一产业产值→地区生产总值。⑥民生支出→节能环保支出→污水处理率→环境空气质量优良天数→旅游接待人次→新增农民专业合作社→特色农产品产量→第一产业产值→一般公共预算收入。⑦民生支出→节能环保支出→污水处理率→环境空气质量优良天数→旅游接待人次→设施专业用地→特色农产品产量→第一产业产值→农村居民人均可支配收入。⑧民生支出→节能环保支出→污水处理率→环境空气质量优良天数→旅游接待人次→设施专业用地→特色农产品产量→第一产业产值→地区生产总值。⑨民生支出→节能环保支出→污水处理率→环境空气质量优良天数→旅游接待人次→设施专业用地→特色农产品产量→第一产业产值→一般公共预算收入。⑩民生支出→节能环保支出→森林抚育→环境空气质量优良天数→年降水量→特色农产品产量→第一产业产值→农村居民人均可支配收入。⑪民生支出→节能环保支出→森林抚育→环境空气质量优良天数→年降水量→特色农产品产量→第一产业产值→地区生产总值。⑫民生支出→节能环保支出→森林抚育→环境空气质量优良天数→年降水量→特色农产品产量→第一产业产值→一般公共预算收入。⑬民生支出→节能环保支出→森林抚育→环境空气质量优良天数→旅游接待人次→新增农民专业合作社→特色农产品产量→第一产业产值→农村居民人均可支配收入。⑭民生支出→节能环保支出→森林抚育→环境空气质量优良天数→旅游接待人次→新增农民专业合作社→特色农产品产量→第一产业产值→地区生产总值。⑮民生支出→节能环保支出→森林抚育→环境空气质量优良天数→旅游接待人次→新增农民专业合作社→特色农产品产量→第一产业产值→一般公共预算收入。⑯民生支出→节能环保支出→森林抚育→环境空气质量优良天数→旅游接待人次→设施专业用地→特色农产品产量→第一产业产值→农村居民人均可支配收入。⑰民生支出→节能环保支出→森林抚育→环境空气质量优良天数→旅游接待人次→设施专业用地→特色农产品产量→第一产业产值→地区生产总值。⑱民生支出→节能环保支出→森林抚育→环境空气质量优良天数→旅游接待人次→设施专业用地→特色农产品产量→第一产业产值→一般公共预算收入。⑲民生支出→节能环保支出→植树造林面积→环境空气质量优良天数→年降水量→特色农产品产量→第一产业产值→农村居民人均可支配收入。⑳民生支出→节能环保支出→植树造林面积→环境空气质量优良天数→年降水量→特色农产品产量→第一产业产值→地区生产总值。㉑民生支出→节能环保支出→植树造林面积→环境空气质量优良天数→年降水量→特色农产品产量→第一产业产值→一般公共预算收入。㉒民生支出→节能环保支出→植树造林面积→环境空气质量优良天数→旅游接待人次→新增农民专业合作社→特色农产品产量→第一产业产值→农村居民人均可支配收入。㉓民生支出→节能环保支出→植树造林面积→环境空气质量优良天数→旅游接待人次→新增农民专业合作社→特色农产品产量→第一产业产值→地区生产总值。㉔民生支出→节能环保支出→植树造林面积→环境空气质量优良天数→旅游接待人次→新增农民专业合作社→特色农产品产量→第一产业产值→一般公共预算收入。㉕民生支出→节能环保支出→植树造林面积→环境空气质量优良天数→旅游接待人次→设施专业用地→特色农产品产量→第一产业产值→农村居民人均可支配收入。㉖民生支出→节能环保支出→植树造林面积→环境空气质量优良天数→旅游接待人次→设施专业用地→特色农产品产量→第一产业产值→地区生产总值。㉗民生支出→节能环保支出→植树造林面积→环境空气质量优良天数→旅游接待人次→设施专业用地→特色农产品产量→第一产业产值→一般公共预算收入。调整乡村财政政策，加大对节能环保方面的支出，提高污水处理率，增加森林抚育及植树造林面积，进而提升环境空气质量，吸引更多的游客来旅游；同时新增农民专业合作社，并增加设施用地，使得特色农产品产量增多，第一产业产值提高，最终影响地区生产总值、公共预算收入与居民收入，实现人文生态资源型村镇的可持续发展，如图 4-14 所示。

接下来九条路径为：㉘民生支出→文化旅游体育与传媒支出→省级文化产业示范基地→新增市级以上龙头企业→旅游综合收入→第三产业产值→农村居民人均可支配收入。㉙民生支出→文化旅游体育与传媒支出→省级文化产业示范基地→新增市级以上龙头企业→旅游综合收入→第三产业产值→地区生产总值。㉚民生支出→文化旅游体育与传媒支出→省级文化产业示范基地→新增市级以上龙头

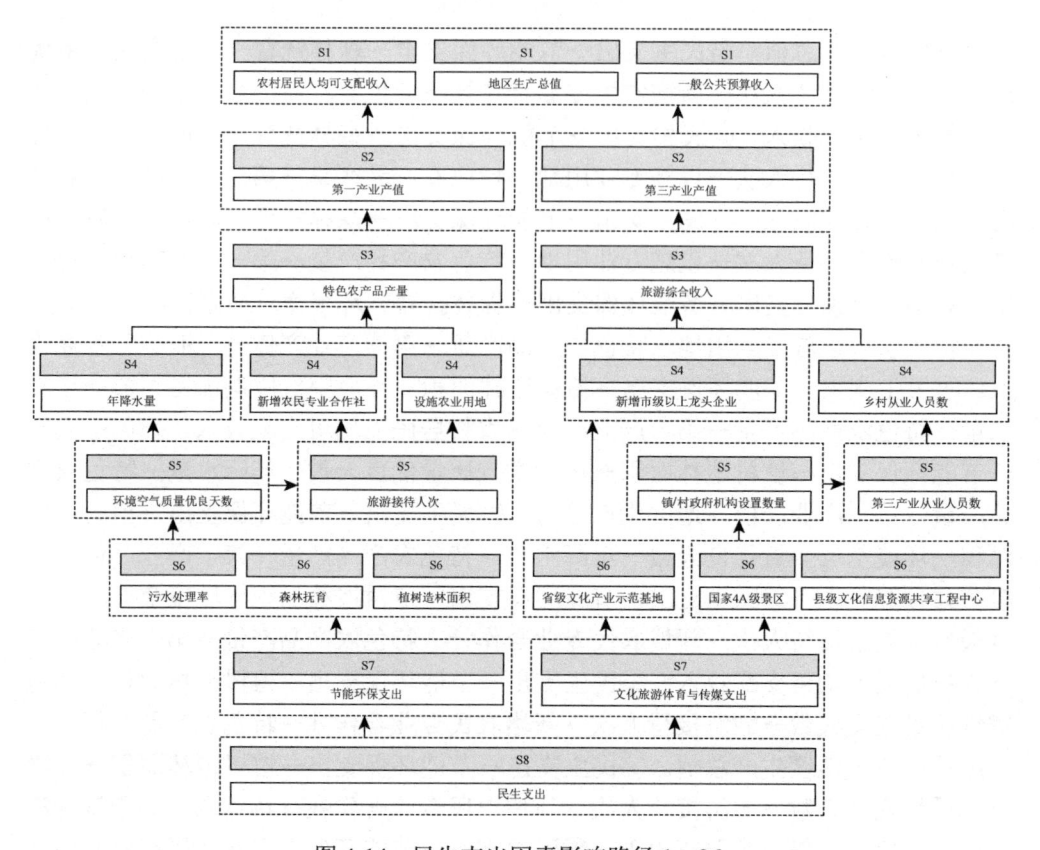

图 4-14　民生支出因素影响路径 1～36

企业→旅游综合收入→第三产业产值→一般公共预算收入。㉛民生支出→文化旅游体育与传媒支出→国家 4A 级景区→镇/村政府机构设置数量→第三产业从业人员数→乡村从业人员数→旅游综合收入→第三产业产值→农村居民人均可支配收入。㉜民生支出→文化旅游体育与传媒支出→国家 4A 级景区→镇/村政府机构设置数量→第三产业从业人员数→乡村从业人员数→旅游综合收入→第三产业产值→地区生产总值。㉝民生支出→文化旅游体育与传媒支出→国家 4A 级景区→镇/村政府机构设置数量→第三产业从业人员数→乡村从业人员数→旅游综合收入→第三产业产值→一般公共预算收入。㉞民生支出→文化旅游体育与传媒支出→县级文化信息资源共享工程中心→镇/村政府机构设置数量→第三产业从业人员数→乡村从业人员数→旅游综合收入→第三产业产值→农村居民人均可支配收入。㉟民生支出→文化旅游体育与传媒支出→县级文化信息资源共享工程中心→镇/村政府机构设置数量→第三产业从业人员数→乡村从业人员数→旅游综合收入→第三产业产值→地区生产总值。㊱民生支出→文化旅游体育与传媒支出→县级文化信息资源共享工程中心→镇/村政府机构设置数量→第三产业从业人员数→乡村从业人员数→旅游综合收入→第三产业产值→一般公共预算收入。调整乡村财政政策，加大对文化旅游体育与传媒方面的投资力度，完善公共文化服务体系，建设县级文化信息资源共享工程中心和省级文化产业示范基地，推动文化产业的发展；合理开发与利用村镇特色资源，建设国家级景区等，发展村镇特色产业或旅游业，进而吸引更多的游客来旅游，并引进更多的旅游龙头企业入驻，使得旅游综合收入增多，第三产业生产总值提高，最终影响地区生产总值、公共预算收入与居民收入，实现人文生态资源型村镇的可持续发展，如图4-14所示。

4.4 城乡一体融合型村镇建设发展多维因素的影响路径

4.4.1 影响因素层级结构分析

1. 影响因素二元关系建立

通过文献阅读与专家访谈，城乡一体融合型村镇影响因素之间的二元关系如表4-7所示。

表4-7 影响因素之间的二元关系表（四）

一级指标	二级指标	三级指标	因素编号	影响因素编号
政策	基础设施与公共服务政策	基础设施投入	F1	14, 16, 25, 30
	产业政策	工业投资	F2	4, 5, 7~9, 13, 18, 21, 26, 29
		实际利用外资金额	F3	7, 18, 21
		工业技改投资	F4	5, 8, 9, 18, 21
组织	组织主体	规模以上工业企业数量	F5	4, 18, 21
		镇/村政府机构设置数量	F6	18, 20~22
		外商投资企业数量	F7	18, 21
		新型创业公共服务平台数量	F8	18, 21
		高新技术企业数量	F9	18, 21
要素	资源	距中心城市距离	F10	10, 13, 23, 24, 26, 27
		景区数量	F11	23
		葡萄种植面积	F12	10, 23
		农村劳动力转移就业人数	F13	3, 4
	环境	绿化覆盖率	F14	24
		空气质量优良天数	F15	24
		污水处理厂个数	F16	24

续表

一级指标	二级指标	三级指标	因素编号	影响因素编号
要素	经济	农村居民人均可支配收入	F17	
		地区生产总值	F18	
		公共预算收入	F19	
		旅游业总收入	F20	18，22
		第二产业增加值	F21	18
		第三产业增加值	F22	18
	社会	游客数量	F23	6，28
		常住人口城镇化率	F24	10，17，30
		公路总里程	F25	5~9，17，28，29
		产业园区建设数量	F26	3，4
		大学园区数量	F27	3，4
		客运量	F28	22
		货运量	F29	3，4
	信息	宽带互联网用户数	F30	17

2. 影响因素层级结构划分

1）构建邻接矩阵与可达矩阵

依据影响因素间的二元关系表构建邻接矩阵，在邻接矩阵的基础上，用MATLAB软件计算可达矩阵。可达矩阵如下所示。

$$M = \begin{bmatrix}
1 & 0 & 1 & 1 & 1 & 1 & 1 & 1 & 1 & 0 & 0 & 0 & 1 & 0 & 1 & 1 & 0 & 1 & 1 & 1 & 0 & 1 & 1 & 0 & 0 & 1 & 1 & 1 \\
0 & 1 & 1 & 1 & 1 & 0 & 1 & 1 & 1 & 0 & 0 & 0 & 0 & 1 & 0 & 0 & 0 & 1 & 0 & 0 & 1 & 0 & 0 & 0 & 0 & 1 & 0 & 0 & 1 & 0 \\
0 & 0 & 1 & 0 & 0 & 0 & 1 & 1 & 0 & 0 & 0 & 0 & 0 & 0 & 0 & 0 & 0 & 1 & 0 & 0 & 1 & 0 & 0 & 0 & 0 & 0 & 0 & 0 & 0 & 0 \\
0 & 0 & 0 & 1 & 1 & 0 & 1 & 1 & 0 & 0 & 0 & 0 & 0 & 0 & 0 & 0 & 0 & 1 & 0 & 0 & 1 & 0 & 0 & 0 & 0 & 0 & 0 & 0 & 0 & 0 \\
0 & 0 & 0 & 0 & 1 & 0 & 0 & 0 & 0 & 0 & 0 & 0 & 0 & 0 & 0 & 0 & 0 & 1 & 0 & 1 & 0 & 1 & 0 & 0 & 0 & 0 & 0 & 0 & 0 & 0 \\
0 & 0 & 0 & 0 & 0 & 1 & 0 & 0 & 0 & 0 & 0 & 0 & 0 & 0 & 0 & 0 & 0 & 1 & 0 & 0 & 0 & 0 & 0 & 0 & 0 & 0 & 0 & 0 & 0 & 0 \\
0 & 0 & 0 & 0 & 0 & 0 & 1 & 0 & 0 & 0 & 0 & 0 & 0 & 0 & 0 & 0 & 0 & 1 & 0 & 0 & 0 & 0 & 0 & 0 & 0 & 0 & 0 & 0 & 0 & 0 \\
0 & 0 & 0 & 0 & 0 & 0 & 0 & 1 & 0 & 0 & 0 & 0 & 0 & 0 & 0 & 0 & 0 & 1 & 0 & 0 & 0 & 0 & 0 & 0 & 0 & 0 & 0 & 0 & 0 & 0 \\
0 & 0 & 1 & 1 & 1 & 1 & 1 & 1 & 1 & 0 & 0 & 0 & 1 & 0 & 0 & 0 & 0 & 1 & 0 & 1 & 1 & 1 & 1 & 0 & 1 & 1 & 1 & 0 & 1 & 1 \\
0 & 0 & 0 & 0 & 0 & 0 & 0 & 0 & 0 & 1 & 0 & 0 & 0 & 0 & 0 & 0 & 0 & 1 & 0 & 1 & 0 & 1 & 1 & 0 & 0 & 0 & 0 & 0 & 1 & 0 \\
0 & 0 & 1 & 1 & 1 & 1 & 1 & 1 & 0 & 0 & 1 & 0 & 0 & 0 & 0 & 0 & 0 & 1 & 0 & 1 & 0 & 1 & 0 & 0 & 0 & 0 & 0 & 0 & 1 & 0 \\
0 & 0 & 0 & 0 & 0 & 0 & 0 & 0 & 0 & 0 & 0 & 1 & 0 & 0 & 0 & 0 & 0 & 0 & 0 & 0 & 0 & 0 & 0 & 0 & 0 & 0 & 0 & 0 & 0 & 1 \\
0 & 0 & 0 & 0 & 0 & 0 & 0 & 0 & 0 & 0 & 0 & 0 & 1 & 1 & 0 & 0 & 0 & 0 & 0 & 0 & 0 & 0 & 0 & 0 & 0 & 0 & 0 & 0 & 0 & 1 \\
0 & 0 & 0 & 0 & 0 & 0 & 0 & 0 & 0 & 0 & 0 & 0 & 0 & 1 & 1 & 0 & 0 & 0 & 0 & 0 & 0 & 0 & 0 & 0 & 0 & 0 & 0 & 0 & 0 & 0 \\
0 & 0 & 0 & 0 & 0 & 0 & 0 & 0 & 0 & 0 & 0 & 0 & 0 & 0 & 1 & 0 & 0 & 0 & 0 & 0 & 0 & 0 & 0 & 0 & 0 & 0 & 0 & 0 & 0 & 0 \\
0 & 0 & 0 & 0 & 0 & 0 & 0 & 0 & 0 & 0 & 0 & 0 & 0 & 0 & 0 & 1 & 0 & 1 & 0 & 1 & 0 & 1 & 0 & 0 & 0 & 0 & 0 & 0 & 0 & 0 \\
0 & 0 & 0 & 0 & 0 & 0 & 0 & 0 & 0 & 0 & 0 & 0 & 0 & 0 & 0 & 0 & 1 & 0 & 0 & 0 & 0 & 0 & 1 & 0 & 0 & 0 & 0 & 0 & 0 & 1 \\
0 & 0 & 0 & 0 & 0 & 0 & 0 & 0 & 0 & 0 & 0 & 0 & 0 & 0 & 0 & 0 & 0 & 1 & 0 & 1 & 1 & 1 & 0 & 0 & 0 & 0 & 0 & 0 & 0 & 0 \\
0 & 0 & 0 & 0 & 0 & 0 & 0 & 0 & 0 & 0 & 0 & 0 & 0 & 0 & 0 & 0 & 0 & 0 & 1 & 0 & 0 & 0 & 0 & 0 & 0 & 0 & 0 & 0 & 0 & 0 \\
0 & 0 & 0 & 0 & 0 & 0 & 0 & 0 & 0 & 0 & 0 & 0 & 0 & 0 & 0 & 0 & 0 & 1 & 0 & 1 & 0 & 1 & 0 & 0 & 0 & 0 & 0 & 0 & 0 & 0 \\
0 & 0 & 0 & 0 & 0 & 1 & 0 & 0 & 0 & 0 & 0 & 0 & 0 & 0 & 0 & 0 & 0 & 1 & 0 & 1 & 1 & 1 & 0 & 0 & 0 & 0 & 0 & 1 & 0 & 0 \\
0 & 0 & 0 & 0 & 0 & 0 & 0 & 0 & 0 & 0 & 0 & 0 & 0 & 0 & 0 & 0 & 0 & 1 & 0 & 1 & 0 & 1 & 0 & 0 & 0 & 0 & 0 & 0 & 0 & 0 \\
0 & 0 & 1 & 1 & 0 & 1 & 1 & 1 & 1 & 0 & 0 & 0 & 0 & 0 & 0 & 0 & 0 & 1 & 0 & 1 & 1 & 1 & 1 & 0 & 1 & 1 & 1 & 1 & 1 & 0 \\
0 & 0 & 1 & 1 & 1 & 1 & 1 & 1 & 1 & 0 & 0 & 0 & 0 & 0 & 0 & 0 & 0 & 1 & 0 & 1 & 1 & 1 & 0 & 1 & 1 & 1 & 1 & 1 & 1 & 0 \\
0 & 0 & 1 & 1 & 1 & 1 & 0 & 1 & 0 & 0 & 0 & 0 & 0 & 0 & 0 & 0 & 0 & 1 & 0 & 1 & 1 & 1 & 0 & 0 & 1 & 1 & 0 & 0 & 0 & 0 \\
0 & 0 & 0 & 0 & 0 & 0 & 0 & 0 & 0 & 0 & 0 & 0 & 0 & 0 & 0 & 0 & 0 & 1 & 0 & 1 & 0 & 1 & 0 & 0 & 0 & 1 & 0 & 0 & 0 & 0 \\
0 & 0 & 0 & 0 & 0 & 0 & 0 & 0 & 0 & 0 & 0 & 0 & 0 & 0 & 0 & 0 & 0 & 1 & 0 & 1 & 0 & 1 & 0 & 0 & 0 & 0 & 1 & 0 & 0 & 0 \\
0 & 1 & 1 & 1 & 1 & 1 & 1 & 1 & 0 & 0 & 0 & 0 & 0 & 0 & 0 & 0 & 0 & 1 & 0 & 1 & 1 & 1 & 1 & 0 & 1 & 1 & 1 & 1 & 1 & 0 \\
0 & 0 & 0 & 0 & 0 & 0 & 0 & 0 & 0 & 0 & 0 & 0 & 0 & 0 & 0 & 0 & 0 & 0 & 0 & 0 & 0 & 0 & 0 & 0 & 0 & 0 & 0 & 0 & 1 & 0 \\
0 & 0 & 0 & 0 & 0 & 0 & 0 & 0 & 0 & 0 & 0 & 0 & 0 & 0 & 0 & 0 & 0 & 1 & 0 & 0 & 0 & 0 & 0 & 0 & 0 & 0 & 0 & 0 & 0 & 1
\end{bmatrix}$$

2）层级结构划分

依据前述方法，对各因素进行层级结构分析。通过分析得到城乡一体融合型乡村可持续发展影响因素的各层因素集分别为 S1 = {17, 18, 19}，S2 = {21, 22, 30}，S3 = {7, 8, 9, 14, 15, 20, 28}，S4 = {3, 4, 5, 6, 16}，S5 = {13, 23, 26, 27, 29}，S6 = {2, 10, 11, 12, 24, 25}，S7 = {1}，共 7 个层级，并建立层级结构模型，按上述分解方式，层级结构模型主要分为7层，如图 4-15 所示。

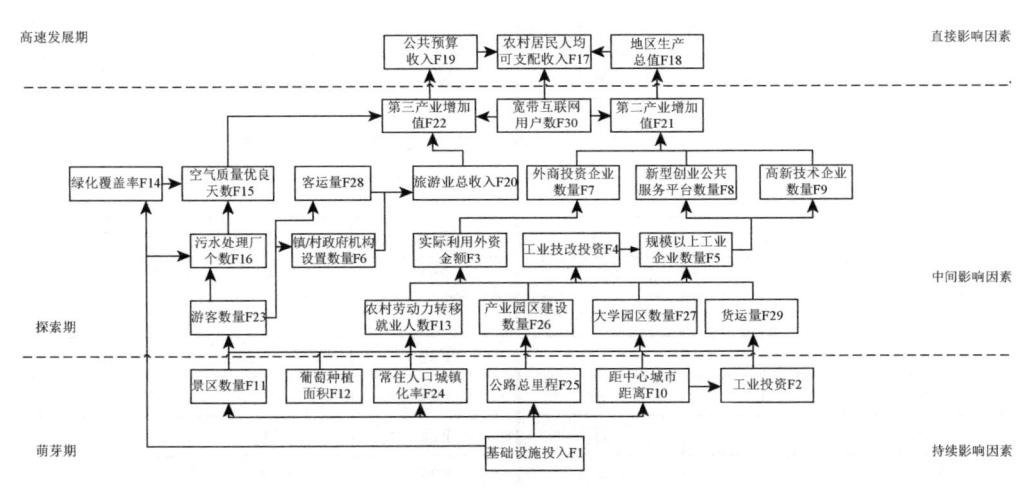

图 4-15 影响因素层级结构图（四）

关键因素结合层级结构模型再结合影响因素的中心度和原因度形成城乡一体融合型村镇的改进 DEMATEL-ISM 综合模型，如图 4-16 所示。

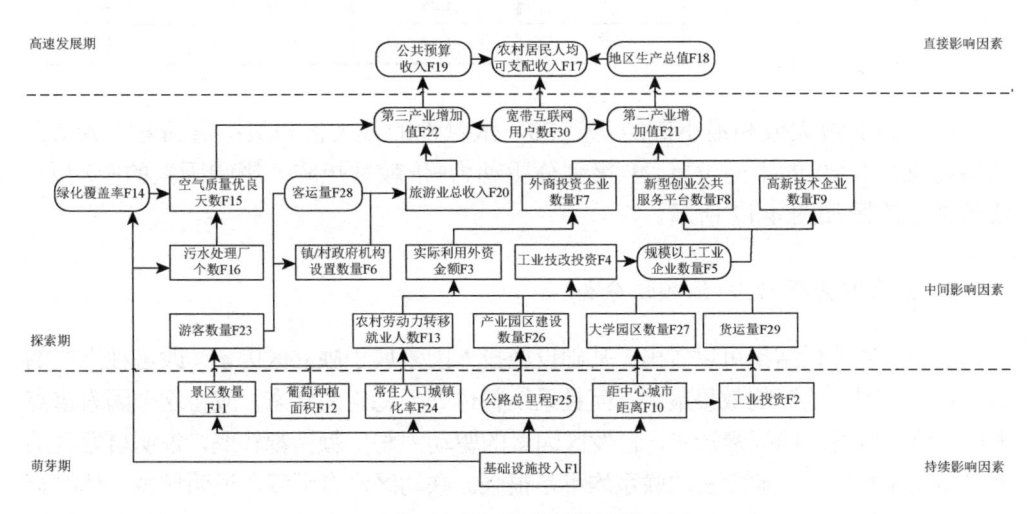

图 4-16 影响因素综合模型图（四）

方框表示原因因素，椭圆表示结果因素

4.4.2 多维因素的影响路径研究

1. 影响因素驱动力-依赖性计算

各个影响因素的驱动力与依赖性大小如表 4-8 所示。

表 4-8 影响因素驱动力-依赖性大小（四）

编号	驱动力	依赖性	编号	驱动力	依赖性
F1	21	1	F16	3	1
F2	12	1	F17	1	3
F3	5	10	F18	1	23
F4	6	11	F19	1	1
F5	6	10	F20	3	8
F6	4	8	F21	2	15
F7	3	10	F22	2	10
F8	3	12	F23	6	5
F9	3	11	F24	11	3
F10	19	4	F25	14	2
F11	7	2	F26	9	4
F12	8	1	F27	9	3
F13	10	2	F28	3	8
F14	3	5	F29	9	4
F15	3	5	F30	3	7

驱动力的最大值和最小值的差值 20，依赖性的最大值和最小值的差值为 22，然后以 22 和 20 的中间位置 21 来划分驱动力-依赖性矩阵，影响因素的驱动力-依赖性矩阵图如图 4-17 所示。

2. 影响因素驱动力-依赖性分析

基于上述分析结果可以看出：基础设施投入因素属于独立区因素。改进独立区的因素对其他因素的影响效果最大，而且系统整体处于稳定的状态，应将这个因素重点考虑。位于自发区的因素较多，自发区因素的驱动力与依赖性都较弱，说明自发区的因素与系统整体、其他因素的联系均不是很强。联动区没有因素，说明城乡一体融合型村镇可持续发展系统中的因素都比较稳定。依赖区有一个因素，为地区生产总值因素，这个因素具有较强的依赖性和较弱的驱动性，容易受其他因素的影响。

第4章 绿色宜居村镇建设动态发展多维因素的影响路径研究

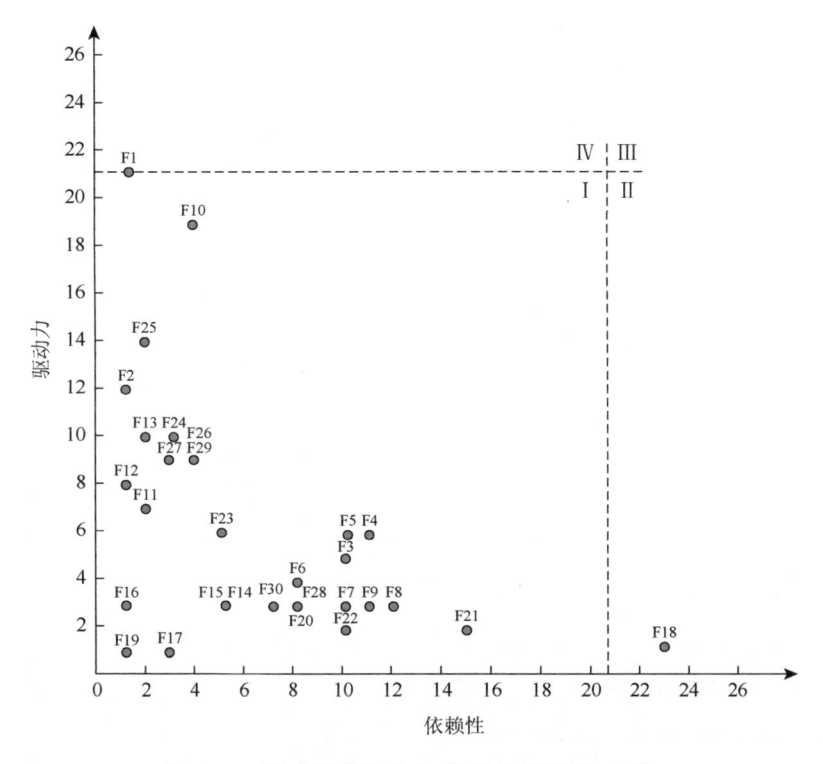

图4-17 影响因素驱动力-依赖性矩阵图（四）

3. 持续影响因素的影响路径分析

根据影响因素层级结构模型以及影响因素驱动力-依赖性矩阵，持续影响因素包括基础设施投入、景区数量、葡萄种植面积、常住人口城镇化率、公路总里程、距中心城市距离、工业投资，且基础设施投入属于独立区因素。因此本节选取基础设施投入因素的影响路径。根据图4-18、图4-19可以看出，基础设施投入因素的影响路径主要有22条，直接或间接地影响直接影响因素，从而影响城乡一体融合型村镇的可持续发展。

根据图4-18，主要有七条路径，具体如下：①基础设施投入→景区数量→游客数量→客运量→旅游业总收入→第三产业增加值→公共预算收入→农村居民人均可支配收入。②基础设施投入→景区数量→游客数量→旅游业总收入→第三产业增加值→公共预算收入→农村居民人均可支配收入。③基础设施投入→景区数量→游客数量→镇/村政府机构设置数量→旅游业总收入→第三产业增加值→公共预算收入→农村居民人均可支配收入。④基础设施投入→距中心城市距离→游客数量→客运量→旅游业总收入→第三产业增加值→公共预算收入→农村居民人均可支配收入。⑤基础设施投入→距中心城市距离→游客数量→旅游业总收入→

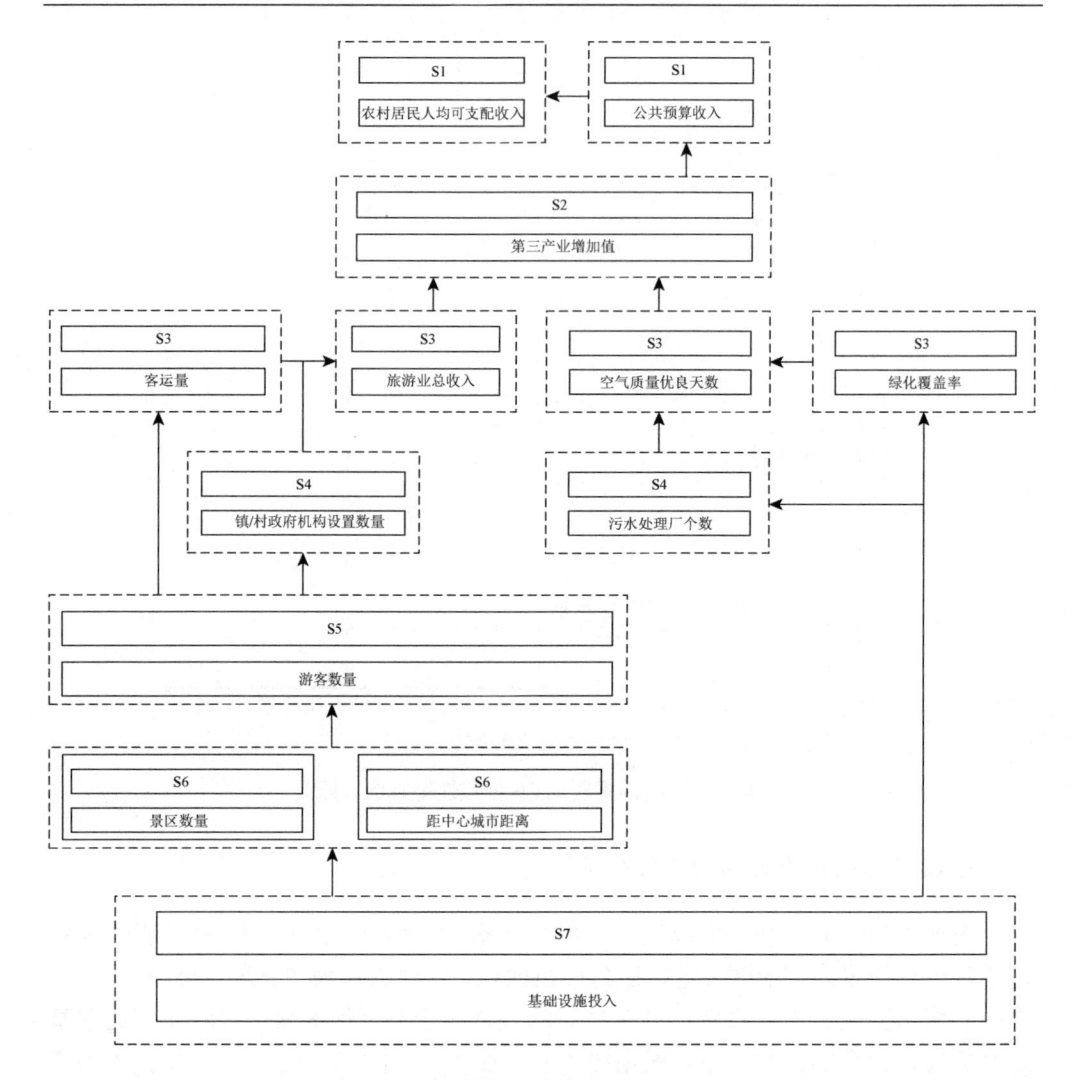

图 4-18　基础设施投入因素影响路径 1～7

第三产业增加值→公共预算收入→农村居民人均可支配收入。⑥基础设施投入→距中心城市距离→游客数量→镇/村政府机构设置数量→旅游业总收入→第三产业增加值→公共预算收入→农村居民人均可支配收入。⑦基础设施投入→绿化覆盖率→空气质量优良天数→第三产业增加值→公共预算收入→农村居民人均可支配收入。这七条路径为引进乡村基础设施投入资金支持,从而影响乡村基础设施以及公共服务设施的建设,进而影响乡村第三产业的发展,从而影响村民收入,最终影响城乡一体融合型村镇的可持续发展。

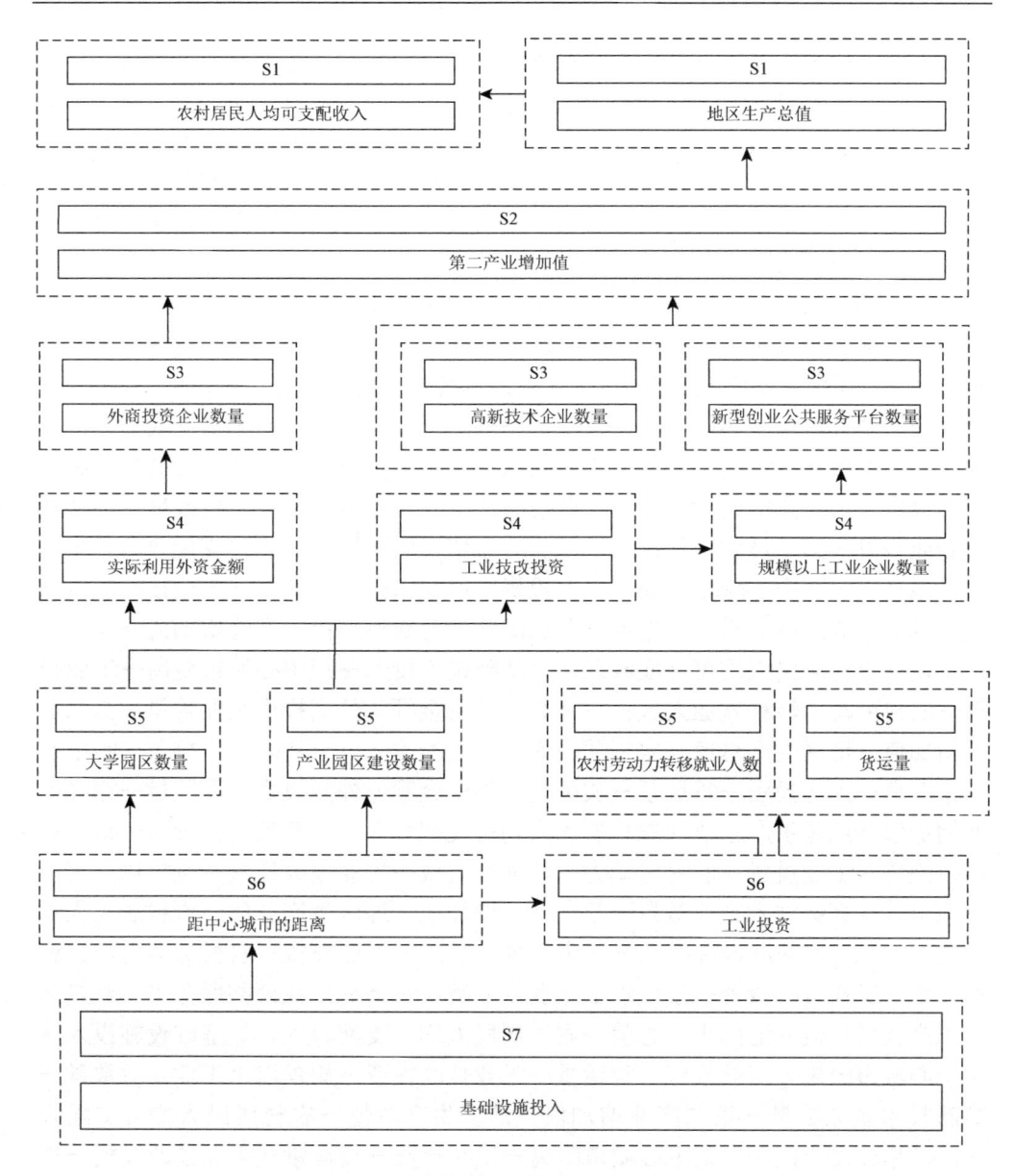

第 4 章　绿色宜居村镇建设动态发展多维因素的影响路径研究

图 4-19　基础设施投入因素影响路径 8~22

接下来十五条路径为：⑧基础设施投入→距中心城市距离→大学园区数量→实际利用外资金额→外商投资企业数量→第二产业增加值→地区生产总值→农村居民人均可支配收入。⑨基础设施投入→距中心城市距离→产业园区建设数量→实际利用外资金额→外商投资企业数量→第二产业增加值→地区生产总值→农村居民人均可支配收入。⑩基础设施投入→距中心城市距离→大学园区数量→工业技改投资→规模以上工业企业数量→高新技术企业数量→第二产业增加值→地区生产总值→农村居民人均可支配收入。⑪基础设施投入→距中心城市距离→大学园区数量→工业技改投资→规模以上工业企业数量→新型创业公共服务平台数量→第二产业增加值→地区生产总值→农村居民人均可支配收入。⑫基础设施投入→距中心城市距离→产业园区建设数量→工业技改投资→规模以上工业企业数量→高新技术企业数量→第二产业增加值→地区生产总值→农村居民人均可支配收入。⑬基础设施投入→距中心城市距离→产业园区建设数量→工业技改投资→规模以上工业企业数量→新型创业公共服务平台数量→第二产业增加值→地区生产总值→农村居民人均可支配收入。⑭基础设施投入→距中心城市距离→工业投资→产业园区建设数量→实际利用外资金额→外商投资企业数量→第二产业增加值→地区生产总值→农村居民人均可支配收入。⑮基础设施投入→距中心城市距离→工业投资→产业园区建设数量→工业技改投资→规模以上工业企业数量→高新技术企业数量→第二产业增加值→地区生产总值→农村居民人均可支配收入。⑯基础设施投入→距中心城市距离→工业投资→产业园区建设数量→工业技改投资→规模以上工业企业数量→新型创业公共服务平台数量→第二产业增加值→地区生产总值→农村居民人均可支配收入。⑰基础设施投入→距中心城市距离→工业投资→农村劳动力转移就业人数→实际利用外资金额→外商投资企业数量→第二产业增加值→地区生产总值→农村居民人均可支配收入。⑱基础设施投入→距中心城市距离→工业投资→货运量→实际利用外资金额→外商投资企业数量→第二产业增加值→地区生产总值→农村居民人均可支配收入。⑲基础设施投入→距中心城市距离→工业投资→农村劳动力转移就业人数→工业技改投资→规模以上工业企业数量→高新技术企业数量→第二产业增加值→地区生产总值→农村居民人均可支配收入。⑳基础设施投入→距中心城市距离→工业投资→农村劳动力转移就业人数→工业技改投资→规模以上工业企业数量→新型创业公共服务平台数量→第二产业增加值→地区生产总值→农村居民人均可支配收入。㉑基础设施投入→距中心城市距离→工业投资→货运量→工业技改投资→规模以上工业企业数量→高新技术企业数量→第二产业增加值→地区生产总值→农村居民人均可支配收入。㉒基础设施投入→距中心城市距离→工业投资→货运量→工业技改投资→规模以上工业企业数量→新型创业公共服务平台数量→第二产业增加值→地区生产总值→农村居民人均可支配收入。加大对村镇工业企业的投资力度，完善村镇产业政策，改善乡村居民从业环境，从而吸引社会资本进入村镇，在自身特色资源的基础上，发展村镇产业，为村民提供就业机会和岗位，从而提高居民的收入，如图4-19所示。

第5章 绿色宜居村镇建设动态发展的系统动力学仿真研究

本章从系统科学视角，以村镇的支撑政策、组织架构、基础要素为根本，分别构建政策子系统、组织子系统和要素子系统。同时，将传统优势产业强化、优势特色产业培育、产业融合发展及新兴产业引导等模式梯次推广，分别形成特色产业主导型、多元发展均衡型、人文生态资源型和城乡一体融合型这四种模式的村镇，将村镇产业发展系统视为动态、开放、协同的综合系统，引导资源、环境、经济、社会、信息等要素循环，根据子系统内的因果反馈关系及子系统间的相互影响关系，基于四种村镇发展模式建立系统仿真拟合模型，通过系统仿真分析绿色宜居村镇建设动态发展机制，为村镇可持续长远发展提供参考。

5.1 村镇建设动态发展的系统动力学仿真模型构建

5.1.1 系统动力学在村镇建设发展中的应用研究

系统动力学是将定性分析与定量分析相结合，研究系统间要素的作用及反馈机制的学科，同时也常用于分析解决大型系统问题。系统动力学认为，所有的系统都由其内部结构决定，同时其内部结构的作用关系又决定了系统的功能机制。根据探究、梳理系统内部要素的反馈机制分析、寻找解决系统问题的方法，而不是以外部环境影响来解释说明系统的行为。

系统动力学方法早期主要应用于仿真分析工业生产和货物数量盘点等领域。目前系统动力学方法应用于村镇建设发展领域的文章主要集中在村镇旅游产业发展、村镇电商金融发展、能源消耗、土地利用变化、农民生计改善、村镇大学生就业及劳动力转移意愿等微观层面。

在村镇旅游产业发展方面，Keat 和 bt Musa 构建旅游动态规划模型，以帮助理解环境、旅游和当地人口之间的动态关系[81]。Zhang 将村镇旅游业分为内部力量和外部动力，从而探究村镇文旅产业发展机制[82]。Randelli 等则从乡村旅游研究的进化论视角，探明旅游业发展的主要原因[83]。村镇建设必然受到当地自然、社会、经济中众多因素及其复杂关系的制约[84]。生活垃圾的产生和排放的收运模式及处理形式难以满足高效发展的需求[85]。解析村镇建设发展的动力机制及其协调关系,应分析村镇建设系统动力及反馈机制,探讨其未来可持续发展问题及路径[86]。

在村镇电商金融发展方面,石夫磊和王传生基于系统动力学建模方法,从系统研究视角确立影响网红电商获利的因素,分析其相互作用机制,进而确定关键变量的因果反馈关系,构建网红电商模式系统动力学模型并进行仿真分析[87]。唐红涛等则从政府、企业、农民三维视角构建村镇电商生态系统模型[88]。在此基础上,郭娜和李华伟通过调整电商固定资产投资水平参数、农业财政补贴等变量的取值发现影响村镇电商与乡村振兴互动发展的主要因素是农业财政补贴力度[89]。

在能源消费方面,胡一鸣等对北京市村镇居住建筑能源消费总量进行预测,发现村镇居住建筑能源消费总量未来将会不断攀升[90]。村镇能源建设与社会、经济、环境等系统密不可分,且村镇能源的消费用途也可分为农业养殖、林业等多个系统[91]。在此基础上,还有学者认为诸如沼气、太阳能等新能源可以大幅降低秸秆、木柴等的使用,对实现村镇环境、经济、生态共同发展具有巨大贡献。

在土地利用变化方面,Johnson 等建立了多功能农业和村镇发展政策模型,认为土地利用是关键的供给方驱动因素[92]。Garedew 等使用 Stella 计算机软件建立埃塞俄比亚中部裂谷土地利用、人口和村镇生计动态模拟模型,发现人口迅速增长,农场规模和家庭收入会下降,若不采取相应的措施改善,土地退化会加剧。通过综合干预战略,木本植被覆盖面积可能会增加,人口增长可能放缓,家庭收入可能会改善[93]。

在村镇大学生就业方面,邓佩佩基于大学生村镇就业意愿的影响因素,将大学生向村镇流动系统分为三大子系统,运用系统动力学模型进行仿真建模,构建"高校—村镇"人才流动系统的系统流图[94]。肖璐等则从毕业生村镇就业行为视角出发,认为政府相关政策激励因子、村镇行政管理水平是影响系统模型的重要因素[95]。

已有文献从不同角度分析了人口、经济、环境等基础指标的发展及系统动力学在村镇建设方面的应用,关于政策、组织、要素的研究方法包括结构方程模型、优劣势分析法、解释结构建模及模糊综合评价等定量分析方法,为本书探究四种不同模式下政策、组织、要素协调发展系统内部指标作用关系及反馈机制,构建村镇协调发展的系统动力学模型提供理论基础。针对村镇产业的特征、发展方式和路径等方面,学界已进行诸多有益探索,为本章研究村镇建设动态发展动力机制提供了借鉴与启示。

但既有研究中少有综合考虑政策、组织、要素对村镇协调发展进行分析研究。同时,应用系统动力学对村镇建设发展的研究中少有根据不同村镇的发展现状、资源禀赋等条件分析村镇协调发展的规律和演变趋势,多依据村镇普遍存在的问题进行分析研究并提出普适性对策建议，对指导不同类型村镇的村镇政策、组织、要素协调发展工作缺乏针对性。

针对以往相关研究中存在的不足，本章基于可持续发展、系统动力学等主要理论，依据不同村镇的现状，构建特色产业主导型、多元发展均衡型、人文生态资源型和城乡一体融合型这四种模式村镇的系统动力学模型，梳理政策、组织、要素三个子系统的因果反馈关系图，最后运用系统动力学分析软件 Vensim PLE 完成系统流量存量图的绘制。运用多元回归分析、灰色预测模型等方法确定主要的模型参数和方程式。在对模型进行可行性和有效性分析的基础上建立村镇协调发展模型并进行自然发展型行为仿真模拟。通过改变关键节点的参数取值，设定不同的发展方案，分别预测四种不同类型村镇在不同调控方案下的发展情况，从而达到如下两个目的：第一，深入剖析村镇建设动态发展系统下各子系统的内在定量关系，并据此对村镇建设动态发展中政策、组织和要素之间的协调发展进行预测，找出可持续发展的最优方案。第二，结合村镇建设动态发展的特点，制订不同发展方案进行仿真预测，为村镇的整体发展提供精准的对策建议。

5.1.2 子系统指标体系选择及因果反馈原则

1. 子系统指标体系选择原则

子系统指标体系设置是基于村镇建设动态发展政策、组织、要素协调发展评价指标体系，同时依据以下原则构造的。

（1）系统性原则：指标体系必须能够反映村镇建设动态发展政策、组织、要素协调发展的各个方面。如人口的死亡率、出生率、迁入率、迁出率、劳动力情况等。

（2）动态性原则：指标体系应可反映村镇建设动态发展系统之间的动态行为及发展趋势。

（3）可操作性原则：考虑到指标的量化及数据采集难度、可靠性，尽量利用现有可查的统计资料和有关政策指标、组织架构、资源要素的规范标准。

（4）区域性原则：指标体系应可反映村镇建设动态发展政策、组织、要素之间关系的特点和阶段性。

2. 子系统因果反馈原则

在村镇政策、组织、要素协调发展模型中，确定子系统之间反馈耦合关系链是建立系统模型的重要一步。本章主要通过以下四项原则建立村镇政策、组织、要素子系统因果关系链：第一，村镇生产总值的增加会带来工业生产总值的增加，进而导致固体废弃物及废水排放量的增加；第二，增加环境污染治理投资额可以通过建设污水处理厂或垃圾处理厂以增加污染处理量；第三，村镇环境污染存量越多，则由污染导致的人口死亡率将越大，进而导致村镇总人口的减少；第四，人口数量的增长将会带来三大产业劳动力的增加，间接导致村镇三大产业生产总值增长。基于以上原则，后文结合不同类型村镇实际情况建立了各子系统因果关系链。

5.1.3 模型子系统分析

本书第 2 章根据"政策-组织-要素"将我国现有村镇发展模式归纳为以下四种：特色产业主导型、多元发展均衡型、人文生态资源型、城乡一体融合型。而村镇发展是多个方面综合作用的结果，其中政策、组织、要素是村镇发展的必备条件，在村镇发展的过程中互相作用、互相耦合。因此，政策、组织、要素是村镇总系统之下的子系统，各子系统内部进行交互协作和元素互换，并且可生成一组定义明确的结果。进行子系统的划分和分析也是对整体模型运行原理的深入剖析，从局部到整体把握系统的结构与运行方式。

1. 政策子系统分析

政策子系统主要研究村镇建设动态发展中顶层设计与实际发展之间的关系，并通过政策与要素以及组织系统的反馈作用，探讨政策在村镇建设动态发展系统中的情况。国家政策对村镇经济发展至关重要，如通过农业政策引导投资流向，加强公共投资，加强基础设施建设；规划村镇产业结构调整方向，引导村镇产业结构升级；引导劳动力的流向，实现农业劳动力的有序转移。综合来说，农业政策的实施影响农业和村镇产出，提升农民的收入和消费最终带动村镇繁荣。我国地域广袤，村镇数量众多且发展情况各异，因此要做到因地制宜，结合当地资源和发展特点，在调动外力扶持村镇经济的同时注重激发村镇内生力。政府政策从要素提供和组织保障等多方面为村镇发展提供了理论支撑。

2. 组织子系统分析

组织子系统主要研究村镇建设动态发展的内部框架体系、合作主体及形式等问题。目前我国农业产业化的组织形式主要包括三种：专业市场+农户的组织模式，龙头企业+农户的组织模式，农业专业协会或合作社+农户的组织模式。合作主体主要包括农户、农民合作社、龙头企业、专业市场等。农户是农产品生产过程中最基本的单元，但要进一步发展就需要将村民联合起来，集中力量发展农业，由此产生农民合作社。农民合作社是农户自发组建的互助性经济组织，由农户自我管理，能够集中各项发展资源。目前，我国合作社规模普遍较小，往往会受到各种因素的限制，因此龙头企业的进入为村镇发展带来了资金支持和技术支撑，对于延长产业链条发挥了重要作用。同时专业市场的存在进一步打开了农民销售产品的渠道，有助于促进农业生产专业化和规模化。

3. 要素子系统分析

要素子系统主要研究系统中资源、环境、经济、社会、信息这五个方面的基础要素在村镇建设动态发展过程中产生的交互作用。

其中，资源要素是指村镇自然资源，村镇的资源要素对村镇今后的发展路径起着重要作用。如土地肥沃、适宜粮食生产的地区可作为承担粮食生产的农业基地；风景优美、旅游资源丰富的地区可进行旅游业的开发；矿产资源富饶的地区可发展相关的能源产业。环境要素指有害污染物的处理和人居环境质量，良好的生态环境与村民的生活质量、健康水平息息相关。经济要素是指产业、基础设施等各方面的投资，经济、设施是影响村镇发展的基础要素。社会要素主要指的是劳动力人口和公共基础设施，两者共同作用构成用于保证村镇社会经济活动正常进行的公共服务系统。信息要素主要包括互联网的普及、在传统的农业生产中引入高新技术以及发展电子商务。以信息技术为核心的第四次产业革命正推动着人民生产和生活方式日新月异，我国的村镇必须要面对并适应这种全新技术革命，这也是追赶时代、保持竞争力的关键举措。

5.2 特色产业主导型村镇建设发展的系统动力学仿真

5.2.1 模型系统结构

以陕西武功县武功镇为例，探讨特色产业主导型村镇建设发展形成过程，预测其未来发展趋势，构建陕西武功县武功镇建设发展的系统动力学模型，模型运行时间为2015~2025年，仿真步长为一年。数据主要来源于《武功年鉴》《武功县国土空间总体规划（2021—2035年）》《咸阳统计年鉴》《中国县域统计年鉴（乡镇卷）》及相关的村镇建设文献、统计公报。

1. 政策子系统

1）政策子系统主要因果关系链
①农业发展专项资金→+特色产业产值→+第一产业产值→+地区生产总值→+财

政支出→+特色产业扶持资金；②农业固定资产投资→+特色产业产值→+第一产业产值→+地区生产总值→+固定资产投资→+农业固定资产投资；③基础设施建设投资→+电商企业→+产业发展→+地区生产总值→+固定资产投资→+基础设施建设投资；④环保支出→+电商企业→+产业发展→+地区生产总值→+财政支出→+环保支出。

在政策子系统的因果关系链中，①、②、③、④均为正反馈回路。①表示在政策指引下，加大农业发展专项资金投入，扶持特色产业发展，从而提高特色产业产值，特色产业产值的提高将会使第一产业产值提高，从而增加地区生产总值，地区生产总值的提升将会促使政府增加财政支出，相应的特色产业扶持资金也会提高。②表示在政策指引下，增加农业固定资产投资，建设农业水利设施等，提高农业现代化水平，进而促进特色产业发展，特色产业发展会增加特色产业产值，从而增加第一产业产值，最终将会使地区生产总值增加。地区生产总值的增加将会使固定资产投资增加，相应的农业固定资产投资也会增加。③表示在政策指引下，加大基础设施建设投资投入，为电商产业发展提供有利条件，吸引电商企业入驻，带动产业发展，从而使得地区生产总值增加，地区生产总值增加会加大固定资产投资投入，进而使基础设施建设投资增加。④表示在政策指引下，加大环保支出的投入比例，为电商产业发展奠定基础，吸引电商企业入驻，带动产业发展，产业发展将会使地区生产总值增加，地区生产总值增加相应地会使财政支出增加，最终将会使环保支出增加。

2）政策子系统结构模型及流量存量图

政策子系统的流量存量图如图 5-1 所示。地区生产总值为政策子系统的水平变量，地区生产总值增加量为政策子系统的速率变量，第一产业产值、特色产业产值、固定资产投资、农业发展专项资金、基础设施建设投资、环保支出等为辅助变量，农业发展专项资金占财政支出比例、基础设施建设投资占固定资产投资比例、环保支出占财政支出比例等为常数。农业发展专项资金占财政支出比例、农业固定资产投资占固定资产投资比例根据统计数据以表函数的形式输入系统中。基础设施建设投资占固定资产投资比例、环保支出占财政支出比例等数据根据《咸阳统计年鉴》《武功年鉴》中的数据取算数平均得到，系统中方程通过统计年鉴历年数据进行多元线性回归得到。

政策子系统中农业发展专项资金、农业固定资产投资、基础设施建设投资、环保支出可以体现出政策作用下村镇特色产业发展态势。在该模型的仿真结果分析中，将通过对比增加各项资金投入来评价哪种方案更能实现协调可持续目的。

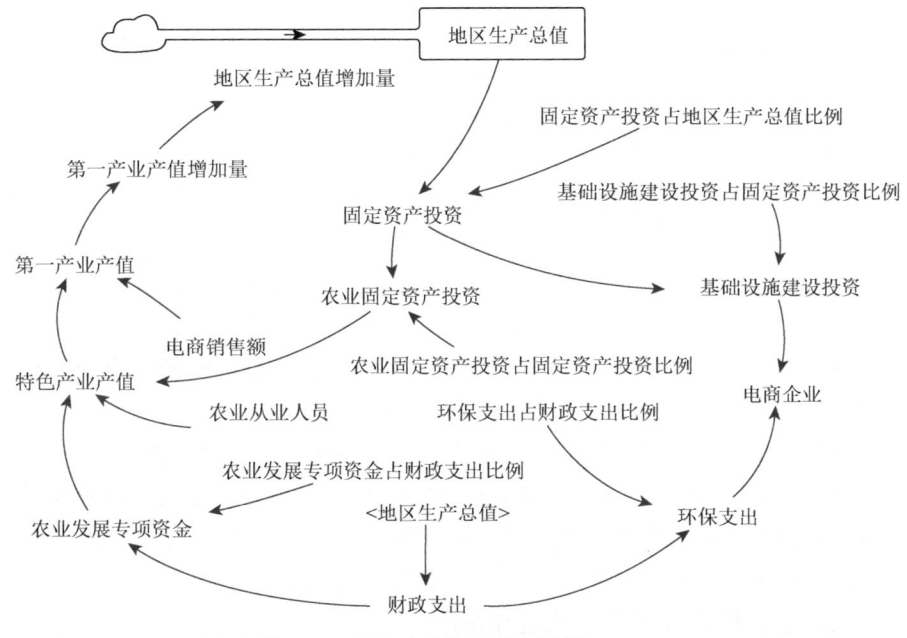

图 5-1 政策子系统流量存量图（一）

3）政策子系统建模主要方程式

A. 水平变量（level）

地区生产总值 = INTEG(地区生产总值增加量, 132 000)。①

B. 速率变量（rate）

第一产业产值 = 0.761×特色产业产值 + 1.834×电商销售额−5056.69。

特色产业增加值 = 4.622×农业固定资产投资 + 15.931×农业发展专项资金−5.565×农业从业人员数 + 147 051。

第一产业产值增加量 = 第一产业产值−DELAY1I(第一产业产值,1,21 973)。②

C. 辅助变量（auxiliary）

农业固定资产投资 = 固定资产投资×农业固定资产投资占固定资产投资比例。

农业发展专项资金 = 财政支出×农业发展专项资金占财政支出比例。

环保支出 = 财政支出×环保支出占财政支出比例。

基础设施建设投资 = 固定资产投资×基础设施建设投资占固定资产投资比例。

D. 常数（constant）

环保支出占财政支出比例 = 0.013 163 9。

基础设施建设投资占固定资产投资比例 = 0.006 08。

---

① INTEG 是 Vensim 软件中的函数，用于计算地区生产总值的积分值。
② DELAY1I 是一阶物质延迟函数，用于描述输入变量和输出变量之间的函数关系。

2. 组织子系统

1）组织子系统主要因果关系链

①电商企业数量→+产业发展→+地区生产总值→+固定资产投资→+基础设施建设投资→+互联网宽带普及率→+电商企业数量；②电商企业数量→+产业发展→+地区生产总值→+财政支出→+环保支出→+城镇化率→+电商企业数量。

在组织子系统的因果关系链中，①、②均为正反馈回路。①表示电商企业的入驻，带动村镇产业发展，提高村镇经济发展水平，地区生产总值提高，相应的固定资产投资增加，固定资产投资的增加会使得基础设施建设投资增加，从而使互联网宽带普及率提高，互联网宽带普及率提高为电商产业发展营造了良好的环境，吸引更多的电商企业入驻。②表示电商企业的入驻，带动村镇产业发展，使地区生产总值提高，地区生产总值的增加将会使得财政支出增加，相应地增加环保支出，环境质量得以改善，将会吸引更多的外来人口，从而提高城镇化率，为电商产业发展提供良好的条件，吸引更多电商企业入驻。

2）组织子系统结构模型及流量存量图

组织子系统的流量存量图如图 5-2 所示。电商企业数量为组织子系统的水平变量，电商企业数量增加量为组织子系统的速率变量，城镇化率、互联网宽带普及率、环保支出、基础设施建设投资、固定资产投资、财政支出、电商销售额等为辅助变量，财政支出占地区生产总值比例根据统计数据设置为表函数，固定资产投资占地区生产总值比例、基础设施建设投资占固定资产投资比例、环保支出占财政支出比例为常数。常数数据来源于《咸阳统计年鉴》《武功年鉴》。系统方程中城镇化率与环保支出和基础设施建设投资等的函数关系是通过统计年鉴中历年数据进行多元线性回归所得。

组织子系统中环保支出和基础设施建设投资可以体现出组织主体带动下村镇产业发展情况。在该模型的分析中，会通过调整环保支出和基础设施建设投资比例来预测武功县的未来发展状况，具体如图 5-2 所示。

3）组织子系统建模主要方程式

A. 水平变量

电商企业数量 = INTEG(电商企业数量增加量，118)。

B. 速率变量

电商企业数量增加量 = 电商企业数量×企业数量变化率。

C. 辅助变量

企业数量变化率 = 0.113×城镇化率+0.004×互联网宽带普及率−3.582。

城镇化率 = 0.003×基础设施建设投资 + 0.043×环保支出 + 18.649。

互联网宽带普及率 = 0.019×基础设施建设投资 + 4.189。

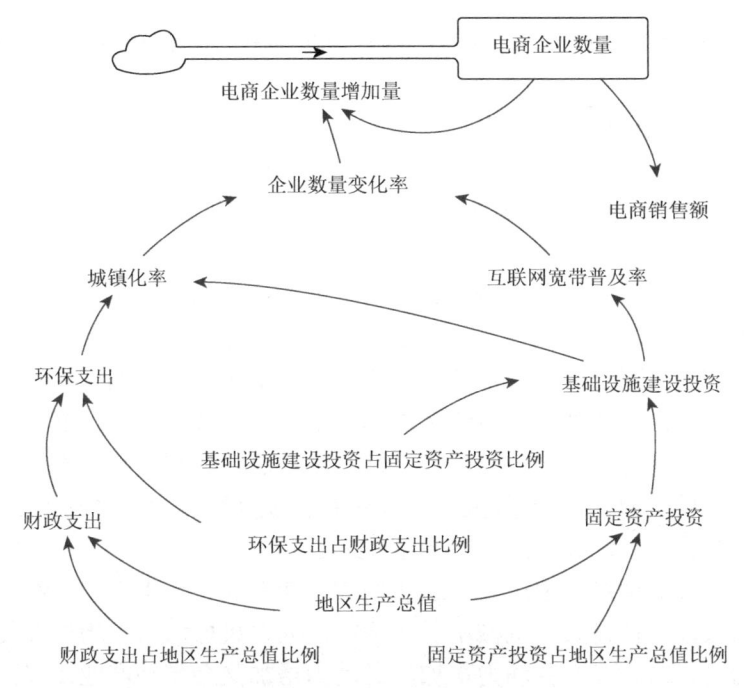

图 5-2　组织子系统流量存量图（一）

电商销售额 = 电商企业数量×37.484 + 143.481。
环保支出 = 财政支出×环保支出占财政支出比例。
基础设施建设投资 = 固定资产投资×基础设施建设投资占固定资产投资比例。
D. 常数
环保支出占财政支出比例 = 0.013 163 9。
基础设施建设投资占固定资产投资比例 = 0.006 08。

3. 要素子系统

1) 要素子系统主要因果关系链

①农业从业人员→+特色产业产值→+第一产业产值→+地区生产总值→+人口机械增长率→+总人口→+农业从业人员；②总人口→+二产劳动力→+第二产业产值→+地区生产总值→+人口机械增长率→+总人口；③总人口→+三产劳动力→+第三产业产值→+地区生产总值→+人口机械增长率→+总人口；④互联网宽带普及率→+电商企业数量→+经济发展水平→+地区生产总值→+固定资产投资→+基础设施建设投资→+互联网宽带普及率；⑤第一产业产值→+地区生产总值→+人口机械增长率→+总人口→+农业从业人员→+第一产业产值；⑥第二产业产值→+地区生产总值→+人口机械增长率→+总人口→+二产劳动力→+第二产业产值；⑦第

三产业产值→+地区生产总值→+人口机械增长率→+总人口→+三产劳动力→+第三产业产值。

在要素子系统的因果关系链中，①、②、③、④、⑤、⑥、⑦均为正反馈回路。①、②、③表示劳动力要素的变化情况。其中，①表示农业从业人员数的增加，使得特色产业产值增加，从而使得第一产业产值和地区生产总值相应地增加；②、③表示总人口与二、三产劳动力的变化情况。总人口增加，会使二、三产劳动力增加，促进二、三产业发展，第二、三产业产值和地区生产总值增加。地区经济水平提升，将会增加人口机械增长率，从而使总人口，农业从业人员数，以及二、三产劳动力增加。④表示信息要素的变化情况。互联网宽带普及率增加，为电商产业发展创造条件，吸引诸多电商企业入驻，调动经济发展，提升经济发展水平，从而使得地区生产总值增加，地区生产总值的增加会使固定资产投资和基础设施建设投资增加，基础设施建设投资将会使互联网宽带普及率进一步提升。⑤、⑥、⑦表示第一、二、三产业产值的变化情况。第一、二、三产业产值增加，会使地区生产总值增加，地区生产总值增加意味着经济水平提升，经济水平提升会吸引外来人口，使得人口机械增长率增加，人口机械增长率增加会使总人口增多，相应的一、二、三产劳动力增加，劳动力增加又会带动产业发展，使各产业产值提升。

2）要素子系统结构模型及流量存量图

要素子系统流量存量图如图 5-3 所示。<Time>是系统动力学模型里的重要变量，是关于时间的函数，为时序数据。地区生产总值为水平变量，地区生产总值增加量为速率变量，第一产业产值、第二产业产值、第三产业产值、互联网宽带普及率等为辅助变量，农业从业人员、二产劳动力占总人口比例、三产劳动力占总人口比例等根据统计数据以时间表函数输入系统中。基础设施建设投资占固定资产投资比例、环保支出占财政支出比例等为常数。常数数据来源于《咸阳统计年鉴》《武功年鉴》。要素子系统中主要涉及信息、资本、劳动力、技术、资金等要素，通过引进这些要素，研究村镇的发展状况。

3）要素子系统建模主要方程式

A. 水平变量

地区生产总值 = INTEG(地区生产总值增加量，132 000)。

B. 速率变量

地区生产总值增加量 = 第一产业产值增加量+第二产业产值增加量+第三产业产值增加量。

C. 辅助变量

第一产业产值增加量 = 第一产业产值–DELAY1I(第一产业产值,1,21 973)。

第二产业产值增加量 = 第二产业产值–DELAY1I(第二产业产值,1,59 418)。

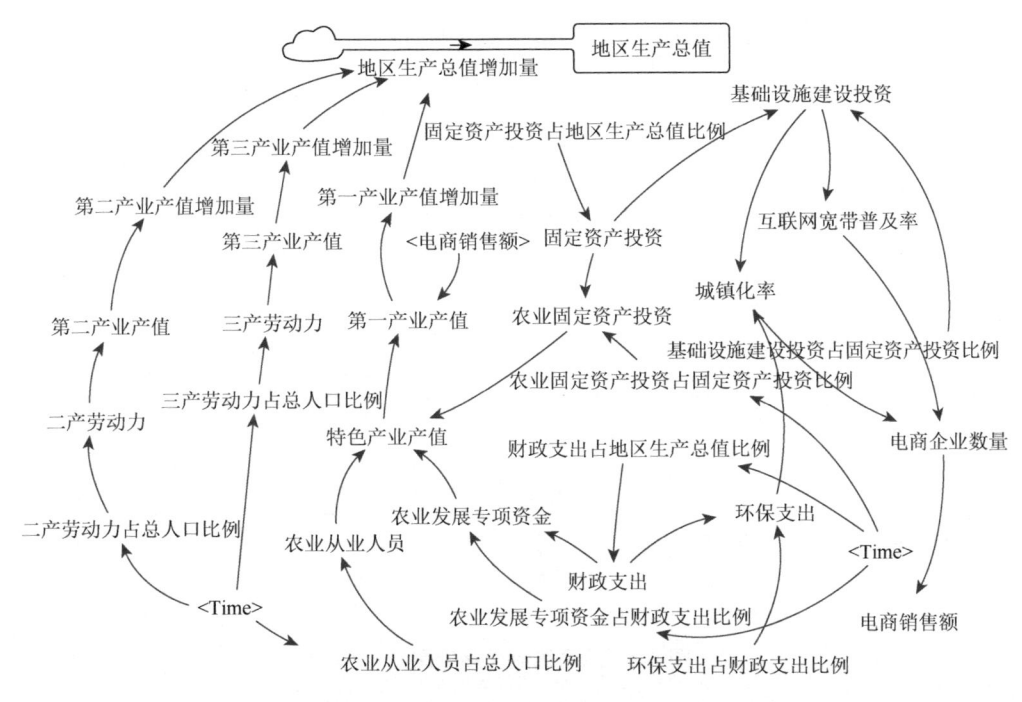

图 5-3 要素子系统流量存量图（一）

第三产业产值增加量 = 第三产业产值–DELAY1I(第三产业产值,1,36 326)。
第一产业产值 = 0.761×特色产业产值+1.834×电商销售额–5056.69。
第二产业产值 = 15.472×二产劳动力 + 25 773.185。
第三产业产值 = 47.556×三产劳动力–64 766.409。
二产劳动力 = 总人口×二产劳动力占总人口比例。
三产劳动力 = 总人口×三产劳动力占总人口比例。
农业从业人员 = 总人口×农业从业人员占总人口比例。
互联网宽带普及率 = 0.019×基础设施建设投资 + 4.189。

D. 常数
环保支出占财政支出比例 = 0.013 163 9。
基础设施建设投资占固定资产投资比例 = 0.006 08。

4. 系统建模总体结构

通过将各子系统流量存量图进行合并，可以得到武功镇政策、组织、要素协调发展系统的总流量存量图，如图 5-4 所示。

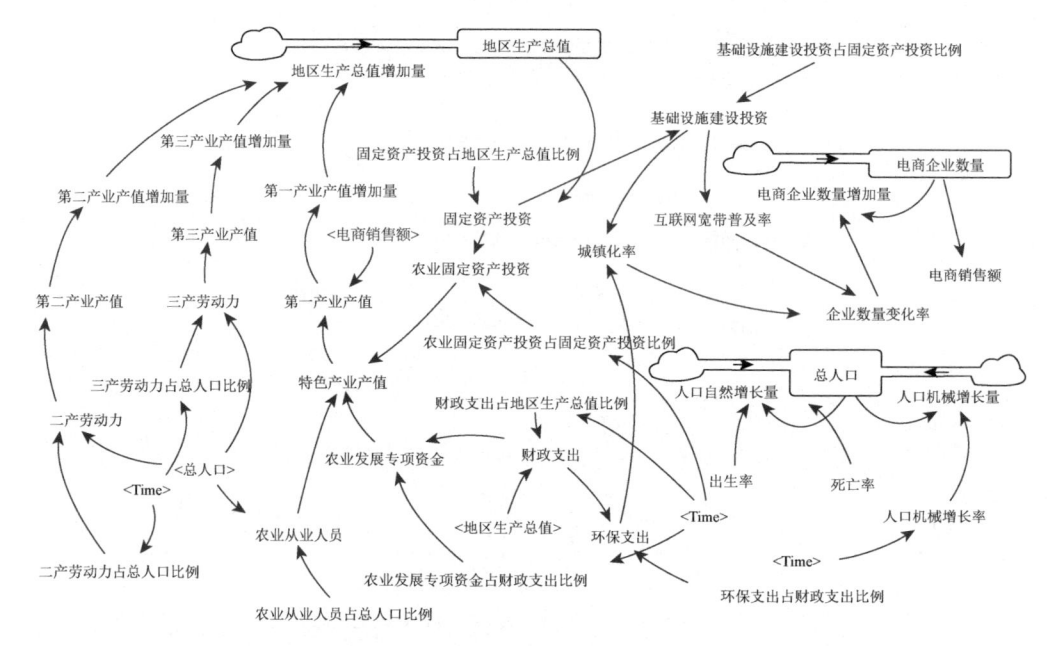

图 5-4　总系统流量存量图（一）

5.2.2　模型政策仿真

1. 系统模型的检验

1）模型的结构检验

模型的结构检验主要是分析各子系统变量设置、各子系统和总系统的因果回路图、流量存量图、方程及参数设置、量纲是否一致等问题。针对以上检验的几个主要方面，本节在对武功县政策、组织、要素协调发展系统建模前，对其政策、组织、要素系统的状况进行全面的分析，各指标作用关系及反馈机制均遵循现实情况来设定，模型贴近实际系统的真实情况，因此认为本模型与武功县政策、组织、要素系统的结构相符合。同时，模型满足量纲一致性的建模要求。因此，经过结构检验认为此模型已通过。

2）模型的历史检验

考虑数据的可获得性，选择起始时间点为 2015 年并运行模型，通过系统基本行为仿真模拟出的仿真结果与真实的历史数据进行误差分析和关联度检验等。选择模型中具有代表性的几组变量进行偏差检验。验证时间从 2015 年至 2019 年，共 5 年。主要变量的历史检验结果如表 5-1 所示。

表 5-1 主要变量历史检验结果表

变量	检验	2015 年	2016 年	2017 年	2018 年	2019 年
总人口	仿真值/人	46 894.0	46 685.3	46 469.7	45 789.4	45 412.6
	历史值/人	46 894.0	46 683.0	46 470.0	45 787.0	45 409.0
	偏差	0.000 0%	0.004 9%	−0.000 6%	0.005 2%	0.007 9%
地区生产总值	仿真值/万元	132 000.0	139 011.0	146 432.0	146 741.0	158 536.0
	历史值/万元	132 000.0	139 000.0	146 426.0	146 750.0	158 546.0
	偏差	0.000 0%	0.007 9%	0.004 1%	−0.006 1%	−0.006 3%
固定资产投资	仿真值/万元	26 000.0	29 002.4	81 003.6	42 997.3	40 997.3
	历史值/万元	26 000.0	29 000.0	81 000.0	43 000.0	41 000.0
	偏差	0.000 0%	0.008 3%	0.004 4%	−0.006 3%	−0.006 6%
第一产业产值	仿真值/元	21 974.90	23 310.10	24 450.30	22 240.30	24 070.40
	历史值/元	21 973.09	23 304.73	24 452.81	22 245.26	24 067.61
	偏差	0.008 2%	0.023 0%	−0.010 3%	−0.022 3%	0.011 6%

如表 5-1 所示,所选的几组变量的仿真值与历史值之间的偏差均不超过±0.1%,模型的仿真结果表明模型仿真情况与武功县实际发展情况相符合。结合建模目的,认为武功县政策、组织、要素协调发展系统指标设置和方程量纲可以体现武功县现实系统的结构和发展,可以反映武功县村镇发展现状,也可以用来预测武功县未来政策、组织、要素发展的趋势。

3）模型的灵敏度分析

通过模型的基本行为仿真发现模型并不会因为参数的微调而发生巨大改变,依然符合现实发展情况,因此武功县系统模型对其模型内的参数取值不具有敏感性。

2. 不同发展方案调控与分析

1）不同发展方案设置

通过对村镇建设实际情况分析,改变关键参数,设计多种单因素调整方案和多因素调整方案来预测武功县的未来发展态势。

A. 单因素调整方案

方案 1：自然发展型中的参数按照武功县现有实际情况设置,主要用来预测现有政策条件下武功县的未来发展态势。

方案 2：调整农业从业人员占总人口比例,将农业从业人员占总人口比例按照历史变化率从 0.267 82 调整至 0.286 40,其余参数不做调整。

方案3：调整农业发展专项资金投入比例，将农业发展专项资金占财政支出比例按照历史变化率从 0.009 04 调整至 0.048 10，其余参数不做调整。

方案4：调整农业固定资产投资占固定资产投资比例，将农业固定资产投资占固定资产投资比例按照历史变化率从 0.048 54 调整至 0.041 19，其余参数不做调整。

方案5：调整环保支出占财政支出比例，使城镇化率提高，将环保支出占财政支出比例按照历史变化率从 0.013 16 调整至 0.033 12，其余参数不做调整。

方案6：调整基础设施建设投资占固定资产投资比例，使互联网宽带普及率提高，将基础设施建设投资占固定资产投资比例按照历史变化率从 0.006 08 调整至 0.006 28，其余参数不做调整。

B. 多因素调整方案

方案7：根据武功县人民政府印发的《武功县西北电商特色小镇项目实施方案》（武政办发〔2022〕11号），武功县将通过西北电商特色小镇建设，充分发挥电子商务产业发展的优势，做大做强电商人才队伍建设，建立电商人才智库；通过西北电商特色小镇，进一步盘活人流、物流，将小镇发展与文旅发展相结合，进一步丰富小镇功能。此外，为了做好环境保护工作，该方案还提出将小镇建设纳入武功县"十四五"生态环境保护规划。由此可以看出，电商产业和电商产业发展过程中的环境保护是武功县未来关注的重点之一。因此，根据历史变化率，调整基础设施建设投资占固定资产投资比例和环保支出占财政支出比例，了解武功县未来发展态势。

方案8：根据武功县人民政府印发的《武功县推动"三个经济"发展2020年行动计划》（武政办发〔2020〕30号），武功县以基础设施建设为抓手，实施"强化枢纽经济"计划。武功县将加强交通建设、强化县城建设、完善旅游基础作为基础设施建设的具体内容。良好的基础设施建设将为村镇产业发展提供物质基础。实施"拓展门户经济"计划，充分发挥杨凌示范区现代农业在全国领先的优势，加快杨凌新技术、新品种在武功县进行技术示范、成果推广，打造特色农产品品牌。从上述计划可以看出，武功县试图通过加强基础设施建设和加大农业发展专项资金投入促进产业发展。因此，根据历史变化率，调整农业发展专项资金占财政支出比例和基础设施建设投资占固定资产投资比例，以预测武功县未来发展态势。

方案9：根据武功县农业农村局制定的《关于印发2020年农业生产社会化服务项目实施方案》（武农函〔2021〕3号），武功县农业农村局对提供农业生产社会化服务的单位给予了农业发展专项资金补助，用于扶持服务单位。根据武功县巩固拓展脱贫攻坚成果同乡村振兴有效衔接领导小组办公室出台的《武功县2022年各级财政衔接推进乡村振兴补助资金安排计划》（武有效衔接办〔2022〕5号）文件，武功县由农业农村局组织实施，对部分村及产业园区实施产业发展配套基础设施项目进行资金投入。由上述内容可以看出，武功县农业农村局旨在通过投入农业发展专项资金和农业固定资产投资来促进农业发展。因此，根据历史变化率，调整农业发展专项资金占财政支出比例和农业固定资产投资占固定资产投资比例，以预测武功县未来发展态势。

方案 10：根据武功县人民政府制定的《武功县稳定经济增长若干政策措施》（武政发〔2022〕7 号），武功县旨在通过产业引领推进乡村振兴，其中产业引领主要涉及特色农业产业，产业引领的主要措施包括建设有机猕猴桃种植示范基地、打造现代农业示范园、发展数字农业等。同时，武功县着力于促进工业高质量发展，通过完善园区配套基础设施，加快工业园区整合，从而进一步提升园区承载能力。此外，武功县还重视环境保护，提出加快实施污水处理和中水利用工程。由此可以看出，武功县在产业发展、环境保护等多方面发力以提高经济发展水平。因此，根据历史变化率，调整农业发展专项资金占财政支出比例、农业固定资产投资占固定资产投资比例、环保支出占财政支出比例以及基础设施建设投资占固定资产投资比例，以预测武功县未来发展态势。

2）不同发展方案结果分析

A. 单因素调整方案结果分析

单因素调整方案地区生产总值仿真结果如图 5-5、表 5-2 所示。

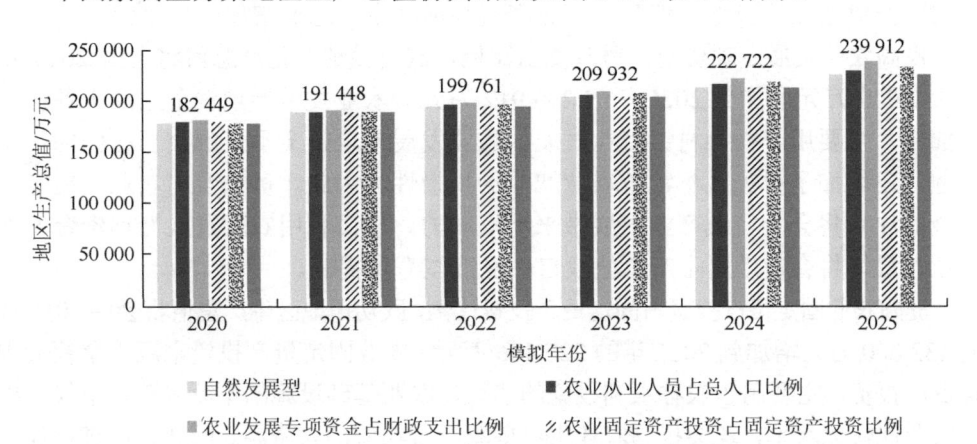

图 5-5 单因素调整方案地区生产总值仿真结果（一）

表 5-2 单因素调整方案地区生产总值仿真结果（一） （单位：万元）

发展方案	2020 年	2021 年	2022 年	2023 年	2024 年	2025 年
方案 1	179 673	189 992	196 723	204 630	214 359	227 176
方案 2	180 352	190 808	197 735	206 511	217 189	231 086
方案 3	182 449	191 448	199 761	209 932	222 722	239 912

续表

发展方案	2020 年	2021 年	2022 年	2023 年	2024 年	2025 年
方案 4	181 503	190 148	196 808	204 757	214 555	227 486
方案 5	179 673	190 127	197 514	208 282	220 740	234 976
方案 6	179 673	189 992	196 724	204 634	214 373	227 218

将所有参数按照武功镇现有实际情况来设置，武功镇地区生产总值将会由 2015 年的 132 000 万元增加到 2025 年的 227 176 万元。自然发展情况下，虽未对参数进行调整，但是武功镇地区生产总值仍实现了大幅提高，这主要是因为现实情况下，武功镇既注重特色农业的发展，又着力于电商产业培育。电商产业一方面会带动特色农业产业发展，另一方面还会带动相关工业和服务业发展。各产业融合发展，最终会使经济水平提高。

调整农业从业人员占总人口比例，武功镇地区生产总值将会由 2015 年的 132 000 万元增加到 2025 年的 231 086 万元。调整农业从业人员占总人口比例，即增加劳动力资源，会使地区生产总值较自然发展型有所提高。劳动力资源的增加，一方面可以盘活现有土地资源，提高土地利用率；另一方面可以依托劳动力资源培养职业农民，提高特色农业产业生产效率，从而使特色农业产值增加，特色农业产值增加相应地会使第一产业产值和地区生产总值增加。

提高农业发展专项资金占财政支出比例，武功镇地区生产总值将会由 2015 年的 132 000 万元增加到 2025 年的 239 912 万元。农业发展专项资金来源于各级财政部门，主要用于扶持村镇产业发展。农业发展专项资金不仅解决了村民的资金问题，还增加了村民从事特色农业产业的积极性。因此，可以看出农业发展专项资金的注入将会为村镇产业发展带来不竭动力。村民利用农业发展专项资金发展产业，最终将会使地区生产总值较自然发展型有所提高。

提高农业固定资产投资占固定资产投资比例，武功镇地区生产总值将会由 2015 年的 132 000 万元增加到 2025 年的 227 486 万元。农业固定资产投资来源于全社会固定资产投资，主要用于农林水利设施的建设，农业基础设施的不断完善，不仅会提高农业现代化水平，还会提高农业生产效率、节约劳动力资源。因此，通过增加农业固定资产投资比例提高生产效率，最终将会使地区生产总值有所提高。

通过调整环保支出占财政支出比例，武功镇地区生产总值将会由 2015 年的 132 000 万元增加到 2025 年的 234 976 万元。环保支出主要用于环境治理，环境治理不仅能够解决早期产业发展带来的环境污染问题，还能够为后期产业发展营造良好的自然环境。武功镇将猕猴桃产业作为特色产业，猕猴桃的种植离不开良好的自然环境。同时，良好的生态环境也会吸引更多外来劳动力。因此，改善生态环境将会提高经济发展水平。

通过调整基础设施建设投资占固定资产投资比例，武功镇地区生产总值将会由 2015 年的 132 000 万元增加到 2025 年的 227 218 万元。基础设施建设投资一部分用于建设生产性基础设施，电商产业是武功镇的优势产业之一，建设电商特色小镇、电商产业园区、电商产业中心等生产性基础设施，将会为产业发展营造良好的环境，促进电商产业发展。此外，基础设施建设投资还会用于建设生活性基础设施，生活性基础设施作为配套设施，将会吸引更多企业和劳动力资源。因此可以说，完善基础设施会促进经济发展。

综合来看，与自然发展情况下相比，调整五个不同参数，地区生产总值均有所增加。调整农业发展专项资金占财政支出比例，地区生产总值增幅最大，可以看出农业发展专项资金对武功镇经济发展具有显著的影响。调整环保支出占财政支出比例，地区生产总值增幅仅次于调整农业发展专项资金占财政支出比例这一方案。调整农业从业人员占总人口比例，到 2025 年地区生产总值略低于调整环保支出占财政支出比例这一方案。调整基础设施建设投资和农业固定资产投资占固定资产投资比例方案下的地区生产总值与调整其他参数对应的方案相比增幅较小，但与自然发展型方案相比，仍有提升。未来，武功镇可以考虑通过加大农业发展专项资金的投入来促进村镇产业发展。

B. 多因素调整方案结果分析

多因素调整方案地区生产总值仿真结果如图 5-6、表 5-3 所示。

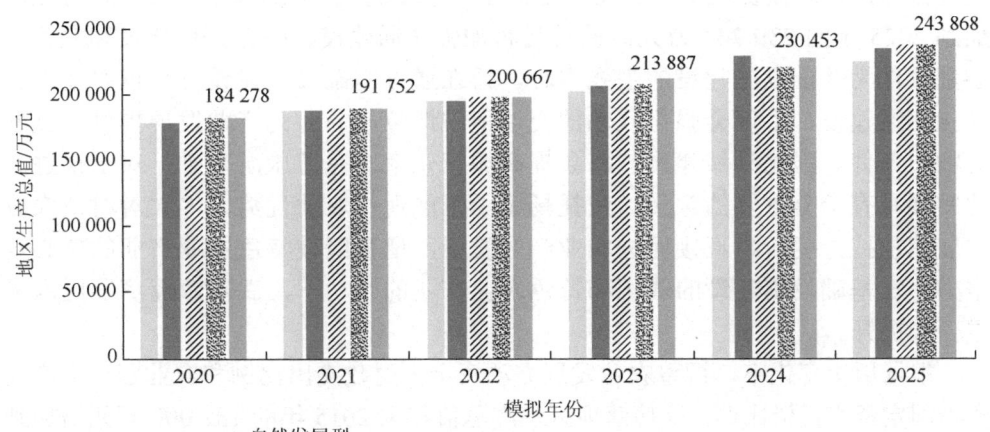

图 5-6 多因素调整方案地区生产总值仿真结果（一）

表 5-3　多因素调整方案地区生产总值仿真结果（一）　　（单位：万元）

发展方案	2020 年	2021 年	2022 年	2023 年	2024 年	2025 年
方案 1	179 673	189 992	196 723	204 630	214 359	227 176
方案 7	197 673	190 127	197 516	208 289	230 782	236 923
方案 8	197 673	191 234	199 719	209 882	222 633	239 741
方案 9	184 278	191 617	199 850	210 064	222 929	240 250
方案 10	184 278	191 752	200 667	213 887	230 453	243 868

按照历史变化率，调整基础设施建设投资占固定资产投资比例和环保支出占财政支出比例，武功镇地区生产总值将由 2015 年的 132 000 万元增加到 2025 年的 236 923 万元。电商特色小镇主要包括农副产品等流通加工基地、交易展示中心、西部数字经济示范园、智慧生活社区和公共服务平台 5 部分。这 5 部分的建设，离不开基础设施建设投资。武功镇依托小镇发展文旅产业，文旅产业的发展离不开良好的生态环境。武功县还将小镇建设纳入武功县"十四五"生态环境保护规划，由此可以看出环境保护对于武功镇产业发展的重要性。通过同时调整基础设施建设投资占固定资产投资比例和环保支出占财政支出比例，武功镇地区生产总值在保护环境的基础上实现了增长。

根据历史变化率，调整农业发展专项资金占财政支出比例和基础设施建设投资占固定资产投资比例，武功镇地区生产总值将由 2015 年的 132 000 万元增加到 2025 年的 239 741 万元。武功县将加强交通建设、强化县城建设和完善旅游基础作为基础设施建设的主要内容，旨在通过基础设施建设强化枢纽经济。加强交通建设，不仅会强化武功的交通枢纽地位，同时为产业发展提供了良好的物质条件。强化县城建设，将会提高城镇化率。完善旅游基础，对于推进产业发展具有十分重要的意义。依托杨凌示范区现代农业优势，加大对村镇农业发展的扶持力度，将直接促进农业产业发展，增强区域特色农业产业的核心竞争力。在基础设施建设的催化和特色农业产业的带动下，武功镇经济发展水平进一步提升。

根据历史变化率，调整农业发展专项资金占财政支出比例和农业固定资产投资占固定资产投资比例，武功镇地区生产总值将由 2015 年的 132 000 万元增加到 2025 年的 240 250 万元。对于农业生产社会化服务单位给予资金扶持，不仅能够节约成本、提高生产效率，还将提高农业机械化水平和农业现代化水平。此外，对农业生产社会化服务单位给予资金扶持还会调动其他单位的积极性，形成单位之间的竞争，竞争将会使农业生产社会化服务水平进一步提高。逐步改善水、电、路、网等农业生产配套设施，将为农业发展提供物质基础。在完善的配套基础设施基础上，加以农业发展专项资金扶持，农业产业将会进一步发展，产业的发展最终将会使地区经济水平提高。

根据历史变化率，调整农业发展专项资金占财政支出比例、农业固定资产投资占固定资产投资比例、环保支出占财政支出比例以及基础设施建设投资占固定资产投资比例，武功镇地区生产总值将由 2015 年的 132 000 万元增加到 2025 年的 243 868 万元。农业发展专项资金主要用于扶持特色农业发展，增加农业发展专项资金投入，将为特色农业发展带来不竭的发展动力。增加农业固定资产投资，配套农业产业设施将不断完善，从而为特色农业发展提供物质基础。环保支出主要用于环境治理，良好的生态不仅能够为特色产业发展提供良好的自然资源，还能够提高城镇化率。基础设施建设投资的注入，使生产性基础设施和生活性基础设施都得以完善。生产性基础设施的完善将为产业深度融合发展提供有力支撑，生活性基础设施不仅可以吸引诸多劳动力资源，还可以提高城镇化水平。在这种情况下，武功镇实现了经济、社会、环境协调发展。

综合来看，根据武功镇现有政策将不同参数组合调整并进行仿真模拟，所得到的地区生产总值与自然发展型相比均有所提高。其中，在调整农业发展专项资金、环保支出占财政支出比例和农业固定资产投资、基础设施建设投资占固定资产投资比例这一方案下，到 2025 年地区生产总值增幅最大。在该方案下，武功县实现了经济、环境、社会协调发展，是多因素调整方案下的最优方案。在调整农业发展专项资金占财政支出比例和农业固定资产投资占固定资产投资比例这一方案下，到 2025 年武功镇地区生产总值仅次于最优方案。在调整农业发展专项资金占财政支出比例和基础设施建设投资占固定资产投资比例这一方案下，到 2025 年武功镇地区生产总值也相对较高。在调整基础设施建设投资占固定资产投资比例和环保支出占财政支出比例方案下，地区生产总值与其他方案相比较低，但高于自然发展型，说明该方案对于武功镇未来发展具有促进作用。

5.2.3 结果分析

通过对武功镇政策、组织、要素协调发展系统动力学模型进行结构检验、历史检验和灵敏度分析，确保模型可以真实反映武功镇政策、组织、要素的实际发展情况，并通过改变模型中关键参数取值设定多种单因素调整与多因素调整方案。结果发现：在单因素调整方案下，调整农业发展专项资金占财政支出比例，武功镇地区生产总值增幅最大，经济发展水平较高。由此说明，农业发展专项资金的投入份额对武功县村镇产业发展影响较大。未来武功镇可以考虑从加大农业发展专项资金投入比例方面着手，全面促进特色农业产业发展，从而实现经济发展。在多因素调整方案下，调整农业发展专项资金、环保支出占财政支出比例和农业固定资产投资、基础设施建设投资占固定资产投资比例，武功镇地区生产总值增幅最大，经济发展水平与自然发展型相比大幅提高。由此可以说明，该方案是适宜武功镇未来发展的方案。在该方案下，武功县实现了经济、社会、环境协调发展。

5.3 多元发展均衡型村镇建设发展的系统动力学仿真

5.3.1 模型系统结构

以浙江宁海县西店镇为例，探讨多元发展均衡型村镇建设发展形成过程，探索该类型村镇未来发展最优方案，构建浙江宁海县西店镇建设发展的系统动力学模型，运行时间为2015～2025年，仿真步长为一年。数据主要来源于《中国县域统计年鉴（乡镇卷）》《宁波统计年鉴》及宁海县西店镇政府网站相关政府工作报告。

1. 政策子系统

1）政策子系统主要因果关系链

①地区生产总值→+人均生产总值→+农村家庭人均可支配收入→+村镇发展质量→+外来务工人数→+新增劳动力→+三次产业净增量→+新增地区生产总值→+地区生产总值；②地区生产总值→+公共预算收入→+固定资产投资→+工业投资→+第二产业增加值→+三次产业净增量→+新增地区生产总值→+地区生产总值；③地区生产总值→+公共预算收入→+固定资产投资→+基础设施投资→+村镇发展质量→+外来务工人数→+新增劳动力→+三次产业净增加量→+新增地区生产总值→+地区生产总值；④地区生产总值→+公共预算收入→+固定资产投资→+公共服务投资→+村镇发展质量→+外来务工人数→+新增劳动力→+三次产业净增加量→+新增地区生产总值→+地区生产总值。

在政策子系统的因果关系链中，①、②、③、④均为正反馈回路。其中，①说明地区生产总值的增加带动人均生产总值，提升村镇家庭可支配收入水平，从而吸引更多外来人口务工，提升地区生产总值。②反映村镇地区生产总值的增加会带动公共预算收入同方向变动，提升固定资产投资额，为工业投资提供资金，提升工业产能，最终带动地区生产总值总体增长。③表示村镇地区生产总值会带动政府公共预算收入的增长，为当地固定资产投资提供资金，从而加大基础设施的建设资金，提升当地的生产水平和人居环境，从而带动当地发展水平。生产水平与人居环境的提升相应地吸引人才和劳动力等外来人口的迁入，从而对地区生产总值增长起到正向作用。④表明地区生产总值的增加通过带动公共预算收入提高固定资产投资额，通过加大公共服务投资提升村镇发展质量，进而提升村镇经济水平。

2）政策子系统结构模型及流量存量图

政策子系统流量存量图如图 5-7 所示。地区生产总值为政策子系统的水平变量，新增地区生产总值为政策子系统的速率变量。公共预算收入、工业投资、基础设施投资、公共服务投资、工业投资占比、基础设施投资占比、公共服务投资占比、固定资产投资、村镇发展质量、外来务工人数、新增劳动力、三次产业净增量、人均生产总值为政策子系统的辅助变量。

3）政策子系统建模主要方程式

A. 水平变量

地区生产总值 = INTEG(新增地区生产总值,410 000)。

B. 速率变量

新增地区生产总值 = 三次产业净增量 = 一产新增值+二产新增值+三产新增值。

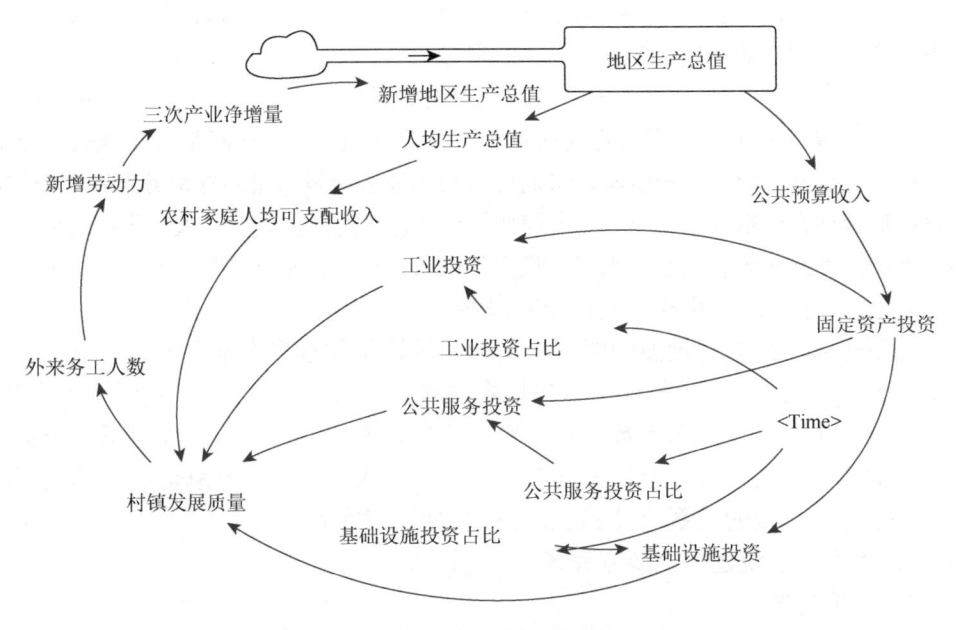

图 5-7 政策子系统流量存量图（二）

C. 辅助变量

三次产业净增量 = 第一产业增加值−DELAY1(第一产业增加值,1)+第二产业增加值−DELAY1(第二产业增加值,1)+第三产业增加值−DELAY1(第三产业增加值,1)。

基础设施投资 = 固定资产投资×基础设施投资占比。

公共服务投资 = 固定资产投资×公共服务投资占比。

工业投资 = 固定资产投资×工业投资占比。

基础设施投资占比 = WITH LOOKUP(Time,([(0,0)-(10,10)],(2015,0.3345),

(2016,0.3798),(2017,0.468),(2018,0.5),(2019,0.4),(2025,0.65)))。[①]

公共服务投资占比 = WITH LOOKUP(Time,([(0,0)-(10,10)],(2015,0.0281),(2016,0.0274),(2017,0.0269),(2018,0.046),(2019,0.04,(2025,0.92)))。

工业投资占比 = WITH LOOKUP(Time,([(0,0)-(10,10)],(2015,0.2913),(2016,0.274),(2017,0.227),(2018,0.1613),(2019,0.1774),(2025,0.31)))。

农村家庭人均可支配收入 = 0.239×人均生产总值 + 0.372。

2. 组织子系统

1) 组织子系统主要因果关系链

①劳动力数量→+地区生产总值→+公共预算收入→+固定资产投资→+村镇发展质量→+外来务工人数→+劳动力增加值→+劳动力数量；②劳动力数量→+地区生产总值→+人均生产总值→+农村家庭人均可支配收入→+村镇发展质量→+外来务工人数→+劳动力增加值→+劳动力数量。

在要素子系统的因果关系链中，所有因果关系链均为正反馈回路。其中，①表明劳动力数量的增加能够有效带动村镇地区生产总值提升，从而带动当地公共预算收入增加，提升固定资产投资额，进而提升村镇发展质量来带动外来务工人数增加，最终增加劳动力数量；②表明劳动力增加促进地区生产总值提升，人均生产总值也会随之增加，提升村镇居民收入水平，吸引外来人口迁入，从而增加当地劳动力数量。

2) 组织子系统结构模型及流量存量图

组织子系统流量存量图如图 5-8 所示，该模型的水平变量为劳动力数量，速率变量为劳动力增加值，辅助变量包括农村家庭人均可支配收入、互联网入户数、村镇发展质量、外来务工人数、地区生产总值、人均生产总值、固定资产投资、工业企业数；系统方程如农村家庭人均可支配收入与人均生产总值、村镇发展质量与外来务工人数的关系通过 SPSS 进行线性回归得到。

3) 组织子系统建模主要方程式

A. 水平变量

劳动力数量 = INTEG(劳动力增加值, 3.54)。

B. 速率变量

劳动力增加值 = 外来务工人数。

C. 辅助变量

互联网入户数 = WITH LOOKUP(Time,([(0,0)-(10,10)],(2015,13 165),(2016,15 604),(2017,18 051),(2018,20 345),(2019,19 085),(2025,35 698)))。

[①] WITH LOOKUP 是表函数，用于定义自变量和因变量之间的函数关系，本公式用表函数定义不同年份投资占比取值。

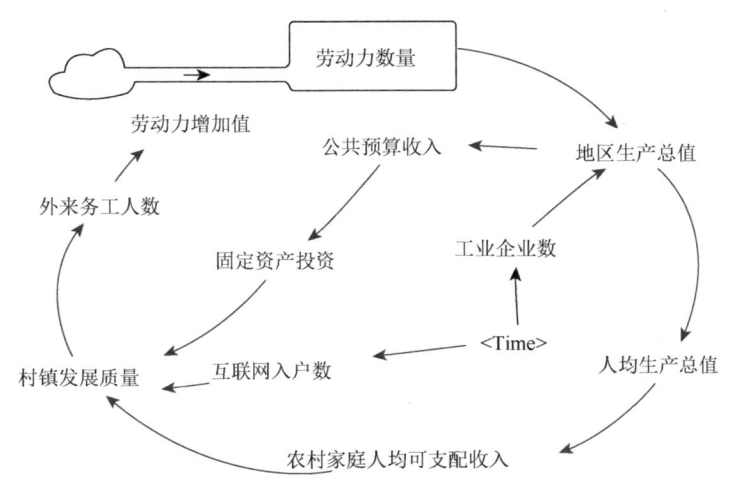

图 5-8　组织子系统流量存量图（二）

固定资产投资 = 3.328×公共预算收入–7430.25。

工业企业数 = WITH LOOKUP(Time,([(0,0)-(10,10)],(2015,90),(2016,94),(2017,93),(2018,107),(2019,122),(2020,180)))。

3. 要素子系统

1）要素子系统主要因果关系链

①村镇发展质量→+外来务工人数→+劳动力数量→+二产劳动力→+第二产业产值→+二、三产业产值占比→+村镇发展质量；②村镇发展质量→+外来务工人数→+劳动力数量→+三产劳动力→+第三产业产值→+二、三产业产值占比→+村镇发展质量。

在要素子系统的因果关系链中，所有因果关系链均为正反馈回路。其中，①表明村镇发展质量提高代表着当地生产水平和人居环境发展到一定水平，会吸引外来人员流入村镇就业，为村镇提供更多的劳动力和人才，使当地产业结构不断优化，通过增加第二产业产值优化当地的非农产业结构，从而进一步提升村镇发展质量；②表明通过村镇发展质量的提升吸引外来人口流入，为第三产业提供更多的劳动力和人才，最终提升村镇发展质量。

2）要素子系统结构模型及流量存量图

要素子系统流量存量图如图 5-9 所示，其中总人口为要素子系统的水平变量，人口自然增长量、人口机械增长量为系统的速率变量，出生率、死亡率、人口机械增长率、外来务工人数、一产劳动力、二产劳动力、三产劳动力、第一产业增加值、第二产业增加值、第三产业增加值、地区生产总值、劳动力数量、村镇发展质量以及二、三产业产值占比为该模型的辅助变量。

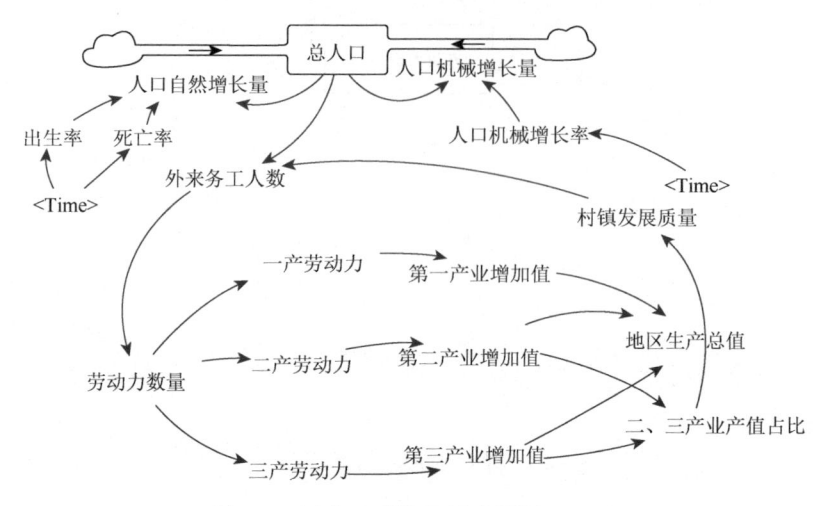

图 5-9　要素子系统流量存量图（二）

3）要素子系统建模主要方程式

A. 水平变量

总人口 = INTEG(人口自然增长量+人口机械增长量,总人口初值)。

B. 速率变量

人口自然增长量 = 总人口×人口自然增长率。

人口机械增长量 = 总人口×人口机械增长率。

C. 辅助变量

二、三产业产值占比 = (第二产业增加值+第三产业增加值)/地区生产总值。

外来务工人数 = 0.026×村镇发展质量 + 1.115×总人口−1.878。

第一产业增加值 = −128 692×一产劳动力 + 118 074。

第二产业增加值 = 0.286×工业投资 + 3846.82×工业企业数 + 227 159×二产劳动力−496 651。

第三产业增加值 = 2 421 810×三产劳动力−3 042 900。

村镇发展质量 = 0.18ln(互联网入户数) + 0.15×二、三产业产值占比 + 0.25ln (基础设施投资) + 0.3ln(公共服务投资) + 0.12ln(农村家庭人均可支配收入)。

一产劳动力 = −0.699×劳动力数量 + 3.065。

二产劳动力 = 3.024×劳动力数量−9.07。

三产劳动力 = 0.62×劳动力数量−0.871。

4. 系统建模总体结构

通过将各子系统的流量存量图进行合并，可以得到宁海县西店镇政策、组织、要素协调发展系统的总流量存量图，详见图 5-10。

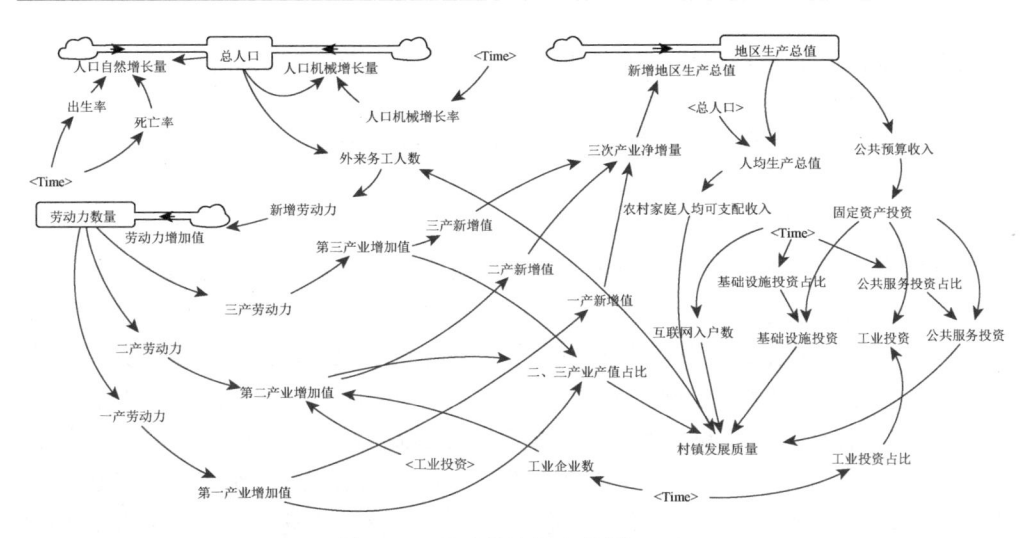

图 5-10　总系统流量存量图（二）

5.3.2　模型政策仿真

1. 系统模型的检验

系统模型的检验方法与特色产业主导型村镇模型检验方法相同，且本模型均已通过结构性检验、历史检验和灵敏度分析。

2. 不同发展方案调控与分析

1）不同发展方案设置

A. 单因素调整方案

通过对村镇建设实际情况分析，改变多元发展均衡型村镇原因因素中的关键因素，以进行单因素模拟仿真，观察地区生产总值的变化情况，具体参数调控如下。

方案 1：不做任何调整，按照西店镇原来的情况继续发展，预测未来生产总值的发展状况。

方案 2：在模型中基础设施投资是固定资产投资的一部分，不可直接调整，因此通过调整基础设施投资占比来间接调整基础设施投资额，将基础设施投资占比按照历史变化率由 0.4 调整至 0.73。

方案 3：公共服务投资包含教育、医疗、文化等，通过改变公共服务投资占比间接调整，将公共服务投资占比按照历史变化率由 0.0398 调整至 0.092。

方案 4：将互联网入户数按照历史变化率由 19 085 调整至 35 698。

方案 5：工业投资来源于固定资产投资中的一部分，在模型中不可直接改变，因此通过设置工业投资占比来调整工业投资，将工业投资占比按照历史变化率由 0.1774 调整至 0.31。

方案 6：将工业企业数（规模以上）按照历史变化率由 122 调整到 194。

B. 多因素调整方案

方案 7：同时调整工业企业数与工业投资占比。

根据宁海县发展和改革局颁布的《宁海县国民经济和社会发展第十四个五年规划和二〇三五年远景目标纲要》中所确立的"实业立县"指导思想，提出要大力发展工业和服务业，提升产业发展水平，同时也要注重产业体系的多元性和完备性。在工业发展体系中，企业是市场的主体，发展工业集群的主力军也是企业。因此宁海县重视培育、引进优秀企业，做优做强头部企业，规划中提出将围绕"365"工业产业体系，打造"215"工业企业梯队，强化头部引领，充分发挥头部企业对重点产业链的引领带动作用，推动产业链上下游企业协同发展。在《西店镇 2019 年总结和 2020 年计划》中同样明确鼓励培育高新技术企业和省市县级科技企业；发挥工业企业绩效综合评价，做好高污染、高能耗、高危险、低产出企业的淘汰工作。除了壮大工业企业外，宁海县西店镇一直以来也重视加大工业投资，促进产业发展，要求加大对工业重点项目的投资，助力工业产业提升。宁海县经济和信息化局近年来提出全面贯彻落实省、市的重点决策部署，抓好工业投资、数字经济、工业治理、企业培育等重点任务。基于以上发展政策，在模型中按照历史变化率同时对西店镇工业企业数和工业投资占比进行调整，各因素调整数值与单因素相同，预测工业投资与工业企业数双因素调整下，未来西店镇地区生产总值的变化情况。

方案 8：同时调整基础设施投资占比和公共服务投资占比。

根据宁海县发改局颁布的《宁海县国民经济和社会发展第十四个五年规划和二〇三五年远景目标纲要》中对未来宁海县基础设施和公共服务发展进行的规划与展望，提出目前城市交通网络、建设品质、核心功能亟待提升，医疗、养老、教育、托幼等民生领域还存在不少短板。未来仍将坚持缩小城乡发展水平，扩大村镇基础设施建设，健全优质均衡的公共服务体系。其中提升基础设施支撑能力包括发展公共交通、提升供排水保障能力、综合发展新能源；公共服务则注重补齐就业、医疗教育等短板，提升地区发展质量和人居环境，同时把提升公共服务共享水平作为现代化建设的重要内容，增进全县人民在共建共享发展中的获得感、幸福感和安全感。同样地，《西店镇 2018 年总结和 2019 年计划》指出未来将持续改善基础设施条件，不断完善城市功能，进一步改善人居环境和群众生活品质。基于政策导向，强化教育、医疗、社保等公共服务体系。基于宁海县西店镇政策导向在模型中按照历史变化率同时调整西店镇基础设施和公共服务投资占比，具体数值与单因素调整相同，从而预测双因素调整下未来地区生产总值的变动情况。

方案 9：同时调整基础设施投资占比和互联网入户数。

近年来，宁海县重视通信基础设施的建设，着力构建新型智慧城市，成立工作领导小组，努力促进信息经济和智慧城市的建设与发展。根据宁海县经济和信息化局 2019 年 6 月印发的《宁海县移动通信 5G 基站（城区）布点专项规划（2019—2023 年）》针对 5G 基站建设过程中存在的困难、问题开展点对点协调推进，目前已实现主城区及工业区等重点区域 5G 信号连续覆盖；拓宽区域网络接入能力，进一步拓宽城市出口带宽，光网接入能力超 50 万户，千兆网络逐步接入各新建住宅小区。在美丽乡村建设中，重视数字基础设施的投入、5G 建设和宽带扩容，综合提升网络容量和多业务承载能力。基于宁海县拓展宽带容量和加快通信基础设施建设的政策，按照历史变化率同时调整西店镇互联网入户数和基础设施投资占比，具体数值与单因素调整相同，从而预测双因素调整下地区生产总值的变动情况。

2) 不同发展方案结果分析

A. 单因素调整方案结果分析

单因素调整方案地区生产总值仿真结果如图 5-11、表 5-4 所示。

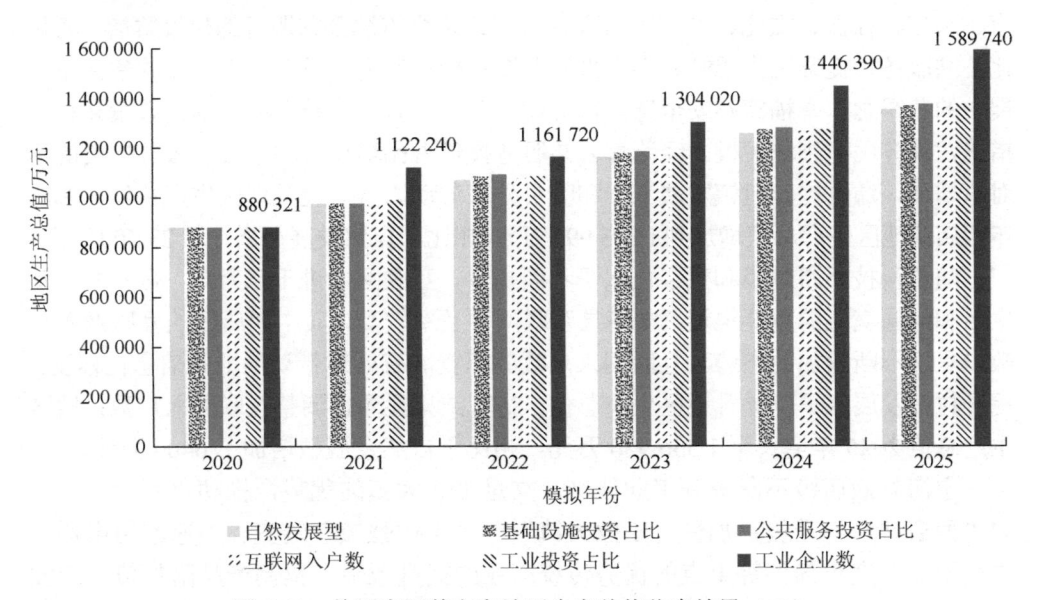

图 5-11 单因素调整方案地区生产总值仿真结果（二）

表 5-4 单因素调整方案地区生产总值仿真结果（二）　　　（单位：万元）

发展方案	2020 年	2021 年	2022 年	2023 年	2024 年	2025 年
方案 1	880 321	976 082	1 068 840	1 161 990	1 255 620	1 350 490
方案 2	880 321	976 082	1 083 100	1 176 410	1 270 740	1 365 580

续表

发展方案	2020 年	2021 年	2022 年	2023 年	2024 年	2025 年
方案 3	880 321	976 082	1 091 040	1 184 450	1 279 170	1 373 990
方案 4	880 321	976 082	1 074 940	1 168 160	1 262 090	1 356 950
方案 5	880 321	990 070	1 084 580	1 179 860	1 274 910	1 371 210
方案 6	880 321	1 122 240	1 161 720	1 304 020	1 446 390	1 589 740

基础设施是历年来地区建设的重点项目，更与地区经济和社会进步息息相关。西店镇一直致力于投入人力、物力和财力于城乡道路、文化产业、工业园区等方面的基础设施建设。增加基础设施投资占比下的仿真结果显示，经过调整基础设施投资占比，基础设施投资额随之增加，提升村镇发展水平，吸引外来务工人员，提高劳动力数量，对地区生产总值产生正向影响。2025 年地区生产总值为 1 365 580 万元，相比于自然发展型，调整基础设施投资占比的地区生产总值提升了 15 090 万元。近年来随着信息化水平的不断提高，宁海县不断引进通信基础设施建设等新兴项目，未来基础设施建设所带来的成效将不断显现，对地区发展发挥重要作用。

公共服务直接关系人们生活水平，决定了人们的幸福感和归属感，主要包含教育、医疗、社保、文化、养老等内容。西店镇始终重视公共服务的建设质量，将优化公共服务、提升民生福祉定为未来的发展目标，努力增进全县人民在共建共享发展中的获得感、幸福感和安全感。在就业、医疗、教育、社保方面制定政策和相关措施，补齐民生领域短板。经测算公共服务投资占比增加带动了公共服务投资的绝对值增加，通过提升村镇发展水平和吸引外来劳动力务工提升地区生产总值。2025 年西店镇地区生产总值增加到 1 373 990 万元，相比于自然发展型增加了 23 500 万元。

随着科技不断进步和数字化水平不断提升，互联网走进千家万户，是人们日常生活和沟通交流的重要渠道。宁海县互联网普及率较高，其中西店镇的互联网入户数也呈现不断增加的态势。互联网入户数的拓宽能有效地带动当地的信息化程度，提升村镇发展水平以提升地区生产总值。仿真结果显示，调整互联网入户数，地区生产总值 2025 年增长至 1 356 950 万元，相比于自然发展型增加了 6460 万元。

宁海县西店镇不断提升工业能级，立足工业大镇的优势，推动"西店制造"向"西店智造"升级，加快"工业大镇"向"工业强镇"转变。加速家用电器、文教用品、汽车部件等重点的优势传统产业的提升改造，提高产品附加值、企业创新力和产业竞争力。聚焦电子信息、新材料、生物医药等产业，精准培育一驰新材料、越凡医疗等新兴产业项目，推动工业向价值链高端攀升，形成一批支撑工业发展的新生力量和主导力量。近年来西店镇工业实力不断增强，其中工业投资与工业经济发展水平呈正相关关系。在系统动力学模型中提升宁海县西店镇工业投资占比能够带动工业投资增长，从而增加工业产值，带动第二产业产值增加，最终提升地区生产总值。仿真结果显示，增加工业投资占比后，2025 年西店镇地区生产总值升至 1 371 210 万元，相比自然发展的情况下，2025 年地区生产总值增加量为 20 720 万元。

宁海县一直以来将工业作为支柱产业，西店镇也同样秉承了工业优势，将工业作为其优势产业并重视优秀工业企业的培育和引进，打造工业"215"梯队，宁海县经济和信息化局出台《宁海县"215"工业企业培育工程和企业地方综合贡献培育计划专项资金管理办法》，对企业产值实行达标奖励和上台阶奖励，鼓励企业不断进步，促进工业企业高质量发展。在系统动力学模型中工业企业数量的增加能够带动第二产业产值增加，从而提高地区生产总值。通过增加工业企业数，地区生产总值 2025 年提高到 1 589 740 万元，相比自然发展条件下增长了 239 250 万元。

综合来说，从 2020 年起调整基础设施投资占比、公共服务投资占比、互联网入户数、工业投资占比以及工业企业数，相比原来的自然发展型，2025 年地区生产总值均有所提升；其中调整互联网入户数给地区经济发展带来的影响最小；在调整基础设施投资占比、公共服务投资占比以及工业投资占比这三种因素下，西店镇地区生产总值有所增加且增加幅度相近，说明这三种要素对西店镇经济的影响程度相当；而在提升规模以上工业企业数量方案下，地区生产总值的提升幅度最大且经济增长显著，说明增加规模以上工业企业数不但对地区经济有正向影响，同时还能大幅度提升当地的经济水平，因此西店镇应当重视工业集群的建设，注重引进和培育工业企业，大力发展先进制造业，形成产业集群，助力经济稳定增长。

B. 多因素调整方案结果分析

多因素调整方案地区生产总值仿真结果如图 5-12、表 5-5 所示。

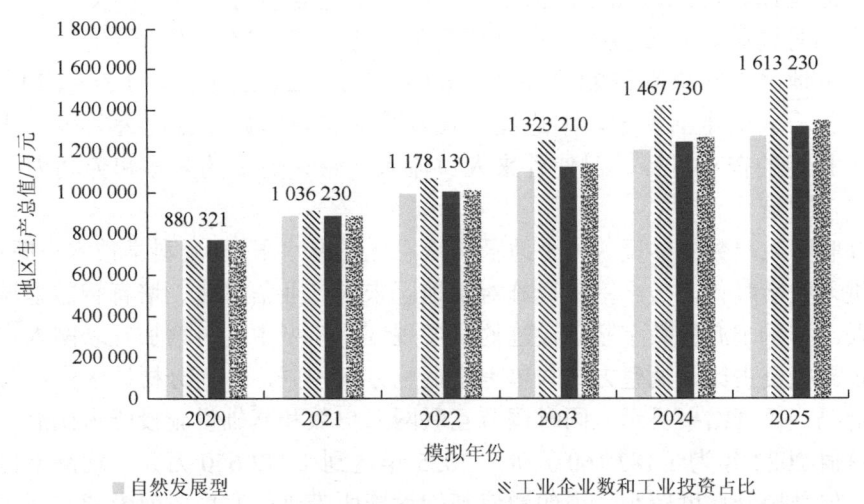

图 5-12　多因素调整方案地区生产总值仿真结果（二）

表 5-5　多因素调整方案地区生产总值仿真结果（二）　　（单位：万元）

发展方案	2020 年	2021 年	2022 年	2023 年	2024 年	2025 年
方案 1	880 321	976 082	1 068 840	1 161 990	1 255 620	1 350 490
方案 7	880 321	1 036 230	1 178 130	1 323 210	1 467 730	1 613 230
方案 8	880 321	976 082	1 104 970	1 198 540	1 293 930	1 389 070
方案 9	880 321	976 082	1 089 770	1 183 160	1 277 820	1 372 650

在模型中同时调节工业企业数和工业投资占比，结果显示在双因素的同时调控下，地区生产总值 2023 年为 1 323 210 万元，2025 年达到 1 613 230 万元。工业是推动城镇化、提升地区经济水平的重要引擎，打造先进的工业集群能有效促进经济的高质量发展，打造国内国际双循环的新发展格局。西店镇一直以来将工业作为地区的支柱性产业，仿真结果同样说明西店镇工业企业数和工业投资占比同时变动，能为地区生产总值带来大幅的提升，工业对地区生产总值的推动是最显著的。因此应当重视加大工业投资，扶持工业企业。同时经计算，双因素调控下地区生产总值的提升大于单因素调控中工业企业数和工业投资占比增长所带来效益的单纯叠加，说明相比单因素调控，同时重视工业企业发展，加大工业投资能够产生"1+1>2"的效果。

基础设施与公共服务建设是直接关系民生、决定一个地区生产水平和人居环境的重要因素。基础设施主要包含水利、环境和公共设施管理、电热燃气及水、交通仓储、信息传输等；而公共服务主要包含教育、卫生和文化艺术。在模型中同时调整基础设施投资占比与公共服务投资占比的仿真结果显示，双因素调控下地区生产总值 2023 年为 1 198 540 万元，2025 年达到 1 389 070 万元，说明要提升人们生活水平，增进民生福祉，应当将基础设施与公共服务建设作为一个长期的奋斗目标，促使外来人口流入，带来更多的人才和劳动力，助力地区经济发展。

互联网入户数能够反映一个地区的信息化发展水平，随着科学技术不断进步，人们进入数字时代，数字基础设施对于地区未来产业信息化、培育智慧型城市至关重要。基于宁海县数字基础设施的发展规划，模型中同时增加互联网入户数和基础设施投资占比，调整方式与单因素调整方案相同，从而分析地区生产总值的变化情况。仿真结果显示，同时调节互联网入户数和基础设施投资占比后，地区生产总值 2023 年为 1 183 160 万元，2025 年达到 1 372 650 万元，均高于自然发展型，但是提升幅度较小，说明通信基础设施所带来的发展成效未能立即体现出来，但随着信息化水平的进一步提升，在未来通信基础设施所带来的红利将不断释放；同样地，双因素共同调控所带来的效益优于单因素叠加。

总体来看，多因素调控方案结果与单因素结论一致，其中工业相关要素的调整对西店镇经济发展水平的贡献最大，因此西店镇可将当地的先进制造业进一步做大做强，巩固地区经济发展的基础，不断培育工业企业，加大工业投资以实现当地经济水平强有力的增长。而基础设施与公共服务均等化是宁海县发展规划中的发展目标，因此补齐公共服务发展短板、提升公共服务的供给多样性是宁海县西店镇未来发展的重点，未来还将持续推进基础设施与公共服务的建设；数字基础建设处于发展的初级阶段，因此对地区生产总值的影响近年来并不明显，但随着科技的进步和社会发展，数字化和信息化水平将会不断提升，或许在未来这些新兴产业将会给西店镇的经济带来大幅提升；除此以外，多因素仿真结果显示，同时调整多个因素下的地区生产总值通常大于单独调整多个因素所带来的地区生产总值增量的叠加，因此西店镇地方政府应当放眼全局，同时在多个方面进行调整，才能为地区发展提供强劲的助力。

5.3.3 结果分析

通过对宁海县西店镇系统动力学模型进行模拟仿真并对预测结果进行分析得出，在单因素调控中，工业企业数对生产总值的影响程度最大。西店镇一直以来将工业作为支柱性产业，工业对经济的贡献最大。因此未来持续加大对工业的投入比例，重视优势产业的扶持和拓展，制定政策增强工业经济活力，发展优势产业集群，助力工业经济稳步提升。多因素调控的预测结果显示，工业企业数和工业投资比例双因素共同调控下的地区生产总值提升幅度最大，再次证实了工业在西店镇经济发展中的重要地位，因此宁海县西店镇应当坚持对工业的政策引导和财政支持，扶持培育工业企业，加大工业投资，打造工业产业集群，发挥工业经济优势，支撑县域经济高质量发展。

5.4 人文生态资源型村镇建设发展的系统动力学仿真

5.4.1 模型系统结构

以陕西洛南县下辖村镇保安镇为例，探讨人文生态资源型村镇建设发展形成过程，预测其未来发展趋势，构建陕西洛南县保安镇建设发展的系统动力学模型，运行时间为2015～2025年，仿真步长为一年。数据主要来源于《商洛统计年鉴》《洛南县村庄规划工作实施方案》《洛南县城市总体规划（2013—2030）》《中国县域统计年鉴（乡镇卷）》及相关的村镇建设文献、统计公报中获取的相关数据。

1. 政策子系统

1）政策子系统主要因果关系链

①总人口→+劳动力→+各产劳动力→+各产业产值→+各产业增加值→+地区生产总值→+人均生产总值→+人口机械增长量→+总人口；②地区生产总值→+固定资产投资→+农业基础设施建设投资→+乡村产业人员→+第一产业从业人数→+农业总产值→+第一产业产值→+第一产业增加值→+地区生产总值增加量→+地区生产总值；③耕地面积→+农业总产值→+第一产业产值→+第一产业增加值→+地区生产总值增加量→+地区生产总值。

在政策子系统的因果关系链中，①、②、③均为正反馈回路。其中因果关系链①表示总人口的增加会导致各产劳动力的增加，从而影响各产业产值及地区生产总值，地区生产总值的提升带动人均生产总值，进而提高人口机械增长量，促进总人口的增长。在正反馈关系中，②反映多增加农业基础设施建设投资会导致乡村从业人员的增加，影响整个第一产业的就业人数增加，进而影响农业总产值、第一产业产值以及地区生产总值。③反映的是耕地面积的增长将会影响农业总产值，带动第一产业产值，从而带动保安镇地区生产总值的增长。

2）政策子系统结构模型及流量存量图

政策子系统流量存量图如图 5-13 所示。总人口和地区生产总值为政策子系统的水平变量，人口机械增长量、人口自然增长量与地区生产总值增加量为政策子系统的速率变量，人口机械增长率为表函数。劳动力、一产劳动力、二产劳动力、各产业产值、各产业增加值、固定资产投资、农业基础设施建设投资、农业总产值、人均生产总值、乡村从业人员为政策子系统的辅助变量。其中劳动力占总人口比例、农业基础设施建设投资占固定资产投资比例、耕地面积、人口出生率、人口死亡率等常数来源于《洛南县统计年鉴》。

保安镇将生态农业和文化旅游作为主导产业。政策子系统中耕地面积、农业基础设施建设投资、乡村从业人员数可以体现政策作用下村镇生态农业发展态势。在该模型的仿真结果分析中，将通过对比增加耕地面积、农业基础设施建设投资占固定资产投资比例，从而增加乡村从业人员数，带动村镇建设和村镇发展，以此来评价哪种方案更能实现协调可持续目的。

3）政策子系统建模主要方程式

A. 水平变量

总人口 = INTEG(人口机械增长量+人口自然增长量–总人口,26 051)。

地区生产总值 = INTEG(地区生产总值增加量,58 121)。

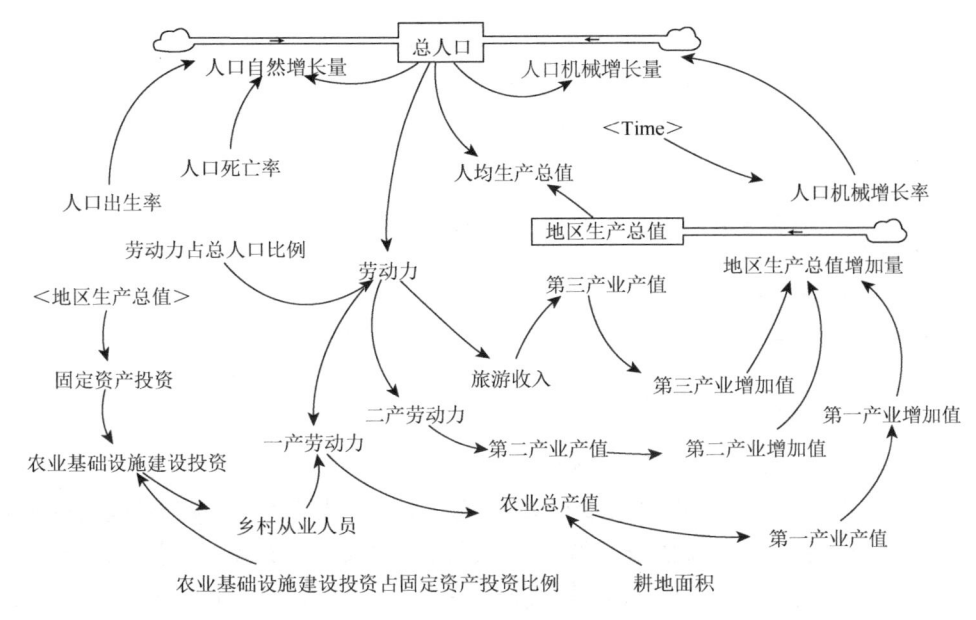

第 5 章　绿色宜居村镇建设动态发展的系统动力学仿真研究

图 5-13　政策子系统流量存量图（三）

B. 速率变量

人口自然增长量 = 总人口×(人口出生率−人口死亡率)。

人口机械增长量 = 人口机械增长率×总人口。

地区生产总值增加量 = 第一产业增加值+第二产业增加值+第三产业增加值。

C. 辅助变量

劳动力 = 总人口×劳动力占总人口比例。

一产劳动力 = 0.000 523×乡村从业人员−0.000 608×劳动力 + 2862.61。

二产劳动力 = −0.000 591×劳动力 + 3089.73。

三产劳动力 = −0.000 591×劳动力 + 3089.73。

农业总产值 = 0.742×一产劳动力 + 1.963×耕地面积 + 7070。

第一产业产值 = 0.122×农业总产值 + 9991.3。

第二产业产值 = −31.429×二产劳动力 + 136 135。

第三产业产值 = 0.537 346×三产劳动力 + 0.2287×旅游收入。

第一产业增加值 = 第一产业产值−DELAY1I(第一产业产值,1,12 079)。

第二产业增加值 = 第二产业产值−DELAY1I(第二产业产值,1,29 251)。

第三产业增加值 = 第三产业产值−DELAY1I(第三产业产值,1,16 791)。

乡村从业人员 = 1.996×农业基础设施建设投资 + 18 689。

农业基础设施建设投资 = 农业基础设施建设投资占固定资产投资比例×固定资产投资。

固定资产投资 = 1.162×地区生产总值−58 445.4。
人均生产总值 = 地区生产总值/总人口。
D. 常数
劳动力占总人口比例 = 0.589。
农业基础设施建设投资占固定资产投资比例 = 0.031 257。
耕地面积 = 20 122。
人口出生率 = 0.01。
人口死亡率 = 0.01。

2. 组织子系统

1）组织子系统主要因果关系链

①人口出生率→+人口自然增长量→+总人口→+劳动力→+各产劳动力→+各产业产值→+各产业增加值→+地区生产总值；②人口死亡率→−人口自然增长量→−总人口→−劳动力→−各产劳动力→−各产业产值→−各产业增加值→−地区生产总值；③地区生产总值→+固定资产投资→+环境污染治理投资→+旅游收入增加值→+旅游收入→+第三产业产值→+第三产业增加值→+地区生产总值。

在组织子系统的因果关系链中，①、③为正反馈回路，②为负反馈回路。其中，①表示随着人口出生率的提高，影响总人口数量，带动各产劳动力的增加，从而影响各产业产值乃至地区生产总值。②中人类死亡量的增加，提高了人口死亡率，人口自然增长量随之减少，总人口也随之减少，各产劳动力也相应减少，进而对当地各产业产值及地区生产总值产生负向影响。③表示对保安镇固定资产投资的提高可以增加环境污染治理投资，进而影响旅游业，提高旅游收入，促进第三产业的发展，从而提高保安镇地区生产总值。

2）组织子系统结构模型及流量存量图

组织子系统流量存量图如图 5-14 所示。总人口、旅游收入与地区生产总值为组织子系统的水平变量，人口自然增长量、人口机械增长量、旅游收入增加值与地区生产总值增加量为组织子系统的速率变量，劳动力、各产劳动力、各产业产值、各产业增加值、环境污染治理投资、固定资产投资为组织子系统的辅助变量。人口出生率、人口死亡率、劳动力占总人口比例以及环境污染治理投资占固定资产投资比例为常数，这些常数来源于《洛南县统计年鉴》。

组织子系统中环境污染治理投资可以体现出组织主体带动下村镇人文生态资源的发展情况。在该模型的分析中，会通过调整环境污染治理投资占固定资产投资比例来预测保安镇的未来发展状况，具体如图 5-14 所示。

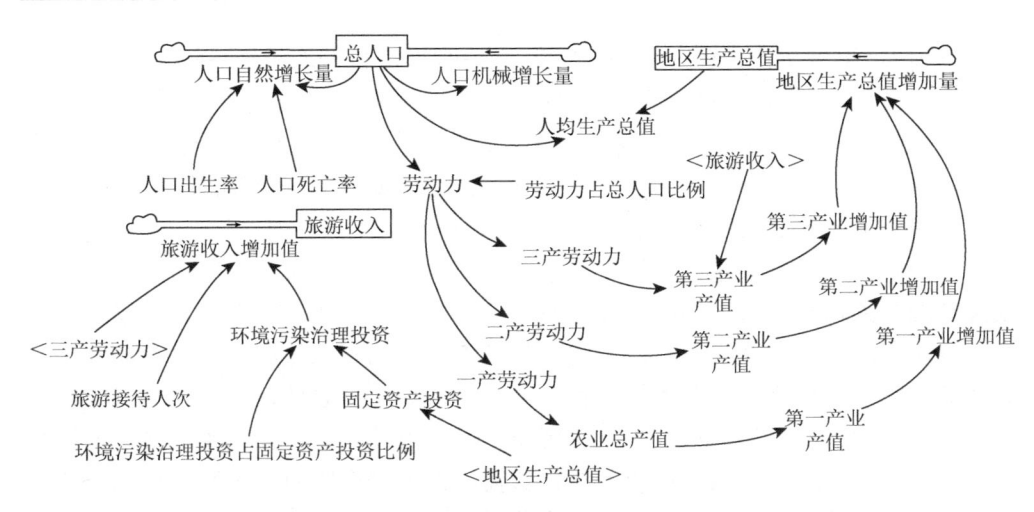

第 5 章 绿色宜居村镇建设动态发展的系统动力学仿真研究

图 5-14 组织子系统流量存量图（三）

3）组织子系统建模主要方程式
A. 水平变量
总人口 = INTEG(人口机械增长量+人口自然增长量–总人口,26 051)。
地区生产总值 = INTEG(地区生产总值增加量,58 121)。
旅游收入 = INTEG(旅游收入增加值–旅游收入,13 446.2)。
B. 速率变量
人口自然增长量 = 总人口×(人口出生率–人口死亡率)。
人口机械增长量 = 人口机械增长率×总人口。
地区生产总值增加量 = 第一产业增加值+第二产业增加值+第三产业增加值。
旅游收入增加值 = 0.12×旅游接待人次 + 0.604×环境污染治理投资 + 241.666×三产劳动力–763 360。
C. 辅助变量
环境污染治理投资 = 固定资产投资×环境污染治理投资占固定资产投资比例。
D. 常数
环境污染治理投资占固定资产投资比例 = 0.068 78。
劳动力占总人口比例 = 0.589。
人口出生率 = 0.01。
人口死亡率 = 0.01。

3. 要素子系统

1）要素子系统主要因果关系链
①总人口→+劳动力→+三产劳动力→+旅游收入增加值→+旅游收入→+第三

产业产值→+地区生产总值→+人均生产总值→+人口机械增长量→+总人口；②文化产业示范基地→+旅游接待人次→+旅游收入增加值→+旅游收入→+第三产业产值→+地区生产总值；③国家 3A 级景区→+旅游接待人次→+旅游收入增加值→+旅游收入→+第三产业产值→+地区生产总值；④绿化覆盖率→+旅游接待人次→+旅游收入增加值→+旅游收入→+第三产业产值→+地区生产总值。

在要素子系统的因果关系链中，①、②、③、④均为正反馈回路。其中①主要反映的是人口与经济之间的反馈关系，一方面，人口越多，劳动力就越多，即人力资本就越丰富，从事第三产业的人数越多，从而带动旅游收入以及地区生产总值的增加。而地区生产总值的增长，会增加人均生产总值，使得人口机械增长量增大，增加人口数量，扩大总人口规模。另一方面，②、③、④反映了文化产业示范基地、国家 3A 级景区以及绿化覆盖率的增加会吸引更多游客来此旅游，以提升当地旅游收入，促进第三产业的发展，进而增加地区生产总值。

2）要素子系统结构模型及流量存量图

要素子系统流量存量图如图 5-15 所示。旅游收入、总人口、地区生产总值为水平变量。旅游收入增加值、人口自然增长量、人口机械增长量、地区生产总值增加量为速率变量。旅游接待人次、环境污染治理投资、文化旅游体育与传媒支出、劳动力、各产劳动力、各产业产值、各产业增加值等为辅助变量，文化产业示范基地、文化体育和娱乐业投资占固定资产投资比例、国家 3A 级景区、绿化覆盖率、环境污染治理投资占固定资产投资比例以及劳动力占人口比例等为常数。常数数据来源于《洛南县统计年鉴》。其中，系统间方程通过 SPSS 进行线性回归得到。要素子系统中主要涉及信息、资本、劳动力、技术、资金等要素，通过引进这些要素，研究村镇的发展状况。

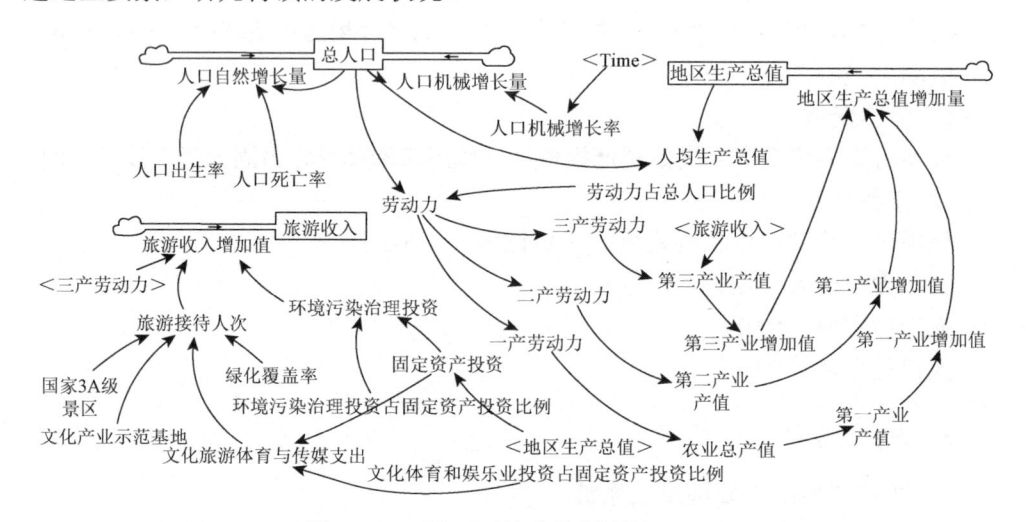

图 5-15 要素子系统流量存量图（三）

3）要素子系统建模主要方程式

A. 水平变量

总人口 = INTEG(人口机械增长量+人口自然增长量−总人口,26 051)。

地区生产总值 = INTEG(地区生产总值增加量,58 121)。

旅游收入 = INTEG(旅游收入增加值−旅游收入,13 446.2)。

B. 速率变量

人口自然增长量 = 总人口×(人口出生率−人口死亡率)。

人口机械增长量 = 人口机械增长率×总人口。

地区生产总值增加量 = 第一产业增加值+第二产业增加值+第三产业增加值。

旅游收入增加值 = 0.12×旅游接待人次−0.604×环境污染治理投资 + 241.666×三产劳动力−763 360。

C. 辅助变量

旅游接待人次 = 106.615×文化旅游体育与传媒支出 + 13 902.9×国家 3A 级景区−70 535×文化产业示范基地 + 14 451×绿化覆盖率 + 1 738 370。

环境污染治理投资 = 固定资产投资×环境污染治理投资占固定资产投资比例。

固定资产投资 = 1.162×地区生产总值−58 445.4。

文化旅游体育与传媒支出 = 固定资产投资×文化体育和娱乐业投资占固定资产投资比例。

D. 常数

文化产业示范基地 = 1。

国家 3A 级景区 = 1。

绿化覆盖率 = 0.42。

劳动力占总人口比例 = 0.589。

环境污染治理投资占固定资产投资比例 = 0.068 78。

文化体育和娱乐业占固定资产投资比例 = 0.0024。

4. 系统建模总体结构

通过将各子系统流量存量图进行合并，可以得到洛南县保安镇政策、组织、要素协调发展系统的总流量存量图，如图 5-16 所示。

5.4.2 模型政策仿真

1. 系统模型的检验

本模型检验方法与特色产业主导型村镇系统模型的检验部分相同，且结果显示模型均已通过各项检验。

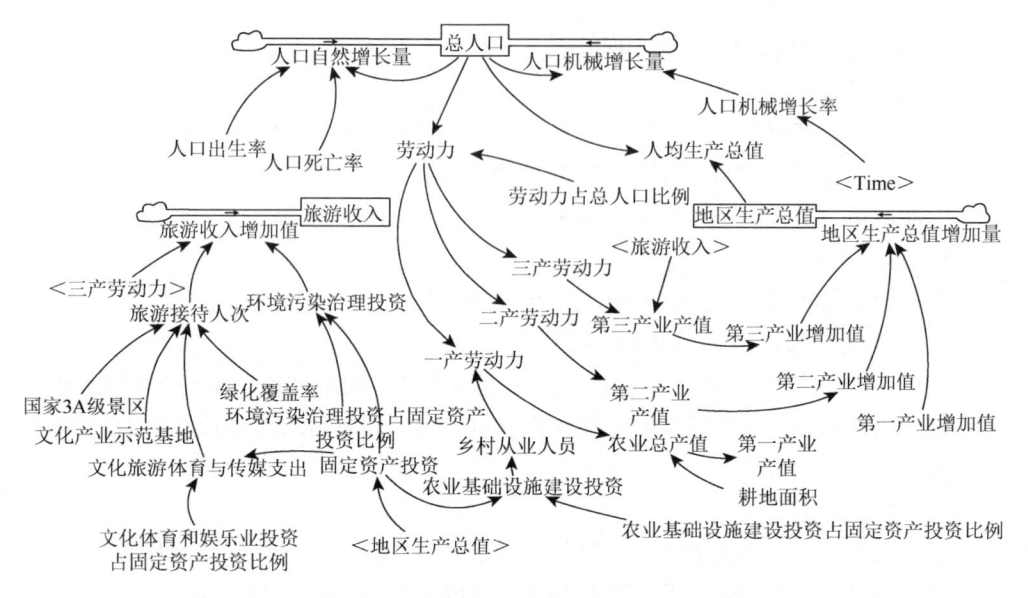

图 5-16 总系统流量存量图（三）

2. 不同发展方案调控与分析

1）不同发展方案设置

通过对村镇建设实际情况分析，改变关键参数，设计多种单因素调整方案和多因素调整方案来预测洛南县保安镇的未来发展状况。

A. 单因素调整方案

方案 1：自然发展中的参数按照洛南县保安镇现有实际情况设置，主要用来预测现有政策条件下保安镇未来的发展态势。

方案 2：调整绿化覆盖率，将绿化覆盖率根据历史变化率从 0.42 调整至 0.69，其余参数不做调整。

方案 3：通过调整文化体育和娱乐业投资占固定资产投资比例，不断完善文化产业示范基地及国家 3A 级景区配套设施。将文化体育和娱乐业投资占固定资产投资比例根据历史变化率从 0.0024 调整至 0.026 977，其余参数不做调整。

方案 4：调整农业基础设施建设投资占固定资产投资比例，通过完善配套农业设施，提升农业现代化水平，吸引乡村从业人员，将农业基础设施建设投资占固定资产投资比例根据历史变化率从 0.031 257 调整至 0.056 190，其余参数不做调整。

方案 5：调整环境污染治理投资占固定资产投资比例，通过改善当地环境，建造环境优美宜人的村容村貌，促进旅游业发展。将环境污染治理投资占固定资产投资比例根据历史变化率从 0.068 78 调整至 0.284 308，其余参数不做调整。

方案 6：调整耕地面积，将耕地面积根据历史变化率从 633 495 调整至 712 953，其余参数不做调整。

B. 多因素调整方案

方案 7：根据洛南县人民政府印发的《洛南县新型城镇化建设工作实施方案》（洛政办发〔2021〕36 号），洛南县为加快城乡融合发展，不断提升新型城镇化水平，在"十四五"期间，全面实施乡村振兴，持续推动污水和垃圾处理等基础设施向有条件的集镇和农村延伸，到"十四五"末，污水处理率将达到 95.99%。此外，为提升城乡公共服务水平，将加大文化旅游体育和传媒投资。创建省级全域旅游示范县，充分挖掘"仓颉文化""红色旅游"等文化资源，充分挖掘洛南文化品牌，不断完善基础设施，积极培育特色产业，扩大品牌效应。因此，根据历史变化率，调整文化体育和娱乐业投资占固定资产投资比例与环境污染治理投资占固定资产投资比例，以预测洛南县保安镇的未来发展态势。

方案 8：根据洛南县人民政府办公室印发的《洛南县森林资源"三乱"问题专项整治工作方案》（洛政办函〔2021〕28 号），洛南县将秦岭生态环境保护作为抓手，牢固树立"绿水青山就是金山银山"的发展理念，坚持生态保护与资源开发相协调，推动人与自然和谐共生。在举措方面，洛南县积极开展生态环境系统修复试点示范，大力推进绿色矿山建设，重点针对矿产资源开发造成的损毁山体进行修复，提高绿地覆盖率。因此，根据历史变化率，调整绿地覆盖率和环境污染治理投资占固定资产投资比例，以预测洛南县保安镇的未来发展态势。

方案 9：根据洛南县人民政府印发的《洛南县人民政府关于 2020 年稳步提升粮食产能确保粮食安全的意见》，洛南县积极实施粮食安全战略，加快建设适应经济社会发展需要的粮食安全保障体系，鼓励群众复垦撂荒地、未利用耕地，扩大粮食作物间作套种面积，推广粮食作物间作套种、林下种植、粮经轮作等种植模式，提高复种指数。在稳定耕种面积的基础上，加强农田水利建设，大力发展节水、旱作农业，加快实施中小型灌区续建配套和农业节水灌溉工程，着力解决好农田灌溉"最后一公里"问题，以增加农业基础设施建设投资等举措，加快基本农田提等升级。因此，根据历史变化率，调整耕地面积和农业基础设施建设投资占固定资产投资比例，以预测洛南县保安镇的未来发展态势。

2）不同发展方案结果分析

A. 单因素调整方案结果分析

单因素调整方案地区生产总值仿真结果如图 5-17、表 5-6 所示。

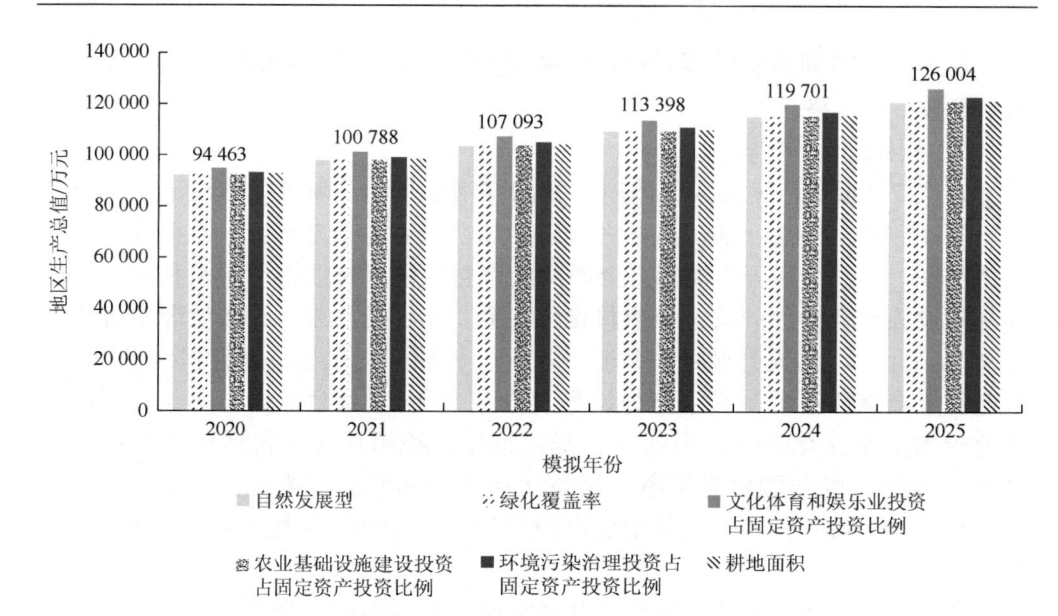

图 5-17 单因素调整方案地区生产总值仿真结果（三）

表 5-6　单因素调整方案地区生产总值仿真结果（三）　（单位：万元）

发展方案	2020 年	2021 年	2022 年	2023 年	2024 年	2025 年
方案 1	91 814	97 576	103 340	109 105	114 869	120 633
方案 2	91 923	97 685	103 450	109 214	114 978	120 742
方案 3	94 463	100 788	107 093	113 398	119 701	126 004
方案 4	91 913	97 692	103 472	109 253	115 033	120 813
方案 5	92 833	98 862	104 839	110 814	116 790	122 766
方案 6	92 432	98 194	103 959	109 723	115 487	121 251

保安镇在 2015 年自然发展方案下地区生产总值为 58 121 万元，如按照现有情况，在 2025 年将达到 120 633 万元。自然发展情况下，虽未对参数进行调整，但是保安镇地区生产总值仍实现了大幅提高，这主要是因为现实情况下，保安镇既重视生态农业发展，又大力发展文化旅游业，将环境、经济与社会融合发展，最终使经济水平提高。

调整保安镇的绿化覆盖率，保安镇地区生产总值将会由 2015 年的 58 121 万元增加到 2025 年的 120 742 万元。调整绿化覆盖率，能够改善镇容环境，打造适宜人类居住的生活环境，以增加总人口与劳动力数量，带动各产业产值，进而带动保安镇的经济发展。

调整文化体育和娱乐业投资占固定资产投资比例，保安镇地区生产总值将会由 2015 年的 58 121 万元增加到 2025 年的 126 004 万元。调整文化体育和娱乐业投资占固定资产投资比例，能够不断完善旅游业配套设施，进而引更多游客，带动旅游业发展，通过增加旅游收入提高第三产业产值，进而带动地区生产总值。

调整农业基础设施建设投资占固定资产投资比例，保安镇地区生产总值将会由 2015 年的 58 121 万元增加到 2025 年的 120 813 万元。调整农业基础设施建设投资占固定资产投资比例，通过政策要素，吸引更多乡村从业人员，带动第一产业发展，进而影响地区生产总值。

调整环境污染治理投资占固定资产投资比例，保安镇地区生产总值将会由 2015 年的 58 121 万元增加到 2025 年的 122 766 万元。增加环境污染治理投资，将改善环境质量，吸引更多劳动力，提高总人口及劳动力数量，进而带动经济发展。

调整保安镇的耕地面积，保安镇地区生产总值将会由 2015 年的 58 121 万元增加到 2025 年的 121 251 万元。调整耕地面积，将进一步促进农业发展，提高第一产业产值，进而提高地区生产总值。

综合来看，自然发展方案情况下地区生产总值始终最低，调整五个不同参数后的方案下地区生产总值整体较高。调整文化体育和娱乐业投资占固定资产投资比例，保安镇地区生产总值增幅最大，说明未来保安镇的经济发展还需依靠文化旅游等产业发展，通过挖掘村镇文化旅游资源发展旅游产业，增加旅游收入，确保居民收入稳步增长。调整耕地面积和环境污染治理投资占固定资产投资比例方案下，地区生产总值一直处于中等水平的稳定增长状态。调整绿化覆盖率和农业基础设施建设投资占固定资产投资比例方案下，地区生产总值与调整其他参数对应的方案相比增幅较小，但与自然发展型相比，仍有提升。从单因素调整方案仿真结果来看，保安镇未来可从文化旅游方面着手，通过文旅产业带动镇域经济发展。

B. 多因素调整方案结果分析

多因素调整方案地区生产总值仿真结果如图 5-18、表 5-7 所示。

按照历史变化率，调整文化体育和娱乐业投资占固定资产投资比例与环境污染治理投资占固定资产投资比例，保安镇地区生产总值将由 2015 年的 58 121 万元增加到 2025 年的 128 463 万元。人文生态村镇的建设离不开文化体育和娱乐业投资，同时又要注重环境污染问题。保安镇依托文化产业示范基地发展旅游产业，而旅游产业的发展离不开良好的生态环境。保安镇将文化体育和娱乐业投资和环境治理都纳入新型城镇化建设工作的实施方案中，也可以看出环境保护对于保安镇产业发展的重要性。通过同时调整文化体育和娱乐业投资占固定资产投资比例与环境污染治理投资占固定资产投资比例，保安镇地区生产总值在保护环境的基础上实现了增长，实现了经济、社会、环境协调发展。

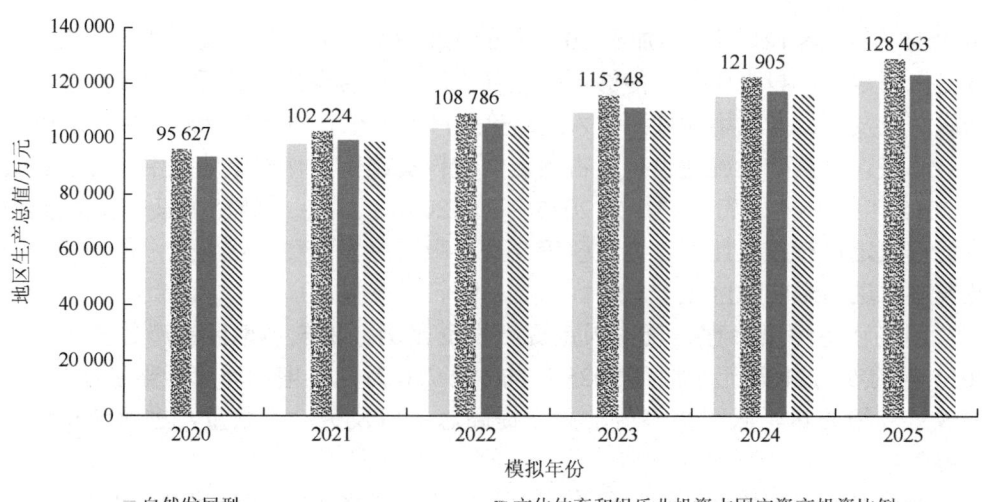

图 5-18　多因素调整方案地区生产总值仿真结果（三）

表 5-7　多因素调整方案地区生产总值仿真结果（三）　　（单位：万元）

发展方案	2020 年	2021 年	2022 年	2023 年	2024 年	2025 年
方案 1	91 814	97 576	103 340	109 105	114 869	120 633
方案 7	95 627	102 224	108 786	115 348	121 905	128 463
方案 8	92 997	98 976	104 952	110 928	116 904	122 879
方案 9	92 534	98 312	104 093	109 873	115 653	121 433

按照历史变化率，调整绿地覆盖率和环境污染治理投资占固定资产投资比例，保安镇地区生产总值将由 2015 年的 58 121 万元增加到 2025 年的 122 879 万元。良好的生态环境是人文生态型村镇赖以发展的动力源泉。调整绿地覆盖率和增加环境污染治理投资占比能够解决产业发展带来的环境问题，同时能够改善生态环境。良好的生态环境不仅能为生态农业和旅游业发展提供丰厚的物质基础，还能够为当地居民提供舒适的体验。通过调整绿地覆盖率和环境污染治理投资占固定资产投资比例，能够充分挖掘生态环境带来的经济效益，以良好的生态环境助力旅游产业和生态农业发展。在该种方案下，地区生产总值将会较自然发展型有所提高。

按照历史变化率，调整耕地面积和农业基础设施建设投资占固定资产投资比例，保安镇地区生产总值将由 2015 年的 58 121 万元增加到 2025 年的 121 433 万元。洛南县近年来积极实施粮食安全战略，加快建设适应经济社会发展需要的粮食保障体系，鼓励群众复垦撂荒地、未利用耕地，扩大粮食作物间作套种面积，推广粮食作物间作套种、林下种植、粮经轮作等种植模式，在稳定耕种面积的基础上，加快实施中小型灌区续建配套和农业节水灌溉工程，以增加农业基础设施建设投资等举措，加快基本农田提等升级，使得地区经济水平进一步提高。

综合来看，根据洛南县现有政策将不同参数组合调整并进行仿真模拟，所得到的保安镇地区生产总值与自然发展型相比均有所提高。其中，在调整文化体育和娱乐业投资占固定资产投资比例与环境污染治理投资占固定资产投资比例这一方案下，到 2025 年地区生产总值的增幅最大。在该方案下，保安镇实现了经济、环境、社会协调发展，是多因素调整方案下的最优方案。在调整绿地覆盖率和环境污染治理投资占固定资产投资比例这一方案下，到 2025 年洛南县地区生产总值仅次于最优方案。在调整耕地面积和农业基础设施建设投资占固定资产投资比例这一方案下，2025 年地区生产总值与其他方案相比较低，但优于自然发展型方案。

5.4.3　结果分析

通过对保安镇政策、组织、要素协调发展系统动力学模型进行结构检验、历史检验和灵敏度分析，确保模型可以真实反映保安镇政策、组织、要素的实际发展情况，并通过改变模型中关键参数取值设定多种单因素调整与多因素调整方案。结果发现：在单因素调整方案下，调整文化体育和娱乐业投资占固定资产投资比例，保安镇地区生产总值增幅最大，经济发展水平较高。由此说明，文化体育和娱乐业投资占固定资产投资比例对洛南县村镇产业发展的影响较大。未来洛南县的经济发展还需依靠文化旅游等产业发展，通过挖掘村镇文化旅游资源发展旅游产业，增加旅游产业收入，确保居民收入稳步增长。在多因素调整方案下，调整文化体育和娱乐业投资占固定资产投资比例与环境污染治理投资占固定资产投资比例这一方案下，保安镇地区生产总值增幅最大，经济发展水平与自然发展型相比大幅提高。由此可以说明，该方案是适宜保安镇未来发展的方案。在该方案下，保安镇实现了经济、社会、环境协调发展。

5.5　城乡一体融合型村镇建设发展的系统动力学仿真

5.5.1　模型系统结构

以陕西鄠邑区下辖草堂街道为例，探讨城乡一体融合型村镇建设发展形成过程，解析各因素间的因果关系，预测其未来发展趋势，构建陕西鄠邑区草堂街道建设发展的系统动力学模型。运行时间为 2015～2025 年，仿真步长为一年。数据主要来源于《西安统计年鉴》《中国县域统计年鉴（乡镇卷）》《鄠邑年鉴》及相关的村镇建设文献、统计公报、政府官网中获取的相关数据。

1. 政策子系统

1）政策子系统主要因果关系链

①农村劳动力转移就业人数→−一产劳动力→−第一产业产值→−第一产业增加值→−地区生产总值增加量→−地区生产总值；②产业园区建设数量→+产业园区建设总产值→+第二产业产值→+第二产业增加值→+地区生产总值增加量→+地区生产总值；③基础设施建设投资占固定资产投资比例→+基础设施建设投资→+大学园区数量→+第三产业产值→+第三产业增加值→+地区生产总值增加量→+地区生产总值。

在政策子系统的因果关系链中，②、③为正反馈回路，①为负反馈回路。其中，①表示每年农村劳动力向城镇转移就业人数的增加将会造成一产劳动力的减少，影响第一产业增加值，进而对地区生产总值产生负向影响；②表示产业园区建设数量的增加会提升产业园区建设总产值，使第二产业增加值增加，从而对地区生产总值起到正向作用；③表示基础设施建设投资的增加会提升大学园区的建设力度，高级知识分子的增加会导致互联网普及率提升，带动服务业等第三产业增加值的增加，从而带动地区生产总值的增长。

2）政策子系统结构模型及流量存量图

政策子系统流量存量图如图 5-19 所示。地区生产总值为政策子系统的水平变量，地区生产总值增加量为政策子系统的速率变量。基础设施建设投资、大学园区数量、产业园区建设总产值、各产劳动力、各产业产值及增加值均为政策子系统的辅助变量。基础设施建设投资占固定资产投资比例、产业园区建设数量、农村劳动力转移就业人数均为政策子系统的常数。

3）政策子系统建模主要方程式

A. 水平变量

地区生产总值 = INTEG(地区生产总值增加量, 93 457)。

B. 速率变量

地区生产总值增加量 = 第一产业增加值+第二产业增加值+第三产业增加值。

C. 辅助变量

基础设施建设投资 = 基础设施建设投资占固定资产投资比例×固定资产投资。

大学园区数量 = 0.000 14×基础设施建设投资 + 4.994。

产业园区建设总产值 = 3274.97×产业园区建设数量−64 098。

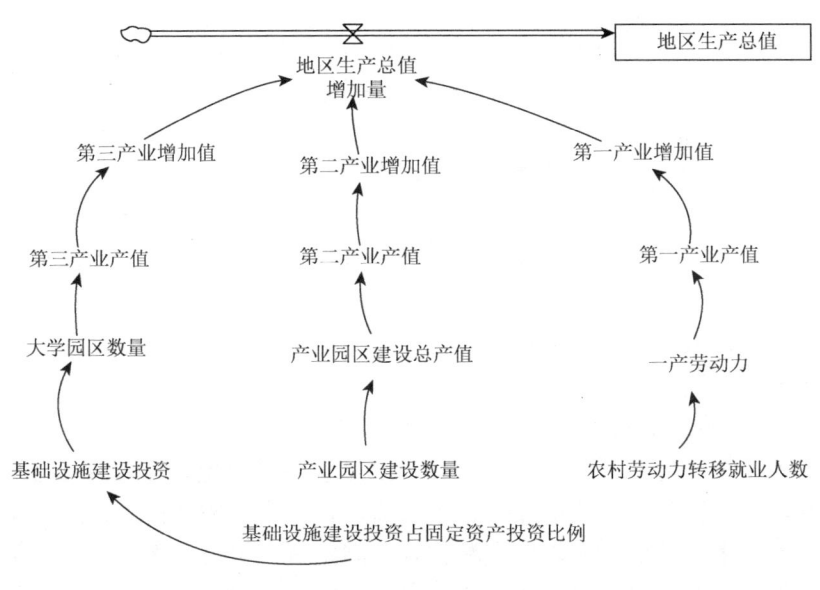

第 5 章　绿色宜居村镇建设动态发展的系统动力学仿真研究

图 5-19　政策子系统流量存量图（四）

一产劳动力 = 0.331×总人口–0.04×农村劳动力转移就业人数。
二产劳动力 = 总人口×二产劳动力占总人口比例。
三产劳动力 = 总人口×三产劳动力占总人口比例。
第一产业产值 = 1.933×一产劳动力–6493.33。
第二产业产值 = 8.604×二产劳动力 + 0.417×产业园区建设总产值–30 996。
第三产业产值 = 1.766×三产劳动力 + 3263.09×大学园区数量 + 0.479×旅游收入 + 10 739。
第一产业增加值 = 第一产业产值–DELAY1I(第一产业产值,1,16 581.2)。
第二产业增加值 = 第二产业产值–DELAY1I(第二产业产值,1,36 291.9)。
第三产业增加值 = 第三产业产值–DELAY1I(第三产业产值,1,38 029.9)。

D. 常数
二产劳动力占总人口比例 = 0.14。
三产劳动力占总人口比例 = 0.13。
基础设施建设投资占固定资产投资比例 = 0.06。
产业园区建设数量 = 38。
农村劳动力转移就业人数 = 10 156.9。

2. 组织子系统

1）组织子系统主要因果关系链
①地区生产总值→+固定资产投资→+教育医疗投资→+人口出生率→+总人

口→+各产劳动力→+各产业产值→+地区生产总值；②地区生产总值→+固定资产投资→+环境污染治理投资→−人口死亡率→+总人口→+各产劳动力→+各产业产值→+地区生产总值。

在组织子系统的因果关系链中，①、②为正反馈回路。其中，①中固定资产投资增加，会加大对教育医疗方面的投资，从而导致人口出生率上升，总人口数量增多意味着各产业劳动力数量增多，带动各产业产值增加，进而增加地区生产总值。②表明随着固定资产投资的增加，将加大对环境污染治理的投资，从而降低人口死亡率，人口数量增多意味着各产业劳动力数量增多，带动各产业产值增加，进而增加地区生产总值。

2）组织子系统结构模型及流量存量图

组织子系统流量存量图如图 5-20 所示。地区生产总值、总人口为组织子系统的水平变量，地区生产总值增加量、人口增加量、人口减少量为组织子系统的速率变量，人均生产总值、人均可支配收入、固定资产投资、教育医疗投资、环境污染治理投资、人口出生率、人口死亡率、各产劳动力、各产业产值、各产业增加值均为组织子系统的辅助变量。污水处理厂个数、人口迁入率、人口迁出率等常数数据来源于《鄠邑年鉴》。

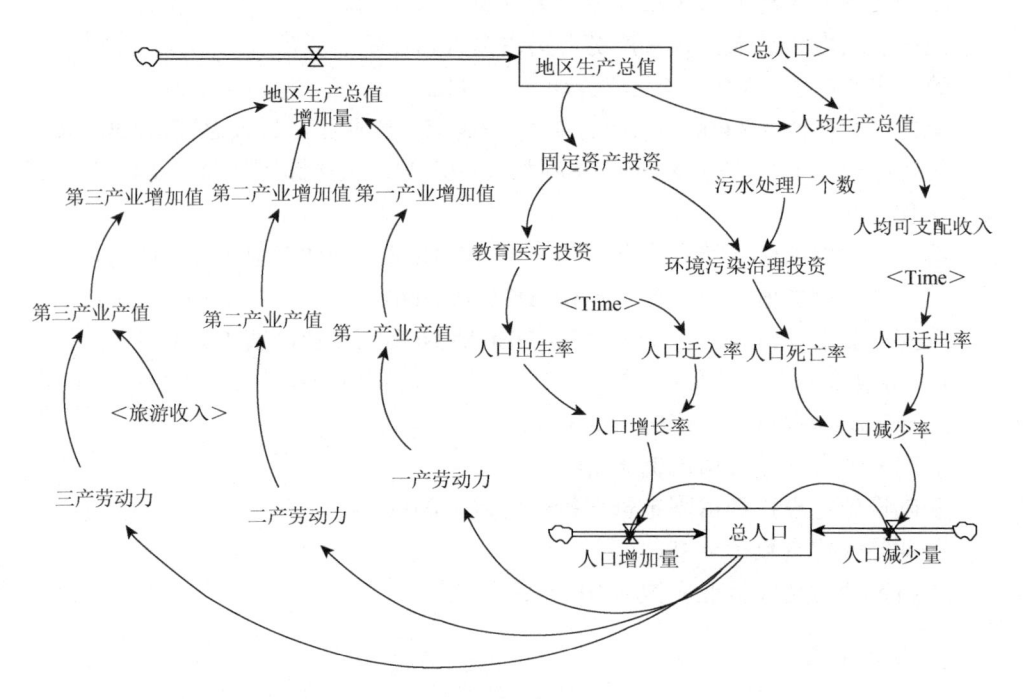

图 5-20 组织子系统流量存量图（四）

3）组织子系统建模主要方程式

A. 水平变量

总人口 = INTEG(人口增加量+人口减少量,34 818.6)。

地区生产总值 = INTEG(地区生产总值增加量,93 457)。

B. 速率变量

地区生产总值增加量 = 第一产业增加值+第二产业增加值+第三产业增加值。

人口增加量 = 总人口×人口增长率。

C. 辅助变量

一产劳动力 = 0.331–0.04×农村劳动力转移就业人数。

二产劳动力 = 总人口×二产劳动力占总人口比例。

三产劳动力 = 总人口×三产劳动力占总人口比例。

第一产业产值 = 1.933×一产劳动力–6493.33。

第二产业产值 = 8.604×二产劳动力 + 0.417×产业园区建设总产值–30 996。

第三产业产值 = 1.766×三产劳动力 + 3263.09×大学园区数量 + 0.479×旅游收入 + 10 739。

第一产业增加值 = 第一产业产值–DELAY1I(第一产业产值,1,16 581.2)。

第二产业增加值 = 第二产业产值–DELAY1I(第二产业产值,1,36 291.9)。

第三产业增加值 = 第三产业产值–DELAY1I(第三产业产值,1,38 029.9)。

人口增加量 = 人口增长率×总人口。

人口减少量 = 人口减少率×总人口。

人口增长率 = 人口出生率+人口迁入率。

人口减少率 = 人口死亡率+人口迁出率。

人口出生率 = 0.000 010 47×教育医疗投资 + 0.039。

人口死亡率 = 0.000 014 46×环境污染治理投资 + 0.604。

教育医疗投资 = 0.033×固定资产投资 + 5581.89。

环境污染治理投资 = 0.001×固定资产投资+污水处理厂个数 + 0.123。

人均可支配收入 = 2.195×人均生产总值–0.578。

人均生产总值 = 地区生产总值/总人口。

D. 常数

二产劳动力占总人口比例 = 0.14。

三产劳动力占总人口比例 = 0.13。

污水处理厂个数 = 1。

3. 要素子系统

1）要素子系统主要因果关系链

①地区生产总值→+固定资产投资→+旅游产业固定资产投资→+旅游收入→+第三产业产值→+地区生产总值；②总人口→+各产劳动力→+各产业产值→+地区生产总值→+固定资产投资→+环境污染治理投资→-人口死亡率→+总人口；③总人口→+各产劳动力→+各产业产值→+地区生产总值→+固定资产投资→+教育医疗投资→+人口出生率→+总人口；④总人口→+三产劳动力→+旅游产业从业人口→+旅游收入增加量→+旅游收入→+第三产业产值→+地区生产总值；⑤通村路建设项目个数→+路网密度→+旅游收入增加量→+旅游收入→+第三产业产值→+地区生产总值。

在要素子系统的因果关系链中，①、②、③、④、⑤均为正反馈回路。其中，①表示地区生产总值的增加会提高旅游产业固定资产投资，进而促进旅游业建设，使旅游收入增加，促进第三产业产值乃至地区生产总值的提升。②表示随着总人口数量的增多，各产业劳动力数量也不断增多，带动各产业产值增加，使得固定资产投资增多，从而加大对环境污染治理的投资，降低人口死亡率，促进总人口数量的增长。③表明随着总人口数量的增多，各产业劳动力数量也不断增多，带动各产业产值增加，使得固定资产投资增多，从而加大对教育医疗方面的投资，提高人口出生率，促进总人口数量的增长。④表示三产劳动力数量的增加将会使旅游产业从业人口提升，进而促进旅游收入及地区生产总值增长。⑤表示通村路建设项目个数的增加将会增大路网密度，也会直接导致旅游收入的增加以及地区生产总值的提高。

2）要素子系统结构模型及流量存量图

要素子系统流量存量图如图 5-21 所示。总人口、地区生产总值、旅游收入为要素子系统的水平变量，人口增加（减少）量、地区生产总值增加量、旅游收入增加量为要素子系统的速率变量，固定资产投资、教育医疗投资、环境污染治理投资、人口出生（死亡）率、人口增长（减少）率、各产劳动力、各产业产值、旅游产业从业人口、旅游产业固定资产投资、路网密度均为组织子系统的辅助变量，人口迁入（出）率、通村路建设项目个数为常数。

3）要素子系统建模主要方程式

A. 水平变量

总人口 = INTEG(人口增加量+人口减少量,34 818.6)。

地区生产总值 = INTEG(地区生产总值增加量,93 457)。

旅游收入 = INTEG(旅游收入增加量-旅游收入,2068.67)。

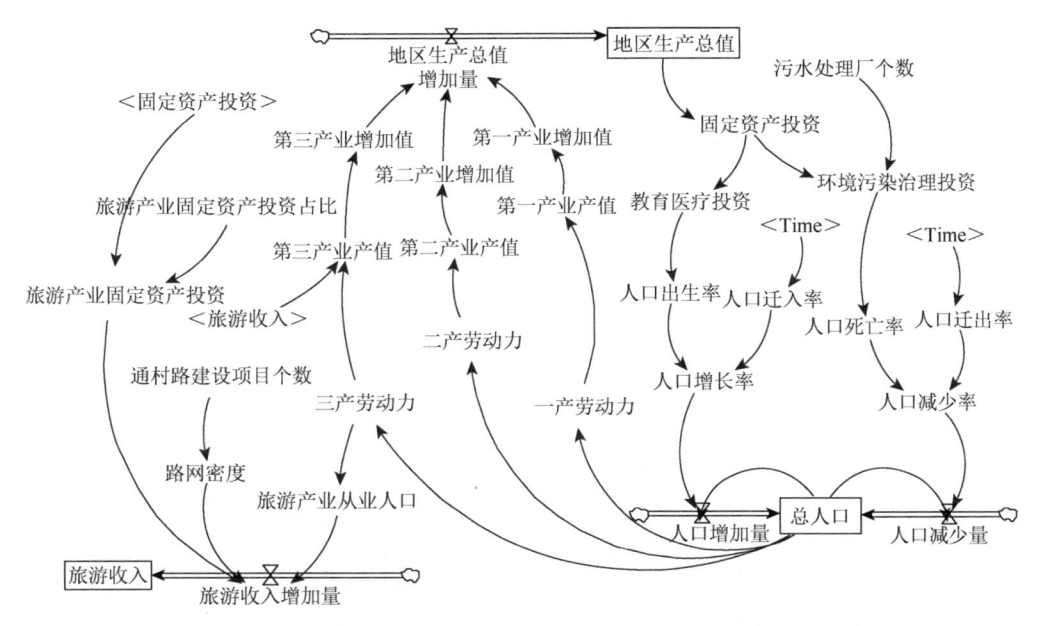

第 5 章　绿色宜居村镇建设动态发展的系统动力学仿真研究　　　　　　　　　　　　　· 149 ·

图 5-21　要素子系统流量存量图（四）

B. 速率变量

旅游收入增加量 = –7213.67×旅游产业从业人口–507.914×旅游产业固定资产投资 + 44 3741×路网密度–550 659。

人口增加量 = 总人口×人口增长率。

地区生产总值增加量 = 第一产业增加值+第二产业增加值+第三产业增加值。

C. 辅助变量

旅游产业从业人口 = 0.000 039 18×三产劳动力 + 6.121。

旅游产业固定资产投资 = 固定资产投资×旅游产业固定资产投资占比。

三产劳动力 = 总人口×三产劳动力占总人口比例。

二产劳动力 = 总人口×二产劳动力占总人口比例。

人口增加量 = 人口增长率×总人口。

人口减少量 = 人口减少率×总人口。

人口增长率 = 人口出生率+人口迁入率。

人口减少率 = 人口死亡率+人口迁出率。

人口出生率 = 0.000 010 47×教育医疗投资 + 0.039。

人口死亡率 = 0.000 014 46×环境污染治理投资 + 0.604。

教育医疗投资 = 0.033×固定资产投资 + 5581.89。

环境污染治理投资 = 0.001×固定资产投资+污水处理厂个数 + 0.123。

路网密度 = 0.01×通村路建设项目个数 + 1.35。

D. 常数

二产劳动力占总人口比例 = 0.14。

三产劳动力占总人口比例 = 0.13。

通村路建设项目个数 = 8。

旅游产业固定资产投资占比 = 0.005。

4. 系统建模总体结构

鄠邑区草堂街道模型总体结构如图 5-22 所示。

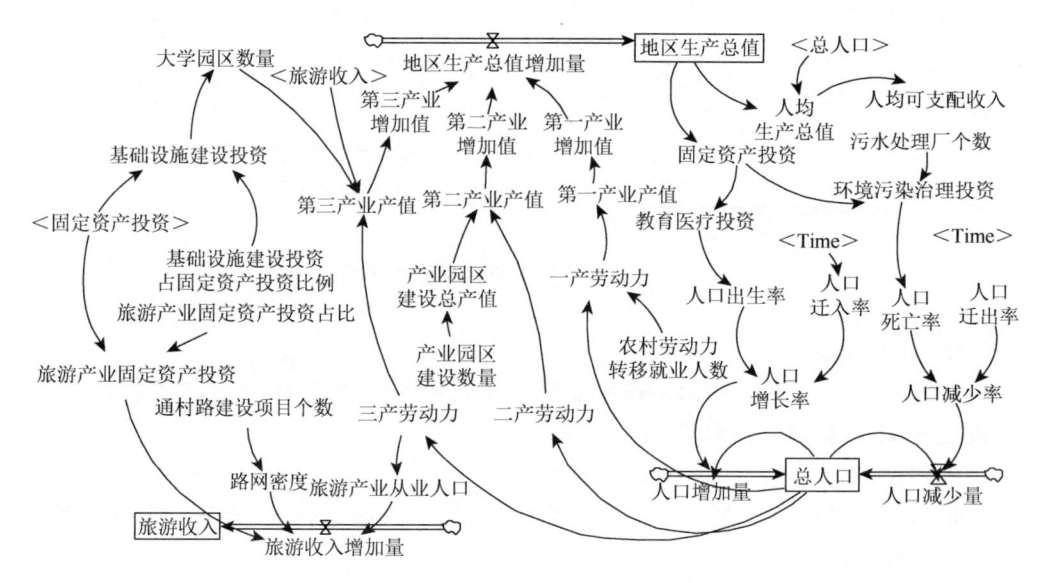

图 5-22 总系统流量存量图（四）

5.5.2 模型政策仿真

1. 系统模型的检验

本模型的检验方法与特色产业主导型村镇系统模型的检验部分相同，且结果显示本模型均已通过各项检验。

2. 不同发展方案调控与分析

1）不同发展方案设置

通过对村镇建设实际情况分析，改变关键节点的参数，设计单因素和多因素调整方案，预测草堂街道未来发展趋势。

A. 单因素调整方案

方案 1：自然发展中的参数按照现有实际情况设置，保持原有趋势不变，从而预测在当前各发展指标不变动的情况下未来的发展态势。

方案 2：草堂街道重视生态建设与治理，根据历史变化率，在模型中将污水处理厂个数从 1 调整至 2，模型中剩余参数不做调整。

方案 3：主要探究路网密度对要素子系统的指标产生的影响，通过调整路网密度来提高交通可达性，从而缩短与中心城市的往返时间，根据历史变化率，将通村路建设项目个数从 8 调整至 11，模型中剩余参数不做调整。

方案 4：主要探究农村劳动力转移就业人数对政策子系统的指标产生的影响，根据历史变化率，将农村劳动力转移就业人数从 10 156.9 调整至 7890，模型中剩余参数不做调整。

方案 5：假设草堂街道重视产业发展与建设，根据历史变化率，在该模型中将产业园区建设数量从 38 调整至 46，模型中剩余参数不做调整。

B. 多因素调整方案

方案 6：根据鄠邑区人民政府制定的《西安市鄠邑区"十四五"统筹城乡发展规划》，鄠邑区旨在坚持城乡融合，以协调推进乡村振兴和新型城镇化战略为抓手，突出以工促农、以城带乡，优化城镇布局形态，实现基本公共服务均等化，缩小城乡发展和居民生活水平差距。鄠邑区推行"生态强区"战略，城乡国土空间开发保护格局得到优化，生产生活方式绿色转型成效显著，生态安全屏障更加牢固，开展美好环境与幸福生活共同缔造活动，实现城乡生态环境天蓝地绿、村美人和。由此可以看出，草堂街道在乡村振兴、生态建设等多方面发力以提高经济发展水平。因此，根据历史变化率，调整农村劳动力转移就业人数与污水处理厂个数，以预测草堂街道未来发展态势。

方案 7：根据鄠邑区人民政府印发的《西安市鄠邑区"十四五"农业农村发展规划》，鄠邑区要求到 2025 年，农业农村发展得到实质性提升，现代农业产业体系、生产体系、经营体系构建成熟，农村人居环境优美、生态环境优良、乡村治理体系健全、乡风文明焕发活力、农民生活富足，农村居民人均可支配收入居西安市第一方阵。从上述计划可以看出，草堂街道试图通过加强乡村农业振兴和加大农村经济发展以提高整体经济发展水平。因此，根据历史变化率，调整通村路建设项目个数以及农村劳动力转移就业人数，以预测草堂街道未来发展态势。

方案 8：根据鄠邑区人民政府制定的《西安市鄠邑区"十四五"产业发展规划》，鄠邑区旨在坚持高端创新、集群高效、三产联动和质效并重的转型思路，围绕产业链部署创新链，围绕创新链布局产业链，坚持新发展思路，实施集群化发展、园区化承载，创新构建六大科创园区，加快形成区域性特色产业竞争链。同时，鄠邑区作为传统农业生产区县，全区建设用地规模不足，城市开发边界和用地发展空间严重受限，在一定程度上制约了经济发展，因此未来朝城市中心不断靠近也是产业发展亟待突破的一大瓶颈。此外，鄠邑区还重视人才培育，提出促进乡村劳动力向城镇转移，提高城镇化水平，促进城乡基本公共服务均等化，完善村镇配套设施，改善村容村貌与整体环境情况，提高地区生产总值。由此可以看出，草堂街道在产业发展、经济发展、城乡融合等多方面发力以促进经济、社会、环境协调发展。因此，根据历史变化率，调整产业园区建设数量、通村路建设项目个数与农村劳动力转移就业人数，以预测草堂街道未来发展态势。

2）不同发展方案结果分析

A. 单因素调整方案结果分析

单因素调整方案地区生产总值仿真结果如图 5-23、表 5-8 所示。

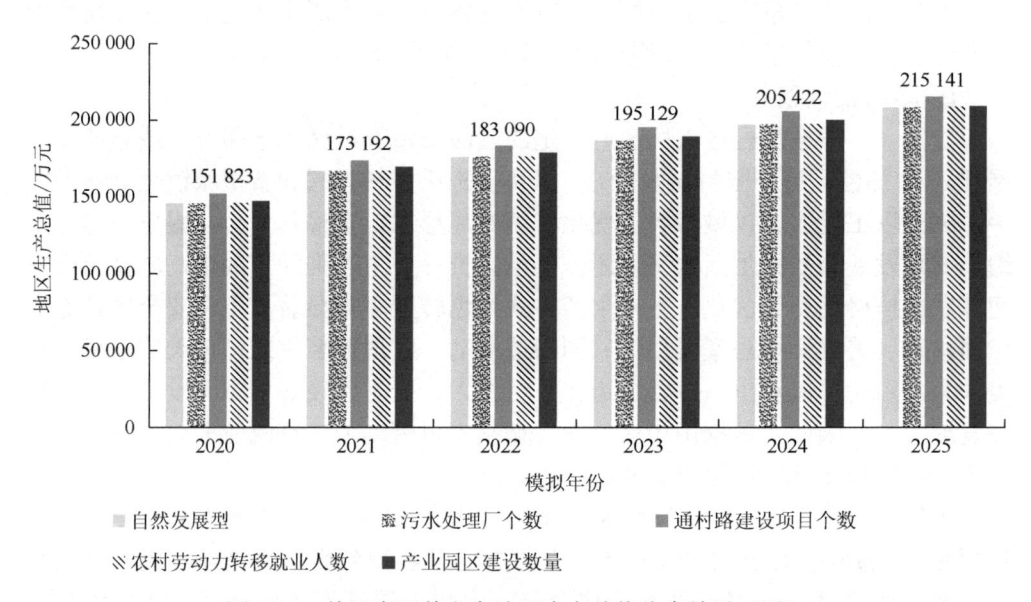

图 5-23 单因素调整方案地区生产总值仿真结果（四）

表 5-8 单因素调整方案地区生产总值仿真结果（四） （单位：万元）

发展方案	2020 年	2021 年	2022 年	2023 年	2024 年	2025 年
方案 1	145 509	166 431	175 567	186 191	196 763	208 002
方案 2	145 521	166 454	175 610	186 269	196 907	208 277
方案 3	151 823	173 192	183 090	195 129	205 422	215 141
方案 4	145 693	166 634	175 804	186 490	197 181	208 655
方案 5	146 997	169 081	178 348	188 898	199 905	208 983

将所有参数按照草堂街道现有实际情况来设置,草堂街道地区生产总值将会由 2015 年的 93 457 万元增加到 2025 年的 208 002 万元。自然发展情况下,虽未对参数进行调整,但是草堂街道地区生产总值仍逐年增加,这是因为在现实情况下,草堂街道注重产业融合发展,推进产业优化升级,又着力于促进城乡融合一体化。一方面会带动城乡基本公共服务均等化的发展,缩小城乡贫富差距;另一方面还会带动相关工业和服务业发展,促进各产业融合发展,以提高草堂街道整体经济水平。

调整污水处理厂个数,草堂街道地区生产总值将会由 2015 年的 93 457 万元增加到 2025 年的 208 277 万元。调整污水处理厂个数,即增加居民污水处理量,改善居民居住环境,降低人口死亡率,随环境的改善人口数量会增多,劳动力数量也随之增加,从事各个产业的劳动力人数也会增加,进而带动各产业产值增长。环境治理不仅能够解决产业发展带来的环境污染问题,还能够为后期产业发展营造良好的自然环境,使地区生产总值较自然发展型有所提高。

增加通村路建设项目个数,即增大路网密度,草堂街道地区生产总值将会由 2015 年的 93 457 万元增加到 2025 年的 215 141 万元。通村路建设项目个数的增加,能够吸引更多企业、人才到农村发展,缩小与城市中心的距离,利用核心城区吸收和配给资源的功能,提高城市中心的辐射带动效应。通村路建设项目个数的增加不仅缩小城乡贫富差距,还能创造更多就业机会,提高相关产业产值。因此,缩小与城市中心的距离,最终将会使地区生产总值较自然发展型优势提高。

调整农村劳动力转移就业人数,草堂街道地区生产总值将会由 2015 年的 93 457 万元增加到 2025 年的 208 655 万元。草堂街道在经济发展过程中,统筹谋划城乡结构布局,分类推进村镇发展,健全城乡一体化发展体制机制,使农村一、二、三产业结构更加优化,从而减少了农村劳动力转移就业人数,更多劳动力专注于农村建设,从而带动地区生产总值增加。农村劳动力转移就业人数的减少,将会促进草堂街道城镇化,缩小城乡贫富差距。因此,通过减少农村劳动力转移就业人数,最终地区生产总值将会较自然发展型有所提高。

通过增加产业园区建设数量,草堂街道地区生产总值将会由 2015 年的 93 457 万元增加到 2025 年的 208 983 万元。产业园区建设数量的增加不仅能够增加产业园区建设总产值,进而带动第二产业与第三产业的发展,促进地区生产总值;还能够加快完善配套设施,产业吸附作用不断增强,为后续产业发展动能蓄势积累,使产业板块积聚成形,增强产业资源的流动性、共生性,推动三大产业深度融合。因此,通过增加产业园区建设数量,最终地区生产总值将会较自然发展型更加提高。

综合来看,与自然发展情况下相比,调整四个不同参数,地区生产总值均有所增加。自然发展方案下地区生产总值始终最低,调整路网密度与产业园区建设数量这两种情况下地区生产总值相对较高。增加路网密度方案的地区生产总值一直居高不下，调整产业园区建设数量次之。而调整农村劳动力转移就业人数与增加污水处理厂个数方案下的地区生产总值虽然也较自然发展型的地区生产总值更高，但仍不够突出，说明针对草堂街道发展情况，还是需要一定的生态治理介入，并且推进产业集成，促进城乡融合一体化，才能更好地促进当地经济发展。

B. 多因素调整方案结果分析

多因素调整方案地区生产总值仿真结果如图5-24、表5-9所示。

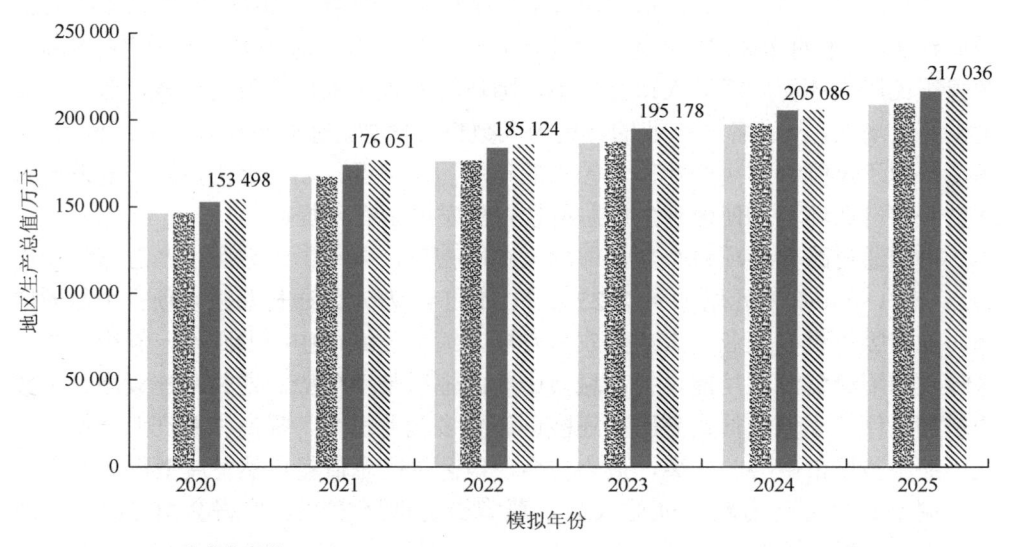

图 5-24 多因素调整方案地区生产总值仿真结果（四）

表 5-9　多因素调整方案地区生产总值仿真结果（四）　（单位：万元）

发展方案	2020 年	2021 年	2022 年	2023 年	2024 年	2025 年
方案 1	145 509	166 431	175 567	186 191	196 763	208 002
方案 6	145 705	166 657	175 847	186 568	197 325	208 930
方案 7	152 008	173 395	183 327	194 429	204 841	215 798
方案 8	153 498	176 051	185 124	195 178	205 086	217 036

根据历史变化率，调整农村劳动力转移就业人数与污水处理厂个数，草堂街道地区生产总值将由 2015 年的 93 457 万元增加到 2025 年的 208 930 万元。草堂街道以协调推进乡村振兴和新型城镇化战略为抓手，旨在坚持城乡融合一体化。

草堂街道进行城镇建设,将会提高城镇化率,促进城乡融合。完善村镇建设,能够加速一、二、三产业融合发展,健全农业生产经营体系,推动农业高质量发展,优化村镇环境,建设生态宜居型村镇。在发展过程中,此方案下的地区生产总值增幅不大,因此,在乡村振兴和生态治理的带动下,草堂街道经济发展水平的进一步提升就需要更多的因素介入。

根据历史变化率,调整通村路建设项目个数和农村劳动力转移就业人数,草堂街道地区生产总值将由 2015 年的 93 457 万元增加到 2025 年的 215 798 万元。草堂街道路网密度的增加和农村劳动力转移就业人数的减少,不仅能够打通城乡要素自由流动制度性通道,发展农村基础设施和公共服务水平,缩小城乡发展差距,脱贫攻坚与乡村振兴能够实现有效衔接,还能够引进龙头企业,加强政府联动,探索实践"企业+合作社+农户"发展模式,增强农村发展活力,逐步缩小城乡差距,促进城镇化和新农村建设协调推进。提高路网密度以及留住农村劳动力,草堂街道地区生产总值实现了更大幅度的增长。

根据历史变化率,调整产业园区建设数量、通村路建设项目个数和农村劳动力转移就业人数,草堂街道地区生产总值将由 2015 年的 93 457 万元增加到 2025 年的 217 036 万元。产业园区建设数量的增加,一方面提高产业园区总产值来带动草堂街道地区生产总值;另一方面提供更多的就业机会,吸引更多的外来劳动力迁入,进而带动地区生产总值增加。增加路网密度,将为城乡融合一体化发展带来动力,增大交通可达性,减少去往中心城市的路程时间,为建设生态环境优良、治理体系健全、乡风文明焕发活力、人民生活富足的村镇做贡献。减少农村劳动力转移就业人数,使得城镇化率不断提高,从而为农村产业发展提供人力基础。同时调整这三种因素,使草堂街道在发展过程中城镇化步伐不断加快,现代农业活力彰显,城乡产业结构持续优化。在这种情况下,草堂街道实现了经济、社会、环境协调发展。

综合来看,根据草堂街道现有政策将不同参数组合调整并进行仿真模拟,所得到的地区生产总值与自然发展型相比均有所提高。其中,在调整产业园区建设数量、通村路建设项目个数和农村劳动力转移就业人数这一方案下,到 2025 年地区生产总值增幅最大。在该方案下,草堂街道实现了经济、环境、社会协调发展,是多因素调整方案下的最优方案。在调整通村路建设项目个数和农村劳动力转移就业人数这一方案下,到 2025 年草堂街道地区生产总值仅次于最优方案。在调整农村劳动力转移就业人数和污水处理厂个数这一方案下,到 2025 年草堂街道地区生产总值也相对较高,但在发展过程中此方案的地区生产总值整体上低于其余两个方案,说明草堂街道的经济建设需要产业融合加持,更加促进草堂街道城乡一体融合发展。因此,通过调整产业园区建设数量、通村路建设项目个数和农村劳动力转移就业人数,带动草堂街道地区生产总值的提升是最优选择。

5.5.3 结果分析

通过对草堂街道政策、组织、要素协调发展系统动力学模型进行结构检验、历史检验和灵敏度分析，确保模型可以真实反映草堂街道政策、组织、要素的实际发展情况，并通过改变模型中关键参数取值设定多种单因素调整与多因素调整方案。结果发现：在单因素调整方案下，调整通村路建设项目个数和产业园区建设数量，草堂街道地区生产总值的增幅较大，经济发展水平较高。由此说明，产业优化升级与环境治理促进草堂街道城乡融合一体化对草堂街道产业发展的影响较大。在多因素调整方案下，调整产业园区建设数量、通村路建设项目个数与农村劳动力转移就业人数，草堂街道地区生产总值的增幅最大，经济发展水平与自然发展型相比大幅提高。未来草堂街道可以考虑从加大产业园区建设数量、通村路建设项目个数以及大力留住农村劳动力方面着手，全面促进三大产业融合创新发展，推动草堂街道城乡融合一体化，从而实现经济发展。由此可以说明，该方案是适宜草堂街道未来发展的方案。在该方案下，草堂街道实现了经济、社会、环境协调发展。

第6章　不同类型绿色宜居村镇建设发展路径探析

6.1　特色产业主导型村镇建设发展路径探析

经过仿真分析，对比特色产业主导型村镇的不同发展方案，预测武功镇未来发展现状。在单因素调整下，增加农业发展专项资金会使武功镇未来发展态势相对较好。增加农业发展专项资金，会为村镇发展带来资金等要素，此外，资金的投入还会促进技术、管理、信息等发展要素流入村镇，发展要素的流入会促进村镇特色农业产业发展，特色农业发展水平提高，地区经济发展水平也会随之提高。在多因素调整下，增加农业固定资产投资、基础设施建设投资、农业发展专项资金和环保支出，会使得武功县村镇未来发展态势较好。各种发展资金的投入，一方面会促进村镇特色农业产业发展，另一方面还会为电商产业发展创造良好的条件，从而带动电商产业发展。此外，环保支出的投入，会解决产业发展过程中造成的环境问题。在这种方案下，武功镇实现了经济、社会、环境协调发展。

特色产业突出产业发展的区别性、独有性和差异性。村镇地区的传统产业主要是劳动密集型且以农作物生产为主，产业链短、附加值低、产品辨识度低。特色产业是在传统产业基础上进行升级，立足于村镇独特的资源优势，发展特色产业经济。村镇特色产业能够带动资金、技术、劳动力、管理和信息等发展要素逐渐向村镇集聚，增加村镇地区的吸引力和发展潜力，同时能够发挥当地特色资源禀赋优势，为村民提供更多就业和机会，促进产业结构优化升级。近年来，我国村镇特色产业发展取得了一定的成就，特色产业已初具规模，但村镇的特色产业发展仍处于初级阶段，存在产业链短、产业竞争优势不足、产业关联度不高、产业信息化程度较低、产业集而不群等深度问题。

站在可持续发展视角来看，特色产业主导型村镇未来要整合人力、物力、财力，深度挖掘、盘活特色资源，最大限度发挥区域优势，通过发展适应市场需求的特色产品和服务，形成特色明显、竞争有力和经济效益显著的村镇产业体系。

一是产品品牌化。品牌是一种识别标志，一种价值理念。品牌化，就是赋予特色产品一定的特殊标志，使其具有独特性，与其他产品形成明显的差异性，能够对消费者产生一定的吸引力，从而形成具有自身特色的品牌形象。塑造特色产品优质品牌，不仅能产生溢价效应，增加特色产品的销售额，还能提升整个区域特色产业的影响力。打造特色产业知名品牌，主要从以下几个方面着手：其一是加强规模化生产基地建设，通过推广新品种、新技术，提升科技含量，提高特色产品品质，增强市场竞争优势，实现优质优价；其二是电商带动，通过村镇电商拓宽特色产品销售渠道；其三是加大品牌宣传力度，通过举办文化节、采摘节、展销会，推广优质农产品，扩大品牌知名度。

二是电商规模化。"淘宝村"为村镇经济发展壮大提供了新的思路和途径，在村镇经济快速增长过程中，村镇电商也逐步成为新的经济增长点。村镇电商的兴起，为特色产品构建新的营销渠道，然而分散的地区特色产品营销，难以产生规模效应，所带来的经济效益并不显著。为此，应着力实现电商规模化。电商规模化发展，不仅能够扩宽销售渠道，提高特色产品运营效率，还能够提高产品竞争力，逐步打开特色产品市场。实现电商规模化，应从以下几个方面着手：其一是依托特色产业集群助推电商产业；其二是通过塑造特色产品电商品牌，增强电商市场竞争力；其三是整合资源，发挥政策类电子商务平台的信息导向作用；其四是打造"产业基地+电商直播基地+物流基地"联合体，形成产、供、销一体的特色产品电商营销体系。

三是产业链数字化。在大数据时代背景下，物联网、云计算等数字技术被广泛应用于各行各业中，数字乡村、数字农业应运而生。产业链数字化，就是将数字经济与特色产业进行融合，实现产业链的全新升级，将数字经济贯穿于产业的生产、经营、销售等环节中，使整个产业链向智能化、信息化方向发展。数字技术融入村镇，不仅优化了村镇产业结构，还为特色产业发展赋予了新的内涵。实现产业链数字化，主要从以下几个方面着手：其一是搭建完善的物联网体系和智慧产业服务平台，数字化在产业发展方面的积极作用首要是提供便捷的信息服务，将特色产业信息充分数字化是实现产业链数字化的基础和首要工作。其二是多维度促进特色产业与数字经济融合，特色产业与电商产业融合已取得了一定成就，未来可从"数字经济+特色产业+旅游业"维度出发，拓展产业发展新模式，延伸产业链。其三是丰富人才储备。人才是村镇发展不可或缺的要素之一，产业链数字化离不开人才的支持。各社会主体要充分发挥各自优势，加快实施人才培养计划。

四是产业集群化、园区化。为解决特色产业集而不群这一现状，提出了产业集群化、园区化。产业集群化、园区化，就是特定产业在空间集聚基础上的专业化和网络化发展，是一种新型的产业组织模式，是特定产业的各种要素资源在特定区域范围内进行重新组织和有机组合。通过发展产业集群，可以提高特色产业规模竞争优势，并取得较好的市场占有率，更重要的是，发展产业集群，能够创造成本优势，集群成员之间通过信息互通、资源共享，可以在上下游供需关系上打通关节，降低经营成本。同时，实现产业园区化，有利于地域特色产业结构优化、精细布局。实现产业集群化、园区化，最重要的是围绕特色产业的核心要素、主营业务等优化经营布局，做好产业规划。此外，还需要构建产业集群发展的制度环境、完善配套基础设施、建立多方良性互动的合作机制。通过多主体协同和多产业联动，最终实现产业集群化、园区化。

特色产业主导型村镇实现产品品牌化、电商规模化、产业链数字化和产业集群化、园区化，离不开特色小镇、特色种植、农产品深加工、现代农业产业园等特色项目的建设。特色产业主导型村镇利用本地优势资源，开展蔬菜、水果、花卉等规模化种植或牛、猪、鸡、鱼等畜禽渔专业化养殖，围绕特色种植（养殖）产品，开展农产品加工，推进农业产业化经营。首先，特色种植项目和畜产品养殖项目是特色产业主导型村镇发展必不可少的建设项目。其次，若要开展农产品加工，农产品深加工建设项目是不可或缺的。推进农业产业化经营，是对特色产业产业链条的延伸。推进农业产业化经营，离不开品牌化建设，数字化、集群化生产和规模化销售。品牌化建设，有利于提高特色产品核心竞争力。建设特色小镇及休闲旅游农业项目，提高特色产业知名度，有利于实现品牌化建设。数字化、集群化生产，旨在提高生产效率；规模化销售，旨在提高经营效率。现代农业产业园项目的建设是实现数字化、集群化生产和规模化销售的有效途径。现代农业产业园项目的建设，解决了产业集而不群的问题，从而实现产业协调发展。特色产业主导型村镇特色建设项目类型如表 6-1 所示。

表 6-1　特色产业主导型村镇特色建设项目类型

村镇类型	特色建设项目类型
特色产业主导型	现代农业产业园项目
	特色小镇
	农产品深加工项目
	畜产品养殖项目
	特色种植项目
	休闲旅游农业项目

6.2　多元发展均衡型村镇建设发展路径探析

通过对西店镇的仿真分析，得出了单因素模拟以及多因素模拟情况下西店镇未来的发展变化。其中自然发展型保留了西店镇的各项原始指标，反映了西店镇实际的发展状态，而工业投资占比、互联网入户数、基础设施投资占比以及公共服务投资占比是通过提升西店镇综合发展质量来吸引更多外来劳动力流入，增加各产业劳动力从而带动地区生产总值。然而评价一个地区的综合发展水平不应仅限于经济的单一评价方法，地区生产总值是由多种要素共同决定的，除了提升生产水平和人居环境吸引人才，也需要多在组织层面下功夫，劳动力虽然是最活跃的生产要素,但企业是市场的主体,为地区发展提供支撑,因此工业企业数的提升能够直接带动工业产值的增加,进而增加第二产业产值,为地区生产总值的发展做出贡献。从仿真结果中可以看出,村镇发展质量的提升意味着生产能力和人居环境的改善,工业企业数的增加意味着工业产业集群的扩大与成熟,均对地区生产总值起正向作用。而多因素同时调控所带来的效益通常大于单因素调控下的叠加效益,因此政府应当多方调控,才能实现地区的跨越发展。

多元发展均衡型模式不仅要避免产业的单一化,也要追求产业的融合发展,综合全面发展多业态,为形成完整的产业体系、规模集聚和品牌效应提出相应的发展路径。

一是产业发展多元化。随着农业现代化的不断推进,以传统农作物种植为主的产业发展模式已经无法赶上时代的发展速度,需要通过不断创新农业经营方式来催生与当地特色产业相关的新业态,开创新的发展模式,延长产业链和提升产品的附加值,形成产业体系才能切实提升农民的生活水平。可依托当地资源,在农作物种植和畜牧业养殖的基础上,以市场需求为导向开展农产品精深加工,同时将旅游业作为三大产业融合的纽带。随着工业化和城镇化的不断推进,稻田、花海、鱼塘等独特的农业风光逐渐成为城市居民记忆中的乡愁,是发展村镇旅游的基础和优势,基于此发展田园观光旅游、生态康养、农家乐和温泉度假村等多种多样的新兴产业,再带动农产品和加工品的销售。将一、二产业作为旅游业发展的基础,将旅游业视为促进多元产业融合的手段。在多元产业共同发展、多方主体共同参与的情况下,建立各利益主体的协同机制,统一各利益主体的驱动方向,重视农业新技术的研发与推广使用,加大农业科技研发投入,将先进技术转化为农业生产力,以优势产业为核心发展上下游的配套产业,形成一、二、三产业互联互通,紧密融合的发展态势。

二是经济生态一体化。生态环境的质量不仅与居民生活水平息息相关,也是发展旅游产业的前提和资本。传统的粗放型经济发展模式不但给环境带来沉重的负担,同时也会危及人类自身,难以实现可持续发展。因此应当以生态经济发展代替传统"三高一低"的发展道路,重新建立环境友好型发展模式。坚持"绿水青山就是金山银山"的发展理念,遵循生态优先的发展原则,维护村镇原始生态景观,找寻生态友好型新动能产业,创造生态效益,探寻产业与生态和谐共处的发展路径。能够实现发展多元产业的地区一般有着良好的自然资源和区位优势,对于资源条件优越的地区,可以依托当地的资源禀赋立足农业,发展与之相关的加工业和服务业,形成以当地特色为核心的完整的产业链,除此之外生态环境也是拉动当地旅游产业发展的关键要素,由此实现扩大就业岗位和吸纳剩余劳动力,提高农民收入水平,助力乡村振兴,将经济要素和环境要素整合在一起,形成绿色生态与经济发展相互促进的发展格局。

三是品牌名片特色化。对于旅游资源丰富的地区,如浙江省宁海县,应致力于打造独一无二的品牌形象，形成独特的竞争优势。近年来随着旅游业的不断发展，各地区也在进行旅游开发和商业街打造，但是所提供的旅游产品和服务面临同质化严重、特色民俗不断流失的状况。因此应当将产业文化在传承中发展，以当地特色文化为基础打造特色品牌形象，实行差异化的发展策略。如宁海县前童古镇是当地有名的古镇景区，保留着其独有的文化色彩和历史积淀，至今仍呈现着明清时期江南地区民居的原貌，是一个古色古香的江南小镇。前童镇保留了本身的历史底蕴和独特文化，为游客展示其儒家文化古韵和江南乡村美景，坚持了原生态、自然古朴的发展道路，这对于那些追求返璞归真、想要身临其境感受江南民风民俗的游客是最合适的选择，由此前童镇有着独特的吸引力和良好的口碑，打造了不可替代的品牌名片，也为将来的发展奠定了良好的基础。因此发展旅游业的村镇应当注重当地独一无二的特色文化，展示出与众不同的文化名片，才能保持独特的竞争优势和发展道路。

多元发展均衡型村镇实现产业发展多元化、经济生态一体化、品牌名片特色化，最切实可行的发展思路是以多元发展为导向，利用工业园区建设、现代农业园区建设、休闲文化旅游建设等区域内重大工程，积极吸引外部发展要素，助力村镇发展。多元发展均衡型村镇依托区位优势和相关产业支撑，通过发展村镇工业，推动村镇经济由农业主导型向工业主导型转变。多元发展均衡型村镇在发展过程中，主导产业由农业向工业转变，转变过程中将消耗原有耕地面积，从而导致农业耕地面积减少。为了确保粮食供应，提高农业生产效率，现代生态农业项目建设是必不可少的。为了提高土地利用效率，可从建设工业园区项目着手，以工业园区为载体，整合土地资源，优化村镇空间。工业园区可从农产品加工、装备制造等多方面布局，从而提高土地经济效应。工业化水平的逐步提升会使村镇知名度提升。依托工业发展优势，建设休闲工业旅游项目。在多元建设项目的带动下，多元发展均衡型村镇将实现产业深度融合发展。多元发展均衡型村镇特色建设项目类型如表 6-2 所示。

表 6-2 多元发展均衡型村镇特色建设项目类型

村镇类型	特色建设项目类型
多元发展均衡型	现代生态农业+农产品深加工项目
	现代生态农业+畜产品养殖项目
	现代生态农业+休闲文化旅游项目
	现代生态农业+农产品深加工+畜产品养殖项目
	现代生态农业+农产品深加工+休闲文化旅游项目
	现代生态农业+农产品深加工+休闲文化旅游+畜产品养殖项目

6.3 人文生态资源型村镇建设发展路径探析

经过仿真分析，对比人文生态资源型村镇的六种单因素调整方案，在以自然发展型作为对照组的前提下，不难从仿真结果中看出，调整文化体育和娱乐业投资占固定资产投资比例，使得洛南县地区生产总值增幅最大。调整农业基础设施建设投资占固定资产投资比例与绿化覆盖率，地区生产总值与调整其他参数对应的方案相比增幅较小，说明未来洛南县的经济发展还需依靠文化旅游等产业发展，通过挖掘村镇文化旅游资源发展旅游产业，增加旅游收入，确保居民收入稳步增长。对比三种多因素调整方案，在以自然发展型作为对照组的前提下，可以看到调整文化体育和娱乐业投资占固定资产投资比例与环境污染治理投资占固定资产投资比例这一方案，使得洛南县地区生产总值增幅最大，可以最大程度实现地区生产总值的增长，是洛南县实现经济、社会、环境相协调的最有效方案。

因此，在保护村镇生态环境的基础上，依托人文和生态资源，打造特色精品旅游，延伸产业链，实现村镇产业联动化与品牌化，形成"景中有村、村中有游、游中有乐"的发展蓝图是洛南县人文生态资源型村镇最适合的发展方案，具体包含以下路径。

一是旅游休闲化。深挖村镇的人文生态资源，根据当地的地域风貌特色，打造独一无二的精品旅游产品，还要根据市场需求，开发具有当地特色的精品旅游项目，将文化与商业融合，做到细分客群、差异产品，通过游客整合、设施共享等降低市场风险，实现共生共荣[96]。乡村休闲旅游在满足都市人享受田园风光、回归大自然的同时增加了农民收入，是旅游经济新的增长点。而乡村休闲旅游产品是让旅游者深度参与乡村休闲旅游项目，从参与的过程中获得全面的感知、认知和教育并留下难忘的回忆，丰富、生动的体验型乡村休闲旅游项目能满足游客的体验经历以及他们的个性化乡村休闲旅游需要。甚至可以把养生文化理念融入乡村休闲旅游开发，让人们在休闲旅游的同时得以养生，其符合市场需求，是一种高层次的乡村休闲旅游产品。养生与乡村休闲旅游的结合形式灵活多样，如西部山区可开发乡村温泉康体养生休闲游、乡村森林氧吧养生休闲游、乡村登山健体养生休闲游等，东部平原可开发某纯天然绿色食品养生休闲游、乡间劳动养生休闲游甚至只针对某一健康项目的养生休闲游等。

二是乡村生态化。深入贯彻生态为先的发展理念，打造绿色宜居的人居环境。旅游业作为"环保产业"和"朝阳产业"的普遍共识，使人们容易忽视旅游经济的发展可能会对人文生态资源造成的破坏。乡村旅游资源所依赖的乡村资源环境的脆弱性在城镇化进程中不断加剧。乡村旅游经济发展中延续传统的城镇化发展方式，会带来相应的生态问题，水污染、空气污染、噪声污染等自然环境改变，在一定程度上破坏了乡村旅游资源的原真性。保护意识淡薄、财力不济、外出务工等，造成村落"老龄化、空巢化"的"自然性颓废"。村镇规划无序性、居民居住条件的改变以及无序拆旧建新造成村镇村落格局风貌"自主自建性破坏"，也降低了乡村作为旅游资源的开发价值和生态价值。归根到底，其原因是人与自然关系的矛盾。人和自然之间的良性关系是生态经济的内在特征，也是转变经济发展方式的本质要求。乡村旅游过程中存在的"反生态"现象制约了村镇经济可持续发展，亟须转变经济发展方式，走生态化转型道路[97]。在村镇开发及运营过程中，需结合自身的优势与特色，合理有效地将自然资源转化为物质财富，实现生态效益与经济效益双丰收。

三是区域联动化、品牌化。品牌化后的产品具有较高的附加值，能够真切提高农户收入，应充分认识实施品牌战略在农业旅游产品生产经营中的重要作用，树立新的农业旅游发展观念，增强品牌意识，认识到建立品牌、创立品牌是提升产品档次，提高市场竞争力，实现市场最大化、效益最优化的重要途径[98]。依托乡村自身优势，实现种植业、林业到旅游业的转变，并加强村落的旅游品牌建设管理，结合特色民俗和乡土文化等资源，建成处处有文化、处处皆风景的特色文化乡村。同时，围绕乡村文化建设，发展休闲农业、观光农业、农产品加工业，延伸产业链条，拓宽增收渠道，打造乡村旅游品牌，提升发展质量和效益。人文生态资源型村镇特色建设项目类型如表6-3所示。

表 6-3　人文生态资源型村镇特色建设项目类型

村镇类型	特色建设项目类型
人文生态资源型	人文生态经济+艺术生活田园综合体项目
	人文生态经济+花海经济田园综合体项目
	人文生态经济+旅游经济田园综合体项目
	人文生态经济+康养经济田园综合体项目

6.4　城乡一体融合型村镇建设发展路径探析

通过对草堂街道的仿真分析，提出了五个单因素调整方案以及三个多因素调整方案，对这八种发展方案进行对比分析。其中自然发展型保留了草堂街道的各项原始指标，反映了实际的发展状态，而调整污水处理厂个数、通村路建设项目个数、农村劳动力转移就业人数以及产业园区建设数量，都会相应地带动草堂街道的地区生产总值、人均可支配收入以及总人口数量等一系列经济指标同向增长。然而评价一个地区的综合发展水平不应仅限于单一因素的评价方法，经济发展水平与人民的生活水平是由多种要素共同决定的，城乡基本公共服务均等化的促进与一、二、三产业的融合升级对草堂街道的发展同样会产生较大的影响。从仿真结果中可以看出，草堂街道应优先发展劳动密集型的农畜产品加工业、服务业等城乡产业，增加产业园区建设数量以及提高路网密度，以此来吸引大部分的村镇剩余劳动力就近就业，带动经济指标的增长，为实现鄠邑区经济、社会、环境协调发展打造坚实的基础。

城乡一体融合型村镇未来要构建城乡要素平等交换平台，为城乡土地、劳动力和公共服务等资源的优化配置与平等交换提供制度保障，实现城乡资源高效利用、生产要素自由流动以及公共资源均衡配置，不断增强城市对村镇的带动作用和村镇对城市的促进作用，形成城乡互动共进、融合发展的格局。

一是城乡公共服务均等化。城乡公共服务均等化是城乡居民权利平等、共享发展成果的重要表现。为有效提升公共服务资源配置效率，实现增加城乡公共产品与服务供给数量、改进供给质量的目标，达到满足城乡居民共同的相对较高层次的需求、增进人民福祉的目的，亟须以共享发展为原则、以共享服务平台为载体，优化城乡公共资源配置，并将教育、医疗等确定为城乡融合发展阶段公共服务的重点投入领域，建立起城乡公共服务供给体系；同时，面对社会领域需求倒逼扩大有效供给的新形势，既要满足城乡居民在基本公共服务方面的旺盛需求，又要满足城乡居民在非基本公共服务方面个性化、专业化、潮流化的更高层次需求，形成多层次、多样化的社会供给之态，与社会需求的基本形态相匹配。面对公共服务配置效率不高等问题，要强化政府对城乡基本公共服务的均衡配置责任，以公共服务的普惠共享为目标，做好城乡公共服务规划与政策统筹衔接工作，促进城市与村镇在教育、文化体育、医疗卫生等领域实现融合发展。

二是农业村镇现代化。采取多元化发展策略，既要以提高农业劳动生产效率为目标，走内涵式现代农业发展道路，推动城乡生产力合理布局，破解城乡融合发展道路上的阻力；又要抢抓城乡多类型、多业态产业融合发展的机遇，在市场调节、政府引导与扶持的作用下，优化城乡产业结构布局，提高城乡经济发展的联动性。目前鄠邑区村镇产业发展存在结构单一、基础薄弱等问题，要以产业发展为抓手，推动村镇从注重单一农业建设向注重三产融合的方向转变，优化城乡产业布局，形成高质量发展的现代产业支撑体系。一方面，植根于农业村镇，引进一批龙头、特色企业融入乡村振兴发展当中，并以其为依托，打造和培育完备的、能够彰显地域特色和村镇价值的产业链条，推动实现乡村产业振兴发展的特色化；同时，为提高农产品的附加值，要大力发展农产品加工业，通过深加工逐渐将村镇的农产品资源优势转换为经济优势。另一方面，植根于城镇，尤其对于城市的发展，想要在价值链中占据相对高端的地位，需要加快构建现代化产业体系，并通过分别发挥高端产业、现代服务业及先进制造业的引领、主体和支撑作用，抓住产业链的核心环节。

三是城乡产业创新融合化。根据鄠邑区当地的自然资源、地理位置以及发展环境等，充分挖掘其自身优势，并根据市场需求促进创新融合，就要以城乡产业创新融合为抓手，持续推进工业产业转型升级、转变农业发展方式，推进现代农业快速发展、大力发展现代服务业。工业的转型发展可为统筹城乡发展奠定坚实的工业基础和资金来源，为城乡居民提供较多的就业机会，能够提高城乡协调发展的支撑带动能力。因此，鄠邑区要根据经济发展趋势不断调整工业结构，优化调整工业产业布局，提高工业信息化、智能化水平，深化校企产业合作协同创新，提升工业承载城乡就业能力。发展现代农业可为统筹城乡发展提供有针对性的致富载体，有效提高农村要素生产效率，推动农业供给侧结构性改革，促进农村一、二、三产业融合发展。鄠邑区要据此优化都市农业现代发展，培育多元新兴主体，大力发展农业新型业态，实施"互联网+现代农业"行动，大力发展农产品电子商务，完善配送及综合服务网络。推动科技、人文等元素融入农业，发展农田艺术景观、阳台农艺等创意农业。鼓励发展农业生产租赁业务，积极探索农产品个性化定制服务、农业众筹等新型业态。依托科工集中区、城镇建设区、涝河-渼陂湖水系生态文化旅游区，推进服务业大项目建设，为统筹城乡发展提供更多的就业机会和增收平台。因此，鄠邑区需要强化生态服务业、生活性服务业的支撑带动作用，提升多元服务业的规模、档次，加快现代物流、现代金融、电子商务、信息服务业等生产性服务业发展和现代商贸、健康产业、旅游会展、房地产业等生活性服务业发展，建设创智新区、创新创业集聚区等服务业重点园区，促进服务业与制造业融合、互动发展。鄠邑区在未来发展过程中需要坚持高端创新、集群高效、三产联动和质效并重的转型思路，坚持新发展思路，实施集群化发展、园区化承载，创新构建六大科创园区，加快形成区域性特色产业竞争链，培育壮大创新发展新动能，促进经济、社会、环境协调发展。

城乡一体融合型村镇实现城乡公共服务均等化、农业村镇现代化和城乡产业创新融合化，可以文化体育、医疗康养设施项目，湿地公园等环境整治项目，涉农高科技产业项目，电商物流中心、电商中心项目等为载体，积极吸引外部资金、人才以及高新企业主体，通过城乡产业之间的相互联系带动村镇发展。城乡一体融合型村镇利用其良好的区位优势、经济环境条件以及较为完善的公共服务设施，为城市居民提供消费和村镇景观服务，同时吸纳城市人力、资本等发展要素，发展高新技术产业，从而推动村镇产业转型升级。近郊农村承担着满足城市居民农产品消费需求的重任，建设涉农高科技产业项目，提高农业生产效率和农业现代化水平，能够更好地满足城市居民的消费需求。城郊村镇多处于城市"一小时经济圈"内，成为多数居民近郊出游的好去处。建设文化体育、医疗康养设施项目和湿地公园等环境整治项目，不仅能够为城市居民提供舒适的休闲场所，还能够推进城乡公共服务均等化。依托良好的区位条件，近郊村镇可吸引高新企业主体，建设高新技术产业园区，以带动村镇发展。城乡发展要素的流动，最终将推进城乡深度融合发展。城乡一体融合型村镇特色建设项目类型如表 6-4 所示。

表 6-4 城乡一体融合型村镇特色建设项目类型

村镇类型	特色建设项目类型
城乡一体融合型	涉农高科技产业项目
	湿地公园等环境整治项目
	易地安置项目
	物流中心、电商中心项目
	文化体育、医疗康养设施项目

参 考 文 献

[1] 罗宏翔. 推进建制镇规模等级结构优化升级[J]. 人口学刊, 2003, 25(1): 15-18, 55.
[2] 国家统计局. 中国人口统计年鉴[M]. 北京: 中国统计出版社, 1997.
[3] 王放. 市镇设置标准及城镇人口统计口径对中国城市化发展的影响[J]. 人口与发展, 2011, 17(2): 82-87.
[4] 李裕瑞, 卜长利, 曹智, 等. 面向乡村振兴战略的村庄分类方法与实证研究[J]. 自然资源学报, 2020, 35(2): 243-256.
[5] 乔家君. 城乡融合下的乡村重构与乡村振兴路径:《面向城乡融合的乡村多维重构研究》书评[J]. 地理科学, 2022, 42(2): 362.
[6] 张广辉, 叶子祺. 乡村振兴视角下不同类型村庄发展困境与实现路径研究[J]. 农村经济, 2019(8): 17-25.
[7] 谢大伟, 苏颖, 赵亮, 等. 深度贫困地区易地扶贫搬迁产业扶贫模式与效果评价:来自新疆南疆三地州产业扶贫的实践[J]. 干旱区资源与环境, 2021, 35(1): 8-13.
[8] 陈红霞, 雷佳. 农村一二三产业融合水平测度及时空耦合特征分析[J]. 中国软科学, 2021(S1): 357-364.
[9] 牛亚丽. 农业产业链高质量发展的治理生态研究:基于"互联网+农业产业链"的融合创新视角[J]. 经济与管理, 2021, 35(3): 1-10.
[10] 芦千文. 区块链加快农业现代化的理论前景、现实挑战与推进策略[J]. 农村经济, 2021(1): 126-136.
[11] 卢新元, 许姣, 张恒, 等. 多社交媒体平台环境下用户摇摆行为研究:基于扎根理论的探索[J]. 情报理论与实践, 2022, 45(9): 127-134.
[12] 陈利, 黄金辉. 中国农村财政性公共服务投入与农民收入关系的计量分析[J]. 经济问题探索, 2020(7): 123-134.
[13] 王颂吉, 魏后凯. 城乡融合发展视角下的乡村振兴战略: 提出背景与内在逻辑[J]. 农村经济, 2019(1): 1-7.
[14] 毛世平, 张琳, 何龙娟, 等. 我国农业农村投资状况及未来投资重点领域分析[J]. 农业经济问题, 2021, 42(7): 47-56.
[15] 程叶青, 王婷, 黄政, 等. 基于行动者网络视角的乡村转型发展机制与优化路径:以海南中部山区大边村为例[J]. 经济地理, 2022, 42(4): 34-43.
[16] 郭楚月, 曾福生. 农村基础设施影响农业高质量发展的机理与效应分析[J]. 农业现代化研究, 2021, 42(6): 1017-1025.
[17] 姜长云. 推进乡村振兴背景下农业产业化支持政策转型研究[J]. 学术界, 2020(5): 120-127.
[18] 何杰, 金晓斌, 梁鑫源, 等. 城乡融合背景下淮海经济区乡村发展潜力:以苏北地区为例[J]. 自然资源学报, 2020, 35(8): 1940-1957.

[19] 钱惠新. 江苏乡村旅游产业空间相关性及影响因素研究[J]. 中国农业资源与区划, 2020, 41(4): 209-215.
[20] 殷章馨, 唐月亮. 乡村旅游发展水平评价与障碍因素分析: 以长株潭城市群为例[J]. 统计与决策, 2021, 37(14): 54-57.
[21] 保海旭, 李航宇, 蒋永鹏, 等. 我国政府农村人居环境治理政策价值结构研究[J]. 兰州大学学报(社会科学版), 2019, 47(4): 120-130.
[22] 敬然, 汤晋. 吉林省农业信息化与农业经济发展协调性研究[J]. 情报科学, 2019, 37(10): 87-90.
[23] 刘蓝予, 周黎安. 县域特色产业崛起中的"官场+市场"互动: 以洛川苹果产业为例[J]. 公共管理学报, 2020, 17(2): 116-127, 173.
[24] 林万龙, 华中昱, 徐娜. 产业扶贫的主要模式、实践困境与解决对策: 基于河南、湖南、湖北、广西四省区若干贫困县的调研总结[J]. 经济纵横, 2018(7): 102-108.
[25] 杨佩卿. 新型城镇化和乡村振兴协同推进路径探析: 基于陕西实践探索的案例[J]. 西北农林科技大学学报(社会科学版), 2022, 22(1): 34-45.
[26] 杨亚东, 罗其友, 伦闰琪, 等. 乡村优势特色产业发展动力机制研究: 基于系统分析的视角[J]. 农业经济问题, 2020, 41(12): 61-73.
[27] 李冬梅, 郑林凤, 林赛男, 等. 农业特色小镇形成机理与路径优化: 基于成都模式的案例分析[J]. 中国软科学, 2018(5): 79-90.
[28] 屠爽爽, 龙花楼, 李婷婷, 等. 中国村镇建设和农村发展的机理与模式研究[J]. 经济地理, 2015, 35(12): 141-147, 160.
[29] 高帆. 乡村振兴战略中的产业兴旺: 提出逻辑与政策选择[J]. 南京社会科学, 2019(2): 9-18.
[30] 向德平, 华汛子. 意蕴与取向: 社会政策视角下的乡村振兴战略[J]. 吉林大学社会科学学报, 2019, 59(4): 96-103, 221.
[31] 费利群, 张耕. 乡村振兴与区域政策评析[J]. 河南社会科学, 2018, 26(6): 19-23.
[32] 杨忍, 陈燕纯, 龚建周. 转型视阈下珠三角地区乡村发展过程及地域模式梳理[J]. 地理研究, 2019, 38(3): 725-740.
[33] 喻美辞, 王增栩. 中国农产品出口的本地市场效应研究: 兼论需求导向的农业供给侧改革[J]. 华中农业大学学报(社会科学版), 2018(3): 18-26, 153.
[34] 李玉恒, 黄惠倩, 宋传垚. 贫困地区乡村经济韧性研究及其启示: 以河北省阳原县为例[J]. 地理科学进展, 2021, 40(11): 1839-1846.
[35] 封北麟. 欠发达地区创新农村基础设施投融资体制机制研究: 以广西壮族自治区为例[J]. 经济纵横, 2021(4): 103-110.
[36] 何翔. 农村基础设施投资公平性与脱贫攻坚成果巩固关系研究: 基于 2010—2019 年省级面板数据的实证分析[J]. 宏观经济研究, 2021(3): 160-175.
[37] 贾晋, 刘嘉琪. 唤醒沉睡资源: 乡村生态资源价值实现机制: 基于川西林盘跨案例研究[J]. 农业经济问题, 2022, 43(11): 131-144.
[38] 石会娟, 李占祥, 刘慈萱, 等. 城郊融合类乡村产业振兴思路探讨: 以西安市雁塔区三兆村为例[J]. 城市发展研究, 2019, 26(S1): 103-108.
[39] 李灿. 区域土地利用转型诊断与调控的分析路径[J]. 地理研究, 2021, 40(5): 1464-1477.
[40] 陈润羊. 城郊区新农村建设中环境经济协同发展路径: 以成都郊区为例[J]. 资源开发与市

场, 2015, 31(6): 736-739.

[41] 唐烨. 全域旅游视角下我国乡村旅游发展研究[J]. 中国农业资源与区划, 2017, 38(7): 207-212.

[42] 王瑞峰, 李爽. 乡村产业高质量发展的影响因素及形成机理: 基于全国乡村产业高质量发展"十大典型"案例研究[J]. 农业经济与管理, 2022(2): 24-36.

[43] 杨璐璐, 王航航. 宅基地整治盘活与乡村产业发展的路径选择: 基于两个直辖市七个典型试点村的研究[J]. 西北大学学报(哲学社会科学版), 2022, 52(3): 63-79.

[44] 曾福生, 蔡保忠. 以产业兴旺促湖南乡村振兴战略的实现[J]. 农业现代化研究, 2018, 39(2): 179-184.

[45] 耿虹, 李彦群, 范在予. 农家乐发展的地域空间格局及其影响因素: 基于浙江、湖北、四川的比较研究[J]. 经济地理, 2019, 39(11): 183-193.

[46] 崔凤军. 休闲旅游业: 绿水青山与金山银山之间的重要转换器[J]. 旅游学刊, 2020, 35(10): 1-3.

[47] 郑义, 陈秋华, 杨超, 等. 农村人居环境如何促进乡村旅游发展: 基于全国农业普查的村域数据[J]. 农业技术经济, 2021(11): 93-112.

[48] 张祝平. 以文旅融合理念推动乡村旅游高质量发展: 形成逻辑与路径选择[J]. 南京社会科学, 2021(7): 157-164.

[49] 刘永强, 戴琳, 龙花楼, 等. 乡村振兴背景下土地整治模式与生态导向转型: 以浙江省为例[J]. 中国土地科学, 2021, 35(11): 71-79.

[50] 刘迎辉. 基于区位熵理论的陕西省乡村旅游集聚度研究[J]. 中国农业资源与区划, 2020, 41(4): 203-208.

[51] 张勇, 周婕, 陆萍. 乡村振兴视阈下盘活利用农村闲置宅基地的理论与实践: 基于安徽省两个案例的考察[J]. 农业经济问题, 2022, 43(4): 96-106.

[52] 王振坡, 宋嘉卓, 王丽艳, 等. 新型城乡关系下中国都市圈发展的驱动机制[J]. 城市发展研究, 2022, 29(3): 53-62.

[53] 邓想, 曾绍伦. 乡村振兴战略背景下村镇产业生态链构建研究[J]. 生态经济, 2019, 35(4): 111-117.

[54] 王磊, 刘圆圆, 任宗悦, 等. 村镇建设与资源环境协调的国外经验及其对中国村镇发展的启示[J]. 资源科学, 2020, 42(7): 1223-1235.

[55] 黄晶, 薛东前, 唐宇, 等. 西北地区村镇建设与资源环境主要矛盾及协调路径[J]. 生态与农村环境学报, 2021, 37(7): 861-869.

[56] Rosalina P D, Dupre K, Wang Y. Rural tourism: a systematic literature review on definitions and challenges[J]. Journal of Hospitality and Tourism Management, 2021, 47: 134-149.

[57] Xiang C, Yin L. Study on the rural ecotourism resource evaluation system[J]. Environmental Technology & Innovation, 2020, 20: 101131.

[58] 董又铭, 郭炎, 李志刚, 等. 长江经济带乡村性的时空分异格局及驱动机制[J]. 自然资源学报, 2022, 37(2): 378-395.

[59] 魏超, 戈大专, 龙花楼, 等. 大城市边缘区旅游开发引导的乡村转型发展模式: 以武汉市为例[J]. 经济地理, 2018, 38(10): 211-217.

[60] 李进涛, 杨园园, 蒋宁. 京津冀都市区乡村振兴模式及其途径研究: 以天津市静海区为例[J].

地理研究, 2019, 38(3): 496-508.

[61] 杨园园, 臧玉珠, 李进涛. 基于城乡转型功能分区的京津冀乡村振兴模式探析[J]. 地理研究, 2019, 38(3): 684-698.

[62] 陈建滨, 高梦薇, 付洋, 等. 基于城乡融合理念的新型镇村发展路径研究：以成都城乡融合发展单元为例[J]. 城市规划, 2020, 44(8): 120-128, 136.

[63] 文丰安. 全面实施乡村振兴战略: 重要性、动力及促进机制[J]. 东岳论丛, 2022, 43(3): 5-15.

[64] 周杰. 新时期乡村振兴与城乡融合发展研究[J]. 农业经济问题, 2020, 41(4): 143.

[65] Blancas F J, Caballero R, González M, et al. Goal programming synthetic indicators: an application for sustainable tourism in Andalusian coastal counties[J]. Ecological Economics, 2010, 69(11): 2158-2172.

[66] 杜国明, 刘美. 基于要素视角的城乡关系演化理论分析[J]. 地理科学进展, 2021, 40(8): 1298-1309.

[67] 曲延春. 从"二元"到"一体": 乡村振兴战略下城乡融合发展路径研究[J]. 理论学刊, 2020(1): 97-104.

[68] 张克俊, 杜婵. 从城乡统筹、城乡一体化到城乡融合发展: 继承与升华[J]. 农村经济, 2019(11): 19-26.

[69] 穆克瑞. 新发展阶段城乡融合发展的主要障碍及突破方向[J]. 行政管理改革, 2021(1): 79-85.

[70] 刘玉邦, 眭海霞. 绿色发展视域下我国城乡生态融合共生研究[J]. 农村经济, 2020(8): 19-27.

[71] 赵天娥. 新时代城乡融合发展的多维审视[J]. 行政论坛, 2021, 28(4): 142-146.

[72] 唐惠敏, 范和生. 资本下乡背景下乡村振兴模式选择[J]. 安徽大学学报(哲学社会科学版), 2021, 45(3): 117-125.

[73] 方创琳. 城乡融合发展机理与演进规律的理论解析[J]. 地理学报, 2022, 77(4): 759-776.

[74] 陈红霞, 屈玥鹏. 基于定性比较分析的村镇产业融合的影响因素与发展模式研究[J]. 城市发展研究, 2020, 27(7): 121-126.

[75] Thach S V, Axinn C N. Patron assessments of amusement park attributes[J]. Journal of Travel Research, 1994, 32(3): 51-60.

[76] Atun R A, Nafa H, Türker Ö O. Envisaging sustainable rural development through "context-dependent tourism": case of Northern Cyprus[J]. Environment, Development and Sustainability, 2019, 21(4): 1715-1744.

[77] Jensen L, Monnat S M, Green J J, et al. Rural population health and aging: toward a multilevel and multidimensional research agenda for the 2020s[J]. American Journal of Public Health, 2020, 110(9): 1328-1331.

[78] Chen Z, Ren X, Zhang Z. Cultural heritage as rural economic development: batik production amongst China's Miao population[J]. Journal of Rural Studies, 2021, 81: 182-193.

[79] 段兆雯, 李开宇. 西安城郊乡村旅游发展动力系统评价研究[J]. 西北大学学报(自然科学版), 2016, 46(3): 443-447.

[80] Li X, Wang Y. Influence of social capital on rural tourism development[J]. Asian Agricultural Research, 2020, 12(1): 41-45.

[81] Keat K W, bt Musa N. Responsible tourism system dynamic planning model for rural area[C]//IEEE. The 5th International Conference on Information and Communication Technology for The Muslim World (ICT4M). New York: IEEE, 2014: 1-6.

[82] Zhang J. The issues facing the sustainable development of rural tourism and the path selection[J]. Asian Agricultural Research, 2013, 5(9): 5.

[83] Randelli F, Romei P, Tortora M. An evolutionary approach to the study of rural tourism: the case of Tuscany[J]. Land Use Policy, 2014, 38: 276-281.

[84] 杜川. 四川省米易县新农村建设可持续发展 SD 分析：用系统观透视[J]. 资源开发与市场, 2011, 27(7): 620-621, 659.

[85] 杜海芹, 孙宇博. 基于系统动力学的徐州农村生活垃圾收运系统的优化[J]. 价值工程, 2019, 38(17): 93-95.

[86] 杨秀平, 贾云婷, 李亚兵, 等. 旅游环境系统服务价值时空演化研究：以西北五省为例[J]. 统计与决策, 2021, 37(21): 62-66.

[87] 石夫磊, 王传生. 网红电商获利影响因素的系统动力学仿真研究[J]. 财经问题研究, 2018(10): 66-72.

[88] 唐红涛, 郭凯歌, 张俊英. 电子商务与农村扶贫效率: 基于财政投入、人力资本的中介效应研究[J]. 经济地理, 2018, 38(11): 50-58.

[89] 郭娜, 李华伟. 农村电商与乡村振兴互动发展的系统动力学研究[J]. 中国生态农业学报(中英文), 2019, 27(4): 654-664.

[90] 胡一鸣, 刘菁, 丁洪涛, 等. 基于系统动力学的北京市农村居住建筑能源消费预测研究[J]. 建筑节能, 2019, 47(9): 123-129, 135.

[91] 吴世红, 葛燕锋, 吴德让, 等. 农村能源综合建设系统动态模拟分析[J]. 农业系统科学与综合研究, 2001(4): 313-316.

[92] Johnson T G, Bryden J M, Refsgaard K, et al. A system dynamics model of agriculture and rural development: the TOPMARD core model[R]. Sevilla: 107th European Association of Agricultural Economists Seminar, 2008.

[93] Garedew E, Sandewall M, Soderberg U. A dynamic simulation model of land-use, population, and rural livelihoods in the Central Rift Valley of Ethiopia[J]. Environmental Management, 2012, 49(1): 151-162.

[94] 邓佩佩. 大学生向农村流动的系统动力学分析[J]. 安徽农业科学, 2013, 41(11): 5125-5127, 5153.

[95] 肖璐, 范明, 李国昊, 等. 高校毕业生农村就业行为的系统动力学仿真与预测[J]. 工业工程与管理, 2013, 18(1): 85-93.

[96] 钟漪萍, 唐林仁, 胡平波. 农旅融合促进农村产业结构优化升级的机理与实证分析：以全国休闲农业与乡村旅游示范县为例[J]. 中国农村经济, 2020(7): 80-98.

[97] 李莺莉, 王灿. 新型城镇化下我国乡村旅游的生态化转型探讨[J]. 农业经济问题, 2015, 36(6): 29-34, 110.

[98] 周应堂, 欧阳瑞凡. 品牌理论及农产品品牌化战略理论综述[J]. 江西农业大学学报(社会科学版), 2007(1): 37-42.